아침을 여는 선물 365

아침을 여는 선물 365
후지이 야스오 지음 · 정윤상 옮김

초판 인쇄 2018년 04월 01일
초판 발행 2018년 04월 05일

지은이 후지이 야스오
옮긴이 정윤상
펴낸이 신현운
펴낸곳 연인M&B
기 획 여인화
디자인 이희정
마케팅 박한동
홍 보 정연순
등 록 2000년 3월 7일 제2-3037호
주 소 05052 서울특별시 광진구 자양로 56(자양동 680-25) 2층
전 화 (02)455-3987 팩스 (02)3437-5975
홈주소 www.yeoninmb.co.kr
이메일 yeonin7@hanmail.net

값 15,000원

ⓒ 후지이 야스오 · 정윤상 2018 Printed in Korea

ISBN 978-89-6253-209-8 03230

아침을 여는 선물 365

후지이 야스오 지음 · 정윤상 옮김

연인M&B

부엌의 기도

주여!
저의 작은 부엌을 축복하여 주옵소서
요리를 할 때에도 접시를 닦고 있을 때에도
저의 마음을 언제나
기쁨으로 넘치게 해 주시옵소서

저의 가족 모두가
당신의 축복받기를 원합니다
그리고 당신이 다시 올 때
마음의 준비를 하게 하여 주시옵소서.

그러므로 염려하여 이르기를 무엇을 먹을까 무엇을 마실까 무엇을 입을까 하지 말라 이는 다 이방인들이 구하는 것이라 너희 하늘 아버지께서 이 모든 것이 너희에게 있어야 할 줄을 아시느니라

마태복음 6:31~32

1월

이달의 기도 제목

_____

_____

_____

_____

_____

_____

약속된 것을 얻는 인내

너희에게 인내가 필요함은 너희가 하나님의 뜻을 행한 후에 약속하신 것을 받기 위함이라

히브리서 10:36

영국의 목사로, 고아원을 경영하고 기도의 사람이라고 일컬어졌던 조지 뮐러는 실망치 않고, 계속 기도함의 필요성을 자기의 경험을 통해 이렇게 간증했다.

"저는 현재 두 사람을 위해 23년간 기도하고 있습니다. 저도 기도가 몇 백 몇 천 번이나 응답받았는데, 이 두 사람의 구원에 대해서는 지금에 이르기까지 응답을 받지 못했습니다. 그런데 하나님이 기도에 응답해 주시는 반면, 제 신앙에도 큰 시험을 받았습니다. 그러나 인내하면서 하나님을 대망(待望)하면 반드시 축복을 받습니다. 오래 기다릴수록 축복은 귀중하고 또한 감미로운 것이 됩니다."

그가 계속 기도했던 두 사람 중 한 사람은 조지 뮐러의 죽음 직전에 회심(回心)하였고, 또 한 사람은 그 후 1년쯤 지나서 구원받았다.

필요를 아시는 하나님

그러므로 염려하여 이르기를 무엇을 먹을까 무엇을 마실까 무엇을 입을까 하지 말라 이는 다 이방인들이 구하는 것이라 너희 하늘 아버지께서 이 모든 것이 너희에게 있어야 할 줄을 아시느니라

마태복음 6:31~32

1859년 8월, 중국에서 의료 전도에 종사하고 있었던 파커 박사가 귀국하게 되자, 그 병원의 책임을 허드슨 테일러가 지게 되었다. 한 달이 지나자, 남겨졌던 얼마 안 되는 경비가 마침내 바닥이 났다. 병원을 도왔던 조력자들은 모두 자금을 걱정하며 열심히 기도했다. 그런데 아무 곳에서도 돈은 들어오지 않았다. 환자들도 그것을 알고 결과를 지켜보고 있었다.

어느 날 아침, 식사 담당자가 "마지막 쌀부대를 오늘 열었습니다."라고 테일러에게 보고했다. "그렇다면, 우리를 돕는 주님의 때가 바로 우리 곁에 왔을 것이요." 테일러는 기쁨에 넘쳐 말했다.

실제로 그 쌀부대가 바닥나기 전에 한 통의 편지가 영국에서 도착했고, 떼어 보니 50파운드의 수표가 나왔다.

신앙의 유지

만일 하나님이 우리를 위하시면 누가 우리를 대적하리요

로마서 8:31

어떤 부인이 목사에게 와서, 일상생활의 여러 가지 문제에 대해 신앙으로 대처하지 못하고 있다는 말을 하면서, 어떻게 하면 좋을지 해결 방법을 구했다.

"당신은 나에게 말한 모든 것을 예수님께 말씀드리면 됩니다."

"나는 매우 연약합니다."

"그것도 예수님께 말씀드리세요."

"이런 나를 예수님은 기뻐하시지 않겠지요. 더욱 강한 신앙인이 되지 않으면…."

"그것도 예수님께 그대로 들려드리세요."

"예수님께 어떤 일이라도 있는 그대로 말씀드리라는 말씀입니까?"

"그렇습니다. 있는 그대로의 모습으로… 당신이 알고 있는 좋은 면도, 나쁜 면도, 약한 것도, 죄도, 주저하는 일도, 나날의 사실을 예수님께 말씀드리세요."

그 후, 그녀는 "왜 이렇게 간단하고 멋진 방법을 하지 않았던 것일까요."라고 웃으며 말할 수 있게 되었다.

가난한 사람들을 위하여

이는 부르짖는 빈민과 도와줄 자 없는 고아를 내가 건졌음이라

욥기 29:12

1948년 이래, 유고슬라비아인인 마더 테레사는 이국인 인도에서 가난한 사람들과, 병자들, 나병환자, 고아들을 위해 일하고 있었다. 인도에 왔던 교황 파울로 2세는 그녀의 활동을 깊이 마음에 두고 있었기에 일부러 찾아갔다. 그리고 인도에서 사용한 고급 승용차를 마더 테레사에게 선물하겠다고 말했다. 이 뜻밖의 일에 대해, 마더 테레사는 깜짝 놀라서 거절했다.

"교황님, 그런 좋은 차는 황송해서 탈 수 없습니다. 저는 난처합니다. 누구든지 다른 분에게 드리세요…."

"마더, 그러면 당신이 편하게 처리하세요. 빌려주어도 되고, 증여해도 됩니다. 가난한 사람들을 위해 사용해 주시면 됩니다."

테레사는 이 호의가 자기에게서 가난한 사람에게 돌려진 것을 알고서 기꺼이 차를 받아, 동료들에게 차를 즉시 매각한다는 것을 말했다. 사람들은 물론 반대했으나, 그녀는 그들을 설득해서 경매에 붙였더니, 높은 가격이 붙어, 정가의 10배로 팔렸다. 테레사는 그 돈으로 캘커타만이라도 30만 명이 넘는다는 나병환자를 위한 센터를 건립했다.

크리스천의 행위의 기준

네게 있는 믿음을 하나님 앞에서 스스로 가지고 있으라 자기가 옳다 하는 바로 자기를 정죄하지 아니하는 자는 복이 있도다 의심하고 먹는 자는 정죄되었나니 이는 믿음을 따라 하지 아니하였기 때문이라 믿음을 따라 하지 아니하는 것은 다 죄니라

로마서 14:22~23

존 웨슬리의 어머니 스산나는 말했다.

"당신은 어떤 행위가 하나님 앞에서 합법적이냐, 비합법적이냐를 판단하고 싶습니까? 그럼, 다음 규칙에 따르세요."

당신의 이성의 작용을 약화시키는 것.

당신의 양심의 민감함을 손상시키는 것.

당신의 신(神) 의식을 둔화시키고 영적 사물의 풍미를 제거하는 것.

이런 것들은 설령 그 자체는 무해라 해도 당신에게 있어서는 죄이다.

하늘에 보물을 쌓으라

너희를 위하여 보물을 땅에 쌓아 두지 말라 거기는 좀과 동록이 해하며 도둑이 구멍을 뚫고 도둑질하느니라 오직 너희를 위하여 보물을 하늘에 쌓아 두라 거기는 좀이나 동록이 해하지 못하며 도둑이 구멍을 뚫지도 못하고 도둑질도 못하느니라

마태복음 6:19~21

1975년 제72회 아쿠타가와상(芥川賞)을 〈흙 그릇(土の器)〉으로 수상한 사카타 히로오(阪田寬夫)의 부친은 작은 동네 공장의 경영자였다. 일생 동안에 교회당을 두 채나 지은 그 경위를, 그는 이렇게 기록하고 있다.

1925년경, 오사카시(大阪市)의 남쪽 지역에 살면서, 동지들과 함께 솔밭 속에다 〈북구풍의 종각이 있는 교회당〉을 건축했다. 거기가 대전 후 도시화되어 높은 건물 속에 파묻히게 되자, 이번에는 〈언덕 위에서 교회의 종소리가 울리는 동네〉 만들기를 꿈꾸며, 새로운 동지들을 모으고, 자기가 먼저 나라야마(平城山)에 이사하여 살면서, 산꼭대기에 큰 교회당을 세웠다.

아베노(阿部野)의 집을 매각한 돈을 토지대금으로 주고, 교회 주변의 토지를 크리스천에게만 원가로, 또한 연부(年賦)로 분양해 주었다. 그리고 얼마 후에 소천되었다. 부친의 공장을 형이 계승해 보니, 기독교 관계의 학교, 시설, 교회에 대한 기부금으로 낸 다액(多額)의 부채가 남겨져 있었다.

사람을 살리는 대화

온순한 혀는 곧 생명나무이지만 패역한 혀는 마음을 상하게 하느니라

잠언 15:4

카키타니(柿谷) 카운셀링센터 소장은 〈사람을 살리는 능동적인 대화〉를 다음과 같은 예를 들어서 가르쳐 준다.

남편이 재미없다는 표정으로 귀가했습니다. "내 후배가 과장이 되었어, 모두들 내가 될 것이라고 생각했었는데…." 이때 부인이 "후배는 나름대로 실력이 있었던 것 아니에요?"라고 말했으면 끝장입니다. 능동적인 대화방법은 "그래요? 당신이 돌봐 주었던 후배가 되었어요?" "응, 그래서 내가 요코하마 영업소로 전근하게 된 거야." 해야 대화가 계속된다.

축구부를 시작한 아들이 〈구호를 외치지 않는다〉고 코치가 어머니에게 연락을 해 왔다. 예전 같으면 "철수야 왜 너만 구호를 외치지 않니?"라고 말했겠지만, 이번에는 "철수야, 축구부는 어때요?"라고 묻는다. "예… 피곤해서 쉬고 있는데 곧 호루라기가 울리면 영차, 영차, 야아! 라고 외쳐야 해요."

"다같이 영차, 영차 야아 소리 질러야 하는구나."

"그래요. 그래서 나는 안 해요."

"아, 그래 철수만 안 하는구나."

"그렇지만 모두들 소리 지를 때, 나도 같이하는 것이 좋겠어요."

"소리 지르는 것은 부끄럽지만 같이하는 것이 좋다고 생각하는구나."

"그래요, 이번부터는 같이할래요."

헛되게 소비되는 시간을 기도에 사용하라

모든 기도와 간구를 하되 항상 성령 안에서 기도하고 이를 위하여 깨어 구하기를
항상 힘쓰며 여러 성도를 위하여 구하라

에베소서 6:18

기도를 계속하고 기도에 감사함으로 깨어 있으라

골로새서 4:2

미국의 전도자 스탠리 존스는 시간을 지키지 않고 늦게 오는
사람을 기다리는 것이 큰 고통이었다. 어느 날, 문득 묘책을 깨
닫게 되어 〈기다리는 동안에 기도하기〉로 했다. 그리하니까 그렇
게도 고통스러웠던 시간이 변하여 매우 즐거운 한때로 바뀌어 버
렸다.

재앙을 활용하라

자기 아들을 아끼지 아니하시고 우리 모든 사람을 위하여 내주신 이가 어찌 그 아들과 함께 모든 것을 우리에게 주시지 아니하겠느냐

로마서 8:32

성인식을 맞아 희망에 넘치고 있던 여성이 갑자기 심장병으로 쓰러졌다. 1년 동안 투병 생활을 해야 할 처지가 되었다. 그녀는 실망과 분노로, 처음 일주간은 묵묵부답(黙黙不答)으로 지냈다.

그때에 문병으로 온 친구가 목사님의 말씀을 말해 주었다.

"재앙은 다만 인내할 것만이 아니라 그것을 활용해야 한다."고 가르쳐 주었다. 그 후로부터 그녀는 적극적으로 치료를 받아들였고, 대학에 진학하기로 마음먹고 병상을 주치의가 따른 가장 좋은 공부방으로 바꾸어 버렸다.

화해

또 십자가로 이 둘을 한 몸으로 하나님과 화목하게 하려 하심이라 원수 된 것을 십자가로 소멸하시고

에베소서 2:16

일본 도쿄(東京)의 아카사카(赤坂)교회 이노우에(井上) 목사가 서울 수표교 감리교회에서 예배 설교를 했을 때의 일이다. 설교가 끝나자, 한국의 영화감독인 윤봉춘(尹逢春) 장로가 기도를 시작했다. 그러자 성령의 역사가 모든 사람에게 임해서 500명의 모든 회중이 울었다. 나중에 조경우(曺景祐) 목사가 윤 장로의 기도를 통역해 주었다.

"우리들은 36년간 일본의 압제 아래 고통을 당하고 일본인에 대해 강한 증오심을 가지고 있었습니다. 오늘 아침에 이 강단에서 이노우에 목사를 보았을 때, 매우 저항을 느끼고 증오를 가지고 마음을 닫고 있었습니다. 그러나 이노우에 목사가 십자가의 속죄의 사랑을 말씀하는 것을 듣고 있는 줄곧 오랫동안의 증오심이 사라지고, 사람은 모두 그리스도 안에 있을 때에 세계의 민족이 운명공동체(運命共同體)로서 하나가 될 수 있다는 사실을 스스로 체험할 수가 있었습니다. 그리고 지금은 이노우에 목사를 하나님의 종으로서 마음에 받아들일 수 있는 것은 전적으로 감사한 일이고 기적입니다."

방종하는 마음

감독은 하나님의 청지기로서 책망할 것이 없고 제 고집대로 하지 아니하며 급히 분내지 아니하며 술을 즐기지 아니하며 구타하지 아니하며 더러운 이득을 탐하지 아니하며

디도서 1:7

마귀에게 틈을 주지 말라

에베소서 4:27

미션스쿨 교사인 어떤 여자 선교사는 순진하고 솔직했으나, 옥에 티로 성질이 급했다. 기분이 상하는 일이 있으면 그것을 참을 수 없어 곧 성질을 노출시켜 큰 소리를 질렀다. 친구가 주의를 시켜도 "나는 정직하고 싶다. 내 마음을 기만하는 그런 위선은 싫다."고 말하면서 여전했다.

어느 날, 그는 병원에 입원했다. 마음이 울적해지는 병상에서 시무룩하게 지내고 있는 그녀에게 지난날, 큰 소리로 다투었던 사람이 문병하러 왔다. 뜻밖의 사람이 찾아와 위로와 격려의 말을 해 주니까, 그녀의 마음도 밝아졌다. 그 후, 그녀의 마음에 속삭이는 말이 있었다.

"당신의 행동이 지금까지는 진정한 솔직함이었는가? 방종한 마음이 아니었던가?"

그녀는 솔직하게 회개하는 기도를 올렸다. 퇴원하고 학교에 다시 출근했을 때에는 온순한 사람으로 변하고 있었다.

부흥

원하건대 주는 하늘을 가르고 강림하시고 주 앞에서 산들이 진동하기를

이사야 64:1

믿음으로 칠 일 동안 여리고를 도니 성이 무너졌으며

히브리서 11:30

일본 다이쇼(大正) 초기 1925년대에 구세군 센다이(仙台) 소대장 카시와키(柏木) 대위는 리바이벌(revival)을 소망하면서 일주간의 금식기도를 했다. 그러자 그는 루터가 본 것처럼 사탄이 창문으로 도망가는 것을 환상 중에 보았다. 그때부터 리바이벌은 일어났다.

지금까지는 아무리 힘을 다해 설교를 해도 효과가 그다지 일어나지 않았는데, 그런 설교를 하지 않아도 되었다. 집회에 참석하기만 해도 죄를 깨닫게 되고, 어떤 부인은 밤새도록 울면서 기도하여 마침내 구원받기도 했다. 특히 청년들이 많이 구원받았고, 헌신자(獻身者)를 많이 내었다.

그래서 우상숭배하며 기독교를 싫어하는 부모들은 자기 아들이 교회에 나가는 것을 극도로 두려워했다.

동정심

사람에게 보이려고 그들 앞에서 너희 의를 행하지 않도록 주의하라 그리하지 아니하면 하늘에 계신 너희 아버지께 상을 받지 못하느니라

마태복음 6:1

가난한 자를 불쌍히 여기는 것은 여호와께 꾸어 드리는 것이니 그의 선행을 그에게 갚아 주시리라

잠언 19:17

하토리 아키라(羽鳥 明) 라디오 목사의 부친은 26세의 젊은 나이로 초등학교 교장으로 발탁되었다. 그러나 가난했기 때문에 영광스런 임명식에 입고 갈 프록 코트(frock coat)가 없었고, 제대로 된 구두도 없었다. 동생의 출세를 안 형이 축하하러 달려와서 자기 일처럼 기뻐해 주었다. 형은 얼마 있다가 돌아갔다.

부친은 내일 신고 가야 할 헌 구두라도 손질해야겠다고 구두를 손에 들고 보니, 속에 휴지 뭉치가 들어 있었다. 무엇인가 하고 꺼내어 보고 "앗!" 하고 깜짝 놀랐다. 그 속에서 100엔짜리 지폐가 나왔기 때문이다. 형은 귀가할 때에 자기 신을 신으면서 몰래 동생의 구두 속에 넣어 두었던 것이다. 그 당시에는 800엔이면 훌륭한 집을 지을 수 있었다. 동생은 형의 말없는 사랑과 동정심을 알고 그 자리에서 엉엉 울어 버렸다.

20

하나님과 함께 살아가는 행복

미쁘다 이 말이여 우리가 주와 함께 죽었으면 또한 함께 살 것이요

디모데후서 2:11

중국 오지선교협회(奧地宣敎協會)의 창립자 허드슨 테일러 목사는 1853년 이래 선교 도중에 병을 얻어 5년 정도 귀국한 일은 있었으나, 그 전 생애를 중국 전도에 바쳤고 최후에는 장사에서 소천되었다.

그의 중국 전도는 경제적으로나 신체적으로나 현지 사정으로도 온갖 곤란을 겪었다. 그럼에도 불구하고 테일러는 만년에 그의 걸어온 길을 되돌아보았을 때 친구에게 이렇게 말했다.

"나는 희생을 지불하는 일은 하지 않았다."

그를 잘 아는 사람은 테일러의 진의를 이렇게 설명했다.

"그가 하나님의 역사하심을 진심으로 받아들일 때에, 거기서 이미 보답을 받았다는 실감이 너무나도 생생했었기 때문이며, 자기 포기를 하는 일이 그대로 하나님의 응답을 받아들이게 되었기 때문이다."

관점을 바꾸어라

우리가 아직 죄인 되었을 때에 그리스도께서 우리를 위하여 죽으심으로 하나님께서 우리에 대한 자기의 사랑을 확증하셨느니라

로마서 5:8

어떤 크리스천 부인이 평소에 이웃 사람들에게 전도지를 나누어 주면서 교회로 나오라고 권유했지만 완고하여서 응해 주지 않았다. 그래서 그녀는 이웃 사람이 주일날에 아침부터 놀러 나가는 것을 보면, 체념하는 듯이 자기도 모르게 "아아, 하나님을 멀리하는 사람이 지나가는구나." 하고 생각했었다. 그런데 어느 날 성경을 읽고 있으니까 〈우리가 아직 죄인 되었을 때에 그리스도께서 우리를 위하여 죽으심으로 하나님께서 우리에 대한 자기의 사랑을 확증하셨느니라〉 하는 말씀이 그녀의 마음을 움직였다.

이튿날 아침, 외출하는 이웃 사람을 보고 그녀는 저도 모르게 중얼거렸다.

"저기 하나님께서 사랑하시는 사람이 지나가는구나."

그 후로부터는 예수님과 같이 그녀는 이웃 사람을 사랑의 눈으로 보게 되었고, 그 결과 얼마 후에 이웃 사람도 마음을 열어서 교회로 나가게 되었다.

주를 위해 무엇을 했나?

부지런하여 게으르지 말고 열심을 품고 주를 섬기라

로마서 12:11

영혼 없는 몸이 죽은 것 같이 행함이 없는 믿음은 죽은 것이니라

야고보서 2:26

　미국의 대중 전도자 무디는 가난한 벽돌공장 직공의 아들로서 제대로 된 교육을 받지도 못하고 보스턴의 구둣방에서 일하고 있었는데, 이때에 예수를 믿고 시카고로 옮겨가서 교회의 주일학교에서 가르치기 시작했다. 얼마 후에 전심 전도로 나섰는데, 생키의 협력으로 미국과 유럽에서 하나님의 그릇으로서 교회의 부흥을 위해 크게 쓰임받게 되었다. 그렇게 되니까 여러 가지로 그를 비판하는 자가 생겼다. 비판자들은 대부분 그가 무학(無學)인 것을 조소했다.

　"당신의 설교에는 문법에 맞지 않는 것이 많아요."

　"나도 그것을 압니다. 고치려고 애쓰고 있습니다만 이런 정도입니다. 그런데 문법을 잘 아는 당신은 주를 위해 무엇을 했습니까?"

성령에 이끌린 응답

사람이 너희를 회당이나 위정자나 권세 있는 자 앞에 끌고 가거든 어떻게 무엇으로 대답하며 무엇으로 말할까 염려하지 말라 마땅히 할 말을 성령이 곧 그 때에 너희에게 가르치시리라 하시니라

누가복음 12:11~12

하세가와 타모쓰(長谷川 保) 씨가 지도하는 성예복지사업단(聖隷福祉事業団)의 전신은 성예보양농원(聖隷保養農園)이라 하여, 가족에게 버림받고 헤매다가 폐사할 수밖에 없는 결핵 환자를 받아들여 몸바쳐 간병하기 시작한 것이 그 시초였다.

당시에는 불치병이라 하여 결핵을 두려워했던 터라, 그 시설을 없애 버리려고 온갖 박해가 계속되었다. 전쟁이 일어나자, 그 박해에다 기독교인이라는 박해가 그에게 더해졌다. 어느 날, 마침내 헌병(憲兵)이 산에 올라와서 "천황과 너희들이 믿는 하나님과 어느 쪽이 더 위대하냐?" 하고 그를 죄에 빠뜨리려는 질문을 해 왔다. 그때에 그는 조금도 당황하지 않고, "법률(法律)은 사람을 살리기 위해 있는 것이며 죄를 만들어 내기 위해 있는 것은 아닙니다."라며 말하고, 그의 우매함을 지적했다. 그러자 헌병은 서둘러 산에서 물러갔다.

예배 엄수

만일 안식일에 네 발을 금하여 내 성일에 오락을 행하지 아니하고 안식일을 일컬어 즐거운 날이라 여호와의 성일을 존귀한 날이라 하여 이를 존귀하게 여기고 네 길로 행하지 아니하며 네 오락을 구하지 아니하며 사사로운 말을 하지 아니하면 네가 여호와의 안에서 즐거움을 얻을 것이라 내가 너를 땅의 높은 곳에 올리고 네 조상 야곱의 업으로 기르리라 여호와의 입의 말씀이니라

이사야 58:13~14

카와구치 미에(川口三惠) 씨는 23세 때에 구원받았는데, 이때 쿠루마다 아키지(車田秋次) 목사가 〈크리스천이 되었으면 세 가지 일을 꼭 지키도록〉 가르쳤다.

1. 예배를 지켜라.
2. 십일조 헌금을 하라.
3. 여러 가지 집회에 출석하여 형제의 교제를 하라.

그는 그 당시에 헌책방을 하고 있었다. 당시에 상인들은 연 2회의 휴일밖에 없었고, 게다가 토요일에는 물건을 들여오는 날이어서 예배를 엄수하라는 말은 매우 곤란했다. 그러나 그는 그 해결 방법을 위의 성경 말씀에 두었다. 그는 자기의 편의에 신앙을 맞추는 것이 아니라 하나님 말씀의 약속을 믿고 자기 생활을 말씀에 맞추어 나가기를 결심했다. 그는 월말에 장부를 계산하다가 하나님께 감사 기도를 올렸다. 수입은 감소하지 않았던 것이다.

서서 기도하자

시험에 들지 않게 깨어 기도하라 마음에는 원이로되 육신이 약하도다 하시고
마태복음 26:41

〈기도의 사람〉이라고 이름이 알려진 어떤 목사님께 신자가 찾아왔다.

"목사님, 저는 기도를 시작하면 저도 모르게 잠이 듭니다. 좋은 방법은 없겠습니까?"

"많은 크리스천들이 경험하는 고민입니다. 나도 전에는 그런 일이 있었습니다만 지금은 괜찮습니다. 서서 기도하기로 했기 때문입니다. 기도 시간이 되면 서재를 정리하고, 방 안을 걸어 다니면서 기도하는 것입니다. 만약 잠이 들면 넘어집니다. 그러나 그런 일은 한 번도 일어나지 않았습니다. 이 방법은 운동 부족을 보충해 주며, 장시간 기도에는 가장 적합합니다."

성결

하나님이 그 종을 세워 복 주시려고 너희에게 먼저 보내사 너희로 하여금 돌이켜
각각 그 악함을 버리게 하셨느니라

사도행전 3:26

어떤 학생의 방 안에는 벽에 가득히 저속한 그림의 스크랩이 붙여져 있었다. 아들을 찾아온 어머니가 아무 말도 하지 않고 호프만의 〈성전에 계시는 예수〉라는 그림을 붙여 놓고 갔다. 얼마 후에 어머니가 다시 찾아가 보니 저속한 그림은 모두 제거되고 없었다. 아들은 어머니께 이렇게 말했다.

"예수님이 오셨으니 다른 것은 물러가지 않을 수 없었습니다."

돈은 우상이다

한 사람이 두 주인을 섬기지 못할 것이니 혹 이를 미워하고 저를 사랑하거나 혹 이를 중히 여기고 저를 경히 여김이라 너희가 하나님과 재물을 겸하여 섬기지 못하느니라
마태복음 6:24

어떤 선교사가 인도에서 미국으로 귀국하여서 선교보고회(宣教報告會)를 열었다. 그는 왼손에 목상(木像)을 높이 들고 "이것이 인도인들이 예배하는 우상입니다." 그러자 청중은 "얼마나 어리석은 일이냐…" 하는 듯이 "하하하…" 하고 웃었다. 이어서 그는 오른손에 달러 지폐를 펄럭이면서 더 큰 소리로 외쳤다. "여러분 이것이 미국인의 우상입니다." 사람들은 무의식적으로 지갑이 들어 있는 포켓(호주머니)과 핸드백을 손으로 쥐면서 조용해졌다.

거룩한 생활

하나님이 우리를 부르심은 부정하게 하심이 아니요 거룩하게 하심이니
데살로니가전서 4:7

라일 박사는 이렇게 말했다.

"거룩한 생활은 기독교가 사람을 구원할 수 있는 유일한 종교라는 것의 최대의 증거입니다. 세상 사람들은 이론으로 진리를 부정하려고 하지만 거룩한 생활로서 나타낸 구원의 증거는 부정할 수가 없습니다. 이러한 거룩한 생활은 기독교를 장식하고 아름답게 하는 것으로서, 왕왕히 말씀을 순종하지 않는 사람들을 구원으로 인도하는 것입니다."

응답받은 기도

그를 믿는 자는 부끄러움을 당하지 아니하리라 함과 같으니라

로마서 9:33

전쟁 중에 교원을 하고 있었던 사사키 마스오(佐々木益男) 선생은 소개(疏開, 전쟁 중 밀집된 도시 주민을 시골로 옮겨 흩어지게 함)한 가족들을 찾아 시골로 갔다. 그 주위는 농가뿐인데도 "이틀이나 밥을 못 먹었다. 쌀밥을 먹고 싶다."고 아이들이 매달린다. 그는 언덕에 올라가서 "주여! 쌀을 주시옵소서." 기도하고 응답을 기다렸다.

"두 되 오 홉, 6시까지." 마음속에서 소리를 들었다. 잘못 듣지는 않았나 하고 다시 기도했다. 응답은 마찬가지로 "두 되 오 홉, 6시까지." "그렇습니까? 고맙습니다." 그는 뛰어서 집으로 돌아와 아내에게 응답의 말씀을 전했다.

"쌀이 2되 5홉이 와요." 아내는 장작을 쪼개어 밥을 지을 준비를 했다. 그때가 4시 55분, …5시 45분…, 나머지 15분…(의심해서는 안 된다. 믿고 기다려야지.) 그때, 택배 집의 아주머니가 와서 배낭에서 백미 한 되와 찹쌀 5홉을 꺼내 주었다. 깊이 감사하면서 〈나머지 한 되다〉 하면서 하나님께 의뢰했다. 기둥시계를 보니 곧 6시가 된다. 〈어쩐 일인가?〉 하고 있으니 시계가 "땡 땡 땡…." 6시를 치기 시작했다. 그때, 이웃의 아주머니가 들어와서 백미 한 되를 꺼내어 주었다.

신앙의 오만

그 안에는 신성의 모든 충만이 육체로 거하시고 너희도 그 안에서 충만하여졌으니
그는 모든 통치자와 권세의 머리시라

골로새서 2:9~10

A. B. 심프슨은 자기가 무(無)와 같은 사람이라는 것을 알고, 이렇게 간증하고 있다.

"신앙조차도 그리스도와 나의 사이를 방해할 때가 있다. 치유에 있어서 나는 신앙에 의해 해야 한다고 생각하고, 신앙을 얻기 위해 노력하여 마침내 신앙을 얻었다. 그래서 나는 〈주여 치유해 주소서〉라고 말했다. 나는 자기 자신과 내 마음과 자기의 신앙을 믿고 있었다. 나는 〈주 안에 있는 치유의 능력을 의지하고 나를 치유하소서〉 하고 기도한 것이 아니라 〈내 안에 있는 신앙으로 말미암아 나를 치유하소서〉라고 기도했던 것이다. 나는 얼마 후에 나의 신앙을 의심하게 되었다. 그러나 그때에 주께서 말씀해 주셨다. 〈당신은 무(無)와 같다. 그러나 나는 전능자이다. 나는 신앙이며 완전한 사랑이며 당신의 생명이다. 나는 축복의 준비자이며 축복 그 자체이기도 하다. 나는 안에 있는 것의 모든 것, 또한 밖에 있는 것의 모든 것이며 영원하다〉"

31

이혼

창조 때로부터 사람을 남자와 여자로 지으셨으니 이러므로 사람이 그 부모를 떠나서 그 둘이 한 몸이 될지니라 이런즉 이제 둘이 아니요 한 몸이니 그러므로 하나님이 짝지어 주신 것을 사람이 나누지 못할지니라 하시더라

마가복음 10:6~9

어떤 크리스천 부부가 〈서로 이혼할 수밖에 없다〉고 해서 목사를 찾아왔다. 목사는 그들의 말을 듣고 난 후에 〈하나님의 뜻〉에 대해 말했다.

"하나님께서 맺어 주셨다는 말씀의 원의(原義)는 〈함께 멍에를 멘다〉는 뜻입니다. 그러니까 한번 결혼의 문을 들어선 사람에게는 그 문의 열쇠는 없어졌습니다. 상대방의 모자라는 점, 마음에 들지 않는 점 등을 책망하는 것이 아니라, 당신과 하나님과의 관계는 어떠한가? 지금 정직하게 기도하면서 점검해 보세요. 이혼은 하나님의 뜻이 아닙니다."

수일 후에 두 사람은 부끄러운 듯한 표정으로 다시 왔다.

"목사님, 말씀하신 대로 해 보았습니다. 우리들은 상대방을 책망하는 것이 아니라 먼저 자기가 하나님과 상대방 앞에서 용서를 빌어야 하는 자라는 것을 알았습니다."

맞아들임

만일 우리가 성령으로 살면 또한 성령으로 행할지니

갈라디아서 5:25

볼지어다 내가 문 밖에 서서 두드리노니 누구든지 내 음성을 듣고 문을 열면 내가 그에게로 들어가 그와 더불어 먹고 그는 나와 더불어 먹으리라

요한계시록 3:20

롯 팩슨이 전도 집회에 초청되었을 때에, 큰 저택에 숙박하게 되었다. 2층 객실은 밖에서 계단으로 들어갈 수 있게 되어 있었다. 조금 후에 큰 비가 내려, 아직 밖에 두었던 짐을 아래층에 들여 넣어 달라고 문을 열어 봤으나 집은 비어 있었다. 그녀는 비를 맞으면서 짐을 2층으로 들어올리고, 혼자 쓸쓸하게 쉬고 있으려니까 내면의 소리가 들려왔다.

"누구든지 그 생활 속에 내가 들어가기를 바라고 있는데, 안 구석의 작은 방에 나를 가두어 넣고 있는구나. 내가 그들의 방 하나하나에 들어가서 모든 일을 함께하기를 원하고 있는데…"

팩슨이 그다음 날에 숙박한 집은 보잘것없는 집이었다. "숙박 하시는 동안에는 어느 방이든지 당신의 방입니다. 좋으신 대로 하세요. 그리고 편하게 지내세요." 하며 진정한 환영을 받았다.

원수를 사랑하라

너희가 사람의 잘못을 용서하면 너희 하늘 아버지께서도 너희 잘못을 용서하시려니와 너희가 사람의 잘못을 용서하지 아니하면 너희 아버지께서도 너희 잘못을 용서하지 아니하시리라

마태복음 6:14~15

스위스의 한 소녀가 일본인 관광객에게서 일본에 대한 것을 처음으로 듣고 알게 되었다. 그때부터 그녀는 일본인에게 꼭 예수님을 전하고 싶었다. 그녀의 소원은 그녀의 인생의 목표가 되고, 이윽고 선교사가 되어 일본에 와서 예수님의 사랑을 전하기 시작했다.

방문(訪問) 전도의 하루하루가 시작되었는데, 그날도 방문 전도를 나갔다. 그런데 갑자기 돌풍이 불어와서 그녀의 레인코트를 부풀어 오르게 하더니 지나가던 오토바이의 핸들에 감겨들게 되어, 그녀는 길바닥으로 넘어지면서 아주 세게 도로 바닥에 부딪쳤다. 몽롱해진 의식 속에서 뛰어온 경찰관에게 "운전자를 벌하지 마세요. 면허증을 압수하지 마세요."라고 몇 번이나 말하면서 하늘로 불려갔다. 그 부인 선교사의 말은 오토바이 운전자의 마음을 감동케 했다. 이윽고 운전자는 그녀가 믿었던 예수님을 믿고 크리스천이 되었다.

기적을 구하라

여호수아가 또 백성에게 이르되 너희는 자신을 성결하게 하라 여호와께서 내일 너희 가운데에 기이한 일들을 행하시리라

여호수아 3:5

대중 전도자로 활동하고 있는 오다 아키라(小田 彰) 목사는 전도자로서 활동하기 위해 출발하려고 할 때에, 오오에 샤이치(大江捨一) 목사로부터 그의 믿음을 굳건히 세우는 조언을 받았다.

"오다 군, 전도자 생애의 초기에 있어서 기적을 구하라. 불가능하다고 생각되는 것을 구하라. 하나님이 그것을 이루어 주시는 경우가 있다. 당신이 전도자로 뛰기 시작하는 2, 3년 동안에 이루어 주셨던 하나님의 기적이 당신의 한평생을 좌우합니다."

오다 목사는 "목사님의 말씀이 옳았다고 생각합니다."라고 말했다. 왜냐하면 전도의 열매를 얻기 위해서라도, 또한 그 전도 생활을 유지하는 데에도 그는 하나님의 기적을 보아 왔기 때문이다.

완고한 이교도들도 차츰 구원받았다. 하나님만을 의지하고 들어갔던 순회 전도자 생활에 있어서 생겨나는 영적 자녀들을 어떻게 양육할 것인가로 시작되어 매월의 생활경제, 각처에서 개최되는 전도 활동에서 오는 신체적 피로감, 날마다 필요해지는 텔레폰 전도의 설교… 등등, 진실된 하나님은 확실히 이러한 필요에 대해 나날이 기적을 나타내어 주셨던 것이다.

구원을 의심하는 자

그에 대하여 모든 선지자도 증언하되 그를 믿는 사람들이 다 그의 이름을 힘입어
죄 사함을 받는다 하였느니라

사도행전 10:43

만일 우리가 우리 죄를 자백하면 그는 미쁘시고 의로우사 우리 죄를 사하시며 우
리를 모든 불의에서 깨끗하게 하실 것이요

요한1서 1:9

빅토리아 영국 여왕의 즉위 60년을 기념하여 1887년, 도망병들
에게 사면(赦免) 포고(布告)가 내려졌다. 무죄가 되기 위한 조건은 정
해진 기한에 돌아와서 도망한 죄를 고백한다는 간단한 것이었
다. 여왕의 사면은 멀리 외국에 도망한 자에게도 가족이나 친한
친구들이 즉시 전보를 쳐서 알리고, 행방불명이 된 자에게는 필사
적으로 찾아서 빠짐없이 전달되었다. 이렇게 해서 거의 모든 사람
이 포고를 믿고 출두해서 죄를 고백하고 사면되었다. 그런데 수
년 후에 한 남자가 도망죄로 체포되었다.

그는 재판에서 여왕의 포고를 들어 무죄를 주장했으나 유죄
판결이 내렸다. 그 이유는 사면 기간에 자수해 죄의 고백을 하지
않았다는 것과 여왕의 포고를 믿지 않았다는 것으로 여왕을 거
짓말쟁이로 만들었다는 것이다.

예수 그리스도에 의한 자신의 구원을 마음이 흔들릴 때마다 의
심하는 사람도 이 남자와 같은 것이다.

실의

모든 은혜의 하나님 곧 그리스도 안에서 너희를 부르사 자기의 영원한 영광에 들어가게 하신 이가 잠깐 고난을 당한 너희를 친히 온전하게 하시며 굳건하게 하시며 강하게 하시며 터를 견고하게 하시리라

베드로전서 5:10

대통령이 되기를 꿈꾸고 있었던 루즈벨트는 변호사에서 뉴욕주 상원의원이 되고 3년 후에는 해군 차관으로 순조롭게 승진하고 있었다. 사람들은 그를 유력한 성장주(成長株)로서 인정하며 기대하고 있었다. 그런데 갑자기 소아마비에 걸렸다. 게다가 상식적으로 생각할 수 없는 39세란 나이로 걸렸던 것이다. 그는 실의의 구렁텅이로 떨어져 버렸다. 한때는 하나님도 의심했다. 그러나 그는 지지 않았다. 하나님을 의심한 일을 깊이 회개했다. 차라리 이것은 하나님께서 주시는 시련이라고 하여 감사했다.

그는 다시 정계에 복귀하여 뉴욕 주지사, 그리고 마침내 대통령으로 선출되었다. 이때의 미국은 실업의 증대와 악의 만연으로 손을 댈 수가 없는 형편이었다. 그러나 그의 불굴의 정신은 그 곤란을 능히 해결하고 미국 재생의 대업을 이루었다. 그의 대통령 4선의 위업은 지금도 깨뜨려지지 않았다.

1월 31일

기도가 받아들여지지 않는 까닭

오직 믿음으로 구하고 조금도 의심하지 말라 의심하는 자는 마치 바람에 밀려 요동하는 바다 물결 같으니 이런 사람은 무엇이든지 주께 얻기를 생각하지 말라

야고보서 1:6~7

오랫동안 비가 내리지 않는 때가 있었다. 농민들은 매우 어려워서 마침내, 교회에 모여 하나님께 비를 내려 달라고 특별기도회를 열기로 했다.

그날에 한 소녀가 우산을 한아름 가지고 교회에 들어왔다. 그것을 보고 이미 모여 있던 마을 사람들은 조롱하여 말했다.

"너는 바보야! 이런 햇빛이 쨍쨍한 날에…"

소녀는 눈이 똥그래지며

"아니, 참 황당하네요. 오늘은 비를 내려 달라고 하나님께 기도 올리는 날이 아닌가요?"

38

2월

이달의 기도 제목

_____

_____

_____

_____

_____

_____

하나님이 함께하시면…

내가 사망의 음침한 골짜기로 다닐지라도 해를 두려워하지 않을 것은 주께서 나
와 함께하심이라 주의 지팡이와 막대기가 나를 안위하시나이다

시편 23:4

노라의 펠릭스가 어느 날 악인에게 쫓겨서 동굴 속에 도망쳤다.
그러자 거미가 나와서 동굴의 입구에다 거미줄을 치기 시작했다.
거미줄을 다 쳤을 무렵에 악인들이 나타나서 동굴 안을 조사하
려고 했으나, 거미줄이 쳐져 있는 것을 보고 "여기에는 없다." 하
고 그냥 지나가 버렸다. 무사히 동굴을 빠져나온 펠릭스는 나중
에 친구에게 이렇게 말했다.

"만일, 하나님이 함께 계시지 않았으면 철벽도 거미줄 같은 것
입니다. 그러나 하나님이 함께하시면 거미줄도 철벽과 같은 것이
되는 것입니다."

남을 위해 힘쓰다

믿음이 강한 우리는 마땅히 믿음이 연약한 자의 약점을 담당하고 자기를 기쁘게 하지 아니할 것이라

로마서 15:1

〈신분의 귀천을 불문하고 인간은 모두 평등하다. 어떠한 가난한 계급의 사람들의 어린이라도 훌륭한 교육을 받도록 해 주어야 한다〉는 것만을 염원해 왔던 '사랑의 교육자'라고 일컬었던 페스탈로치.

그의 출생지 취리히에 세워진 묘석에는 〈모든 일을 남을 위해 하고 자신을 위해서는 아무것도 하지 않았던 사람〉이라고 새겨져 있다.

시련은 사랑의 경고

무릇 내가 사랑하는 자를 책망하여 징계하노니 그러므로 네가 열심을 내라 회개
하라

요한계시록 3:19

라디오 목사인 하네 아키라(羽根明) 목사가 어떤 과수원을 찾았
을 때의 일이다. 과수원 주인이 현관 곁에 심어져 있는 관목(灌木)
들 속에 새집이 있는 것을 가리키면서 이렇게 말했다.

"이 새는 내가 모아 둔 나뭇가지 무더기에 짚을 쌓아서 집을
짓고 있었는데, 나뭇가지가 건조되면 불태워야 하니까 내가 쇠스
랑이로 깨어 버렸어요. 그러자 또 만들었어요. 나는 또 깨뜨려 버
렸는데 또 만들었어요. 세 번이나 깨뜨려 버리니까 마침내 단념하
고 여기에 옮겨 와서 집을 지었어요."

이것을 듣고 하네 목사는 생각했다.

〈하나님께서는 우리들 인생에게도 이와 같은 일을 하신다. 이젠
다 되었다. 안심이다 할 때에, 사실은 지옥의 불을 견디지 못하고
세상 끝 날의 대지진에도 견디지 못하는 인생이라는 것을 깨닫게
하시기 위해, 하나님은 우리들의 인생을 흔들어 깨뜨려 버리거나
산산조각이 나도록 하시기도 하신다. 사랑과 기쁨과 영원 속에
인생을 다시 쌓아 가도록 하시기 위해서…〉

믿음이란!

믿음이 없어 하나님의 약속을 의심하지 않고 믿음으로 견고하여져서 하나님께 영광을 돌리며 약속하신 그것을 또한 능히 이루실 줄을 확신하였으니 그러므로 그것이 그에게 의로 여겨졌느니라

로마서 4:20~22

<일본어 성경: 아브라함은 불신앙으로 하나님의 약속을 의심하는 것 같은 일을 하지 않았고 반대로 신앙이 점점 강해져서 하나님께 영광을 돌리고 하나님께서는 약속하신 것을 성취하시는 능력이 있음을 굳게 믿었다. 그랬으니까 그것을 의로 인정하신 것이다>

믿음(신앙)이란 바라는 것이 아니다. 미래의 것을 단순히 기대하라는 것도 아니다. 그것은 진실로, 그리고 확실한 방법으로 약속된 것을 지금 받는 것이다. 그것은 기대하는 것이 아니고 받는 것이다. 신앙은 볼 수 있는 것이 아니다. 왜냐 하면 그것은 보이지 않는 것을 취급하고 있기 때문이다. 볼 수 있는 것은 신앙의 영역이 아니며 증거의 문제다. 신앙은 하나님의 말씀 이외에 아무런 증거도 구하지 않는다. 그리고 그것 자체가 보증이다.(A. B. 심프슨)

신앙이란 무엇인가 하면, 외면적인 환경이나 내면적인 감정에 의하지 않고 하나님께서 말씀하셨다는 이유로, 그것이 진실이라는 것을 믿는 것이다. 신앙은 감정도 아니고, 볼 수 있는 것도 아니다. 신앙은 하나님의 말씀에 기초하여 하나님을 붙잡고, 하나님의 진실을 목표로 삼는 것이다.(로버트 C. 맥킬킨)

죄란

동산 중앙에 있는 나무의 열매는 하나님의 말씀에 너희는 먹지도 말고 만지지도
말라 너희가 죽을까 하노라 하셨느니라 … 너희가 그것을 먹는 날에는 너희 눈이
밝아져 하나님과 같이 되어 선악을 알 줄을 하나님이 아심이니라 여자가 그 나무를
본즉 먹음직도 하고 보암직도 하고 지혜롭게 할 만큼 탐스럽기도 한 나무인지라 여
자가 그 열매를 따먹고 자기와 함께 있는 남편에게도 주매 그도 먹은지라

창세기 3:3, 5~6

칸사이학원대학(關西學院大學) 신학부(神學部) 구약성경학(舊約聖經學)의
시로사키 수수무(城崎進) 교수는 말했다.

"죄란 형식적으로는 하나님에 대한 불순종이지만, 실질적으로
는 하나님의 권능을 침범하고 스스로 하나님을 대신하여 모든
일에 대한 재판관이 되는 것이다. 즉, 자기 신화(神化), 자기 절대화
(絶對化)인 것이다."

실망할 때

내가 네 사업과 사랑과 믿음과 섬김과 인내를 아노니 네 나중 행위가 처음 것보다 많도다

요한계시록 2:19

스코틀랜드의 시골 교회에서 주일예배가 끝난 후 장로들은 목사와 대화하기 위해 남아 있었다. 장로들은 목사의 사임을 희망한다고 말했다. 그들은 목사가 너무 나이가 많아 직무를 만족하게 수행하지 못한다고 느끼고 있었던 것이다. 그들은 자기들의 주장을 뒷받침하기 위해 회의 석상에서 엄격하게 질문을 했다.

"목사님이 재임 중에 회심자가 몇 명이나 됩니까?"

목사는 미안한 듯이 대답했다.

"내가 아는 한, 한 명뿐입니다. 그것도 소년입니다."

이때부터 몇 년인가 지난 후에 로버트 머패트가 선교사로서 아프리카로 떠났다. 그는 크르만에서 전도를 시작하자마자, 그 땅의 모든 부족을 기독교인으로 개종시켰을 뿐만 아니라, 그 땅의 언어로 성경을 출판해서 하나님의 말씀을 손에 가질 수 있게 했다. 이렇게 아프리카의 빛나는 별이 된 위대한 선교사야말로 옛날에 늙은 목사의 유일한 열매가 된 소년이었던 것이다.

사랑이 있는 한

누가 약하면 내가 약하지 아니하며 누가 실족하게 되면 내가 애타지 아니하더냐

고린도후서 11:29

<일본어 성경: 누군가가 죄를 범하고 있는데 내 마음이 불타지 않고 있겠느냐>

대저 하나님의 모든 말씀은 능하지 못하심이 없느니라

누가복음 1:37

칸노(菅野) 나오 씨는 6세 때에 나병(癩病)이 발병된 이래, 송구 보양원(保養園)에 들어갔는데, 병의 진행과 함께 머리털은 빠지고 수족(手足)의 자유는 빼앗기고, 눈도 보이지 않게 되었다. 현재 80세를 넘겨도 평안히 지내며, 그의 신앙으로 보양원의 위로자라 칭송을 받으며 사람들에게 희망을 주고 있다.

어느 시기에 칸노 씨의 이웃 침대에 눈도 안 보이고 귀도 들리지 않는 몸이 부자유한 할머니가 있었다. 그녀는 이 할머니를 매우 사랑해서 구원을 받도록 늘 기도했다.

그러던 중에 어느 날 그녀는 침대에서 내려 기어가는 듯이 하면서 이웃 침대에 가서 그 할머니의 들리지 않는 귀에다 입을 붙이고, 하나님의 사랑과 예수님의 십자가의 구원을 전했다. 그 결과, 하나님의 기적이 일어났다. 할머니는 마침내 예수님을 믿고 구원을 받아 천국으로 떠났다.

그리스도의 향기

우리는 구원 받는 자들에게나 망하는 자들에게나 하나님 앞에서 그리스도의 향기니
고린도후서 2:15

크리스천이란 어떠한 사람인가를 많은 사람들이 여러 가지로 표현하고 있다.

크리스천이란 악마가 사랑하는 것을 미워하고, 악마가 미워하는 것을 사랑하는 자이다. 크리스천이란 동정하는 사람이다.(폰 휘겔)

크리스천이란 그가 성결함으로 인하여 성도, 신앙으로 인하여 신자, 사랑으로 인하여 형제, 지식으로 인하여 제자라고 일컬음을 받는다.(플러)

크리스천이란 하나님을 두려워하는 사람이다. 크리스천이란 땅에 있는 성도, 육체를 옷 입고 있는 천사이다. 그 창조주 및 속죄주를 닮게 만들어진 상이다. 영적 하나님의 교회의 지상 모형이며, 성령이 계시는 살아 있는 하나님의 궁이다.(호울)

크리스천이란 인간에 있어서의 최고의 모범이다.(융)

하나님께서 써 주신다

이 복음을 위하여 그의 능력이 역사하시는 대로 내게 주신 하나님의 은혜의 선물을
따라 내가 일꾼이 되었노라

에베소서 3:7

"분명히 그는 말을 잘 더듬는다. 과연 그의 설교는 잘알 수 없
다. 그러나 그는 열심이다. 그리고 전도하기를 좋아한다. 좋아하
니까 시켜 보자."고 말한 시험위원의 발언이 없었다면 우에무라
마사히사(植村正久)는 목사가 될 수 없었다.

그 후에 그는 메이지(明治)시대의 기독교계에 크나큰 공헌을 남겼
고, 그리스도의 위대한 제자가 되었다. 그는 〈도쿄 일번지 일치교
회(一致敎會)〉를 세워, 평생을 거기서 목사로 근무하면서 전도자 육
성을 위해 〈도쿄신학교〉를 창립하고 교장으로서 책임을 지고 수
고하였다. 그뿐만 아니라 『일본평론』, 『복음신보』 등을 발간하
여, 신앙자로서 교회뿐만 아니라, 널리 그 시대에 영향을 끼쳤다.

가족, 친족의 박해 속에서

사도들은 그 이름을 위하여 능욕 받는 일에 합당한 자로 여기심을 기뻐하면서 공회 앞을 떠나니라

사도행전 5:41

야마시타 킨지로오(山下金太郎) 씨는 아침저녁 불단을 경배하는 열심 있는 불교도(佛敎徒)였다. 그런데 그의 중학교 일학년 딸이 교회를 다니게 되었다. 분노하고 당황한 그는 친족들을 모두 모아 〈교회에 못 가게 하는 모임〉을 만들어 성경을 숨기거나 주일날이면 기둥에 결박해 버리거나, 머리털을 쥐고 뺑뺑 돌리거나 하면서 박해를 계속했다. 딸은 학대를 받자 2층에 올라가서는 기도하고, 내려와서는 다시 학대를 받으면 다시 기도하는 것을 반복하면서 견뎌 나가면서도 말대꾸 한마디도 하지 않았다. 딸이 성년이 된어느 날, 여러 곳에서 혼담이 오고 가게 되자 "어때? 가난해도 사이가 좋은 것과, 풍족한 집이라도 분쟁이 많은 것과는 어느 쪽이 좋은가?"라고 질문했다.

딸은 성경을 가지고 와서 읽기 시작했다. 〈마른 떡 한 조각만 있고도 화목(和睦)하는 것이 육선(肉膳)이 집에 가득하고 다투는 것보다 나으니라 잠언 17:1〉라고.

야마시타 씨는 그것을 듣고, "성경에는 어찌 이렇게 놀라운 말씀이 있는가?" 하고 놀랐다. 그날 밤부터 그는 허기진 사람처럼 성경을 읽고, 3개월에 신구약 성경을 모두 독파했다. 그리고 즉시 교회에 나가서 신앙고백을 하고 구원을 받았다.

만족은 돈으로 얻을 수 없다

은을 사랑하는 자는 은으로 만족하지 못하고 풍요를 사랑하는 자는 소득으로
만족하지 아니하나니 이것도 헛되도다

전도서 5:10

금전이나 부(富)는 사람의 욕심을 증진시키고, 탐욕하게 만들
뿐이고, 결코 이것으로 충분하다고 만족감을 주지 않는다.

독일의 철학자 쇼펜하우어는 "부(富)는 바닷물과 같다. 그것을
마시면 마실수록 목이 갈(渴)해지는 것이다."라고 그 악성적인 특
질을 지적했다. 성경에서는 사람들이 한이 없는 욕망을 가지고 금
전을 모으려고 계속적으로 애쓰는 것을 〈부를 섬기고 있다〉고 하
며, 그러한 사람은 이미 돈의 노예로 전락하고 있다고 충고한다.

그리스의 철학자 소크라테스는 명문 출신이고 부자였다. 그
는 어느 날 "인간은 자신이 가지고 있는 금전의 노예가 될 수 있
다."고 깨닫고, 자기 전 재산을 불행한 사람들에게 나누어 주어
버렸다. 그리고 그는 "소크라테스는 여기에 테-바이 사람 소크라
테스를 자유의 몸으로 해방시켰다."고 외치며 기뻐했다. 이때부
터 그의 진정한 인생이 시작되었던 것이다.

당신도 지금 〈돈만 있으면 무엇이든지 할 수 있다〉고 생각하고
있다면, 그것은 당신을 평생 동안 돈의 노예로 만들 뿐이다. 지
금 당신이 목적을 가지고 있으면서, 얻은 바 금전에 적합한 하루
하루의 생활을 영위해 나간다면 당신은 날마다 계속해서 만족을
누릴 수 있을 것이다.

부자와 가난한 자를 비교하면, 부자에게는 탐욕이라는 한없는 불만족이 있고, 가난한 사람에게는 만족이라는 하나님의 은혜가 주어져 있는 것이다.

채소를 먹으며 서로 사랑하는 것이 살진 소를 먹으며 서로 미워하는 것보다 나으니라

잠언 15:17

목표를 향하여

이기기를 다투는 자마다 모든 일에 절제하나니 그들은 썩을 승리자의 관을 얻고 자 하되 우리는 썩지 아니할 것을 얻고자 하노라

고린도전서 9:25

<일본어 성경: 나는 목표가 확실하지 않는 달리기는 하지 않으며, 허공을 때리는 것 같은 권투는 하지 않는다>

미국의 남북전쟁은 북부의 중앙집권화에 대해 남부의 주권확 장주의(州權擴張主義)의 이해가 대립하여 일어났다. 전쟁 중인 1863년 에, 링컨 대통령은 노예해방을 선언했다. 이것은 남부연합에 속한 노예가 영원히 자유라는 말이다. 이로써 1861년, 남부가 아메리 카 맹방(盟邦)을 만들어 전쟁에 돌입한 이래, 북군(北軍)에는 명확한 전쟁 목적, 즉 대의(大義)가 갖추어졌다. 그래서 북군의 사기는 크 게 오르고, 마침내 남부는 세계에서 고립되어 버렸다. 영국과 프 랑스도 이 전쟁에 힘입어 재식민지화의 야욕으로 전쟁에 개입하려 고 했으나, 그것도 노예해방전쟁이라는 대의 앞에 마침내 소멸되 어 버렸다.

1865년에 북군은 드디어 승리하고, 아메리카합중국은 헌법 개 정 제1조에서 정식으로 노예제를 폐지함으로써 근대국가로서의 첫발을 내딛었다.

악마를 대적하라

그런즉 너희는 하나님께 복종할지어다 마귀를 대적하라 그리하면 너희를 피하리라
야고보서 4:7

1517년, 면죄부를 발단으로 한 루터의 〈95개조의 제제(提題)〉로
일어난 종교개혁은 독일 황제가 관계할 정도로 확대되었다. 황제
칼 5세는 대불(對佛)정책상, 교황과 맺어질 필요가 있어서 루터에
게 그가 주장하는 설(說)을 취소하게 하려고 했다. 그래서 루터는
1521년, 볼무스 국회에 소환되었다.

루터는 최악의 경우 죽음까지도 각오하고 볼무스로 갈 결심
을 했다. "설령, 볼무스의 지붕 기왓장의 수만큼 많은 악마가 나
에게 덤벼든다 해도 나는 갑니다." 하고 국회에 나갔다.

국회에서 루터는 황제의 압박에 굴하지 않고 〈유일한 권위를
성경에 두는 복음주의 신앙〉을 표명했다. 황제는 그를 독일제국
의 죄인이라고 단언했으나, 하나님은 이 충실한 종을 위해 삭센
선거후(選擧候)를 보호자(保護者)로 준비해 주셨다. 이러한 그의 신앙
적 용기가 악마를 이기고 종교개혁을 성취한 것이다.

설령 배반당했다 해도

서로 친절하게 하며 불쌍히 여기며 서로 용서하기를 하나님이 그리스도 안에서 너희를 용서하심과 같이 하라

에베소서 4:32

케벨 박사는 1893^(명치 26)년, 먼 나라 독일에서 요코하마^(横濱)로 왔다. 철학자이며 음악가로도 알려진 그는 일본 문화의 발전을 위한 도움이 된다면 하고 조국에서의 지위를 던져 버리고 미지의 나라 일본 도쿄대학의 강사로서 방일^(訪日)했다.

어느 날, 케벨 박사는 평소와 같이 걸어서 도쿄대^(東京大)로 향했다. 그 도중에 길바닥에서 손님을 기다리고 있는 차부^(車夫)를 보고 불쌍히 여겨 인력거를 타고 대학으로 달려갔다. 인력거를 기다리게 해 놓고 사무실에 들어가서, 월급봉투를 받아, 봉투채로 차부에게 건네주고, "이것을 내 숙소에 갖다 주시오."라고 부탁했다. 학교에서 돌아와, 숙소의 주인에게 물어보니 월급봉투는 도착하지 않았다. 그의 선의와 신뢰를 배반하고 차부는 가지고 달아난 것이다.

숙소의 주인은 "일본인의 수치이다. 용서 못한다. 경찰에 신고하자." 하고 괘씸하게 여겼다. 그러나 박사는 그에게 "참으세요. 그 사람은 목돈이 필요했겠지요. 그대로 두세요."라며 달랬다.

완고한 마음에 사랑을!

너희 모든 일을 사랑으로 행하라

고린도전서 16:14

영국에서 여자 형무소에 수용되어 있는 타락한 여수(女囚)들을 처음으로 돌봐준 사람은 조세프 배틀러 여사였다. 그녀는 이 사업을 하기로 작정함에 있어서 여수들에게 무엇이 가장 필요한 일인가를 일심(一心)으로 찾아봤다.

"대우개선인가? 직업훈련인가? 설교로서 그녀들의 반성을 촉구하여 바른 사람으로 만드는 것인가?" 이렇게 생각하고 있는 동안에 가장 여수들에게 필요한 것을 발견했다. 그리고 그것을 실천했다. 그것은 돈도 설비(設備)도 필요없었다. 그런데도 거칠어진 여수들의 마음을 녹이고, 새 출발을 하겠금, 그녀들을 이끌어 갔던 것이다.

배틀러 여사가 좁은 간방(看房)에 들어가면 한결같이 여수는 욕설을 퍼부으면서 침대 속으로 들어가 버렸다. 배틀러는 그러한 여수의 이마에 손을 대고 베개를 바로 고쳐 주었다. 그리고 아무런 설교 비슷한 말을 하지 않았고, 다만 거칠어진 마음을 가진 이 여수를 친절과 사랑을 다하여 따뜻하게 돌봐 주었다. 그러자 여수는 평정을 찾았고, 이 초대하지 않았던 방문자에게 무엇인가를 말해 주기 원했다.

질병은 하나님의 영광이 나타날 때

예수께서 들으시고 이르시되 이 병은 죽을 병이 아니라 하나님의 영광을 위함이요 하나님의 아들이 이를 말미암아 영광을 받게 하려 함이라 하시더라

요한복음 11:4

갑자기 소아마비에 걸린 크리스천 부인이 있었다. 그녀는 전신 마비의 몸을 휠체어에 실어 주면, 하루 종일 창가에 앉아서 밖을 지나가는 사람들에게 밝은 마음으로 인사를 보내었고, 또한 그 사람들의 구원을 위해 기도를 계속했다.

얼마 지난 후, 하나님의 부르심을 받아 소천되었는데, 그녀의 장례식에는 그야말로 많은 사람들이 참석했다. 그들은 아침저녁으로 창가에서 미소짓던 그녀의 밝은 얼굴에 격려와 위로를 받았으며, 그리고 하나님을 알게 된 사람들이었다.

하나님의 수호

여호와는 너를 지키시는 이시라 여호와께서 네 오른쪽에서 네 그늘이 되시나니 낮의 해가 너를 상하게 하지 아니하며 밤의 달도 너를 해치지 아니 하리로다 여호와께 너를 지켜 모든 환난을 면하게 하시며 또 네 영혼을 지키시리로다

시편 121:5~7

나폴레옹의 군대가 러시아를 침공했을 때, 나쁜 소문은 팽배했고, 나폴레옹의 횡포를 매우 두려워했던 크리스천 과부가 있었다. 밤에 잘 때, 그녀는 바닥에 꿇어앉아 침대에 머리를 박고 필사적으로 기도했다. "오오, 하나님. 우리들의 집 둘레에 하나님의 성벽을 쌓아 우리를 외적으로부터 지켜 주소서." 아이들은 어머니가 하나님께 성벽을 쌓아 달라고 기도하시는 것이 무슨 말인가 하고 이상하게 여겼다. 아침이 되어서야 아이들은 그 의미를 알았다. 밤중에 여태까지 볼 수 없었던 큰 눈이 와서 길가에 있었던 그들의 집을 눈으로 덮어 버렸다. 그 직후에 나폴레옹 군대는 마을마다 불질러 때워 버리면서 진군해 왔으나 거기에 집이 있는 줄도 모르고 모진 추위에 떨면서 지나가 버렸다.

판단의 기준

이는 우리가 주 앞에서뿐 아니라 사람 앞에서도 선한 일에 조심하려 함이라

고린도후서 8:21

오늘날까지 나는 범사에 양심을 따라 하나님을 섬겼노라 하거늘

사도행전 23:1

미국의 인기가수이며 배우였고 신도 전도자인 팻 분(Pat Boone)에게는 좋은 영적 조언자가 있었다. 맥 그레이브 교장이며 그의 청소년기의 은사였다.

팻 분이 결단을 필요로 할 때에 흔히 교장은 이렇게 말했다. "최종적인 분석을 할 때에는 필요없는 것은 모두 제거하고 그 자체가 올바른 일인가를 질문해 보라. 내가 원하는 것이니까, 또는 가장 안이한 것이며 또한 좋은 결과를 초래할 것이니까 라는 이유에 의해서가 아니라 그것 자체가 올바른 것인가로 결정되는 것이다."

남을 위해 살다

각각 자기 일을 돌볼뿐더러 또한 각각 다른 사람들의 일을 돌보아 나의 기쁨을 충만하게 하라

빌립보서 2:4

슈바이처는 젊은 날에 다음과 같이 결심했다.

"30세까지는 학문과 예술을 위해 살도록 허락받고 있다고 생각하자. 그 후에는 인간으로서 직접 사람들에게 보사(報謝)하는 길을 걷기로 하자."

이윽고 그는 신학자, 오르가니스트, 바흐 해석자로서 이름이 알려지게 되었다. 그러나 그는 평소에 결심하고 있었던 일을 실행하기 위해 의학을 수학하고, 유럽에서의 명성을 버리고, 프랑스령 적도 아프리카 가봉의 람파레네에 건너갔다. 거시서 부인을 조수로 삼아 원주민 의료와 전도에 종사하면서 생애를 보냈다. 그는 "백인은 이전에는 흑인을 노예로 삼았으나 지금 나는 흑인의 노예가 되었습니다."라고 농담 삼아 말했다.

누명을 쓰다

내 아버지여 만일 내가 마시지 않고는 이 잔이 내게서 지나갈 수 없거든 아버지의
원대로 되기를 원하나이다 하시고

마태복음 26:42

독일에서 성자라고 존경을 받고 있었던 헨리는 어느 날, 그의
집을 노크하는 소리가 나서 문을 열었다. 거기에는 전혀 모르는
여인이 갓난아기를 안고 서 있었다.

"이것은 당신이 뿌린 죄의 열매야!"라고 하면서 그녀는 아기를
수소에게 건네주고 도망치듯이 사라져 버렸다. 수소는 그녀를
한 번도 만난 일이 없었다. 그러나 이 소문은 당장 세상에 널리
퍼져 버렸다.

그는 조용한 장소에 물러가서 고뇌와 수치 속에서 부르짖었다.

"당신은 내가 결백하다는 것을 아십니다."

하나님으로부터는 명확한 응답이 있었다. 〈당신은 내가 한 것
같이 하라. 타인의 죄 때문에 괴로움을 당하라. 침묵하고 있어
라〉헨리는 십자가를 보았던 것이다. 평화가 고민하는 그의 마
음에 찾아왔다.

그는 애정을 다하여 아기를 길렀다. 몇 년이나 지나서 그 여인
이 헨리의 결백함을 공표했는데, 그때에는 이미 헨리의 모습은 성
자 예수님을 닮고 있었다.

고민의 진짜 이유

악을 행하는 자들 때문에 불평하지 말며 불의를 행하는 자들을 시기하지 말지어다
시편 37:1

초로의 크리스천 부인이 맥퀼킨 목사에게 와서 한숨을 쉬면서 개탄했다.

"내 마음속에 기쁨과 평화가 주어진다면 얼마나 좋을까?"

그녀에게는 이미 결혼한 딸이 있었다. 불신자(不信者)의 결혼이라, 한 마음이 되는 일에는 무엇인가 문제가 있었다. 이러한 불화를 그녀가 알고부터는 사위를 점점 못마땅하게 생각하게 되었다. 그래서 최근에 와서는 마침내 딸이 이혼해서 자기에게로 돌아오기를 바라게 되었다. 맥퀼킨 목사는 모두(冒頭)의 성구를 그녀에게 읽도록 했다. 그 후에 그녀에게 "당신의 마음을 괴롭히고 있는 것은 누구입니까?" "예, 그것은 사위입니다." 그러자 몇 번이나 그녀에게 성경을 읽게 한 후 다시 같은 질문을 했다. 이윽고 그녀는 밝은 얼굴로 성경에서 눈을 떼었다.

"목사님, 마음에 고민을 하고 있었던 것은 내 자신 때문이었어요. 나는 사위 때문이라고만 생각했습니다."

이날부터 그녀는 여러 가지 문제가 일어나도 결코 고민하지 않게 되었다.

사심 없는 활동을 보고

범사에 네 자신이 선한 일의 본을 보이며 교훈에 부패하지 아니함과 단정함과 책
망할 것이 없는 바른 말을 하게 하라 이는 대적하는 자로 하여금 부끄러워 우리를
악하다 할 것이 없게 하려 함이라

디도서 2:7~8

　퍼제트 윌크스 선교사와 일본인 전도자가 최근에 예수를 믿게
된 가난한 사람의 집을 방문했다. 거기에는 가족들이 노모가 위
급한 상태지만 병원에 갈 수가 없어 슬퍼하고 있었다. 그들은 곧
미선계의 병원에 연락했더니, 침구와 의복만 있으면 입원시키겠다
고 했다. 급히 준비를 시작했더니 이웃에 사는 술주정뱅이인데다
가 미신을 믿고 기독교를 매우 혐오하는 차부(車夫)가 담배를 피
우면서 쳐다보고 있었다. 그들은 이 차부를 고용하여 중병의 노
모와 침구 등을 병원까지 운반하게 했다.

　차부는 그들이 친척도 아니며 아무런 이득도 없는데 자기가 경
비를 부담하면서까지 돌봐 주는 것을 보고 놀랐다. 그 결과, 자
신의 양심에 가책이 되어 마음이 편안할 수가 없었다. 그래서 마
침내 구원을 얻기 위해 교회로 찾아갔다. 이 차부는 그 후 전도
자가 되어 주의 선한 종으로서 일하게 되었다.

전도의 필요성

그런즉 그들이 믿지 아니하는 이를 어찌 부르리요 듣지도 못한 이를 어찌 믿으리요 전파하는 자가 없이 어찌 들으리요 보내심을 받지 아니하였으면 어찌 전파하리요 기록된 바 아름답도다 좋은 소식을 전하는 자들의 발이여 함과 같으니라

로마서 10:14~15

중국에서의 허드슨 테일러의 집회에, 불교도의 지도자이며 님포의 마을에서 솜(木棉) 장사를 하고 있는 니이라는 사람이 왔다. 설교를 듣고 난 그는 곧, 회중 앞에서 간증을 시작했다.

"나는 오랫동안 진리를 찾았으나 발견하지 못했습니다. 유교, 불교, 도교에는 안식(安息)이 없었습니다. 그러나 지금 들은 말씀에는 진정한 안식이 있음을 알았습니다. 나는 오늘부터 예수님을 믿습니다."

니이는 후일에 허드슨 테일러에게 물었다.

"이 좋은 소식은 당신네 나라에서는 언제부터 알았습니까?"

"몇 백 년 전부터입니다."

"무어라고요? 몇 백 년 전부터라고요. 우리 아버지도 진리를 찾고 있었습니다. 그러나 발견하지 못하고 돌아가셨습니다. 왜 좀 더 일찍 오시지 않았습니까?"

이것은 테일러에게 있어서는 고통의 순간이었다.

당신은 사랑받고 있다

예수 그리스도 … 우리를 사랑하사 그의 피로 우리 죄에서 우리를 해방하시고

요한계시록 1:5

오직 마음에 숨은 사람을 온유하고 안정한 심령의 썩지 아니할 것으로 하라 이는 하나님 앞에 값진 것이니라 전에 하나님께 소망을 두었던 거룩한 부녀들도 이와 같이 자기 남편에게 순복함으로 자기를 단장하였나니

베드로전 3:3~4

<일본어 성경: 너희들은 두발을 짜거나 금장식을 붙이거나 의복을 입고 장식하는 것 같은 외면적인 것이 아니라 차라리 온유하고 조용한 영이라는 썩지 않을 것을 가진 내면적인 인격을 자랑하라 이것이야말로 하나님 앞에서 가치 있는 것이다>

어떤 부인이 미션스쿨의 교장을 방문하여 질문했다.

"당신네 학교에서는 아름다운 학생만을 입학시킵니까?"

"왜 그렇게 생각합니까? 그런 일은 없습니다. 어떤 학생이라도 환영합니다."

"그러나 이 학교의 학생들은 모두 아름답습니다."

"우리 학교 학생들은 구주 예수님이 사랑해 주신다는 것을 가르치고 있습니다. 예수님께 대한 믿음이 그녀들에게 아름다움을 주셨을 것입니다."

"나 자신은 불교도이기 때문에 우리 딸이 크리스천이 되기를 원하지 않습니다. 그러나 내 딸이 이 학교 학생처럼 되기를 바라기 때문에 입학시켜 주십시오."

주를 위한 수욕

나의 능욕이 종일 내 앞에 있으며 수치가 내 얼굴을 덮었으니 나를 비방하고 욕하
는 소리 때문이요 나의 원수와 복수자 때문이니이다 이 모든 일이 우리에게 임하였
으나 우리가 주를 잊지 아니하며 주의 언약을 어기지 아니하였나이다 우리의 마음이
위축되지 아니하고 우리 걸음도 주의 길을 떠나지 아니하였으나

시편 44:15~18

중국 문화대혁명(文化大革命) 때에, 19세의 여성이 당국에서 호출을
당해서 〈성경은 제국주의의 독이라고 고백하라〉고 협박을 당했
다. 그녀는 다만 고개를 숙이고 침묵하고 있으니까 그녀를 까까
중머리로 만들어 석방했다. 부끄러운 나머지 그녀는 머플러를 둘
러쓰고 있었으나 3개월이 지나서 두발이 자라나니 다시 잡혀서
전과 같은 일이 되풀이되었다. 이런 무참한 일이 세 번이나 반복
되었을 때에 그녀는 주님의 음성을 들었다.

〈네가 수치를 당하는 것은 나를 믿기 때문이다〉

그녀의 마음은 뛰었다. "그렇다 나는 부끄럽다. 부끄럽다고 생
각했으나 모든 것이 주의 영광을 나타내기 위함이었다." 그녀는
머플러를 벗어 버리고 용기를 내어 거리에 나갔다. 사람들은 놀
라서 물었다. "주 예수님을 믿기 때문이예요."

모택동(毛澤東)을 신으로 여기던 시대에 모택동보다 더 위대한 사
람이 있다는 것은 놀라운 일이었다. 사람들은 "당신이 그토록
사랑하는 예수는 누구냐?" 하고 물으며 구원을 받기도 했다.

기도는 기적의 열쇠

통치자들과 권세들을 무력화하여 드러내어 구경거리로 삼으시고 십자가로 그들을 이기셨느니라

골로새서 2:15

〈일본어 성경: 하나님은 그리스도로 말미암아 모든 지배와 권위의 무장을 해체하고 그들을 포로로 삼아 개선의 행렬에 가했다〉

일본 프로테스탄트 전도의 초기에 오사카(大阪)에 있는 감리교파의 대전도관에서 람베스 감독과 웬라이트 선교사가 전도하고 있었다. 어느 날, 〈오사카에서의 프로테스탄트 집회는 앞으로 일체 허가할 수 없다〉는 관헌의 통보가 있었다.

그래서 두 사람은 기도실에 들어가서 계속 기도했다. 저녁 식사 시간에 가정부가 그들을 불렀으나, 도리어 그녀는 기도의 힘에 압도되어 버렸다. 그 이상한 분위기 때문에 람베스 부인이 달려갔으나 역시 함께 압도되었다. 기도의 승리를 장악한 그들은 전도관에 도착하자마자, 다시는 열리지 않겠다던 문을 열고 전과 같이 집회를 시작했다. 그날 밤에 하나님의 성령이 회중에게 내려서 많은 사람들이 구원을 받았다.

다음 날 아침에 시(市)의 고관이 전도관에 왔다. "그냥 그대로 집회를 계속하시오. 앞으로는 방해하지 않겠다."고 말했다. 전날 밤에 구원받은 사람 중에 그들의 자녀가 있었던 것이다.

오사카의 일간신문에는 〈기독교의 신이 당시에 왔다〉고 대서특필하여 전도의 재개를 보도했다.

하나님의 섭리

만일 하늘에서 주신 바 아니면 사람이 아무것도 받을 수 없느니라

요한복음 3:27

사람의 마음에는 많은 계획이 있어도 오직 여호와의 뜻만이 완전히 서리라

잠언 19:21

참 하나님을 알지 못하는 사람은 자기 인생에서 일어나는 여러 가지 일을 자신의 지혜와 운명의 결과라고 본다. 거기에는 교만과, 자신을 잃는 일과, 체념밖에 없다. 그러나 크리스천은 모든 일에 하나님의 솜씨를 보기 때문에 하나님께 영광을 돌리고 평안이 충만한 생활을 영위할 수가 있다. 이것을 히라하라 카쓰미(平原克己) 목사는 아내를 예로 들어 이와 같이 간증했다.

"집사람은 미국에 있는 양친(兩親)을 떠나서 오빠와 둘이서 일본의 학교에 들어가기 위해 왔습니다. 그 후에 전쟁이 끝나고 빨리 집으로 돌아가기 위해서 미국 영사관에서 출국 수속을 밟았습니다. 그런데 그 서류 안에 일본에서 선거를 했나 안 했나를 쓰는 칸이 있어서 오빠는 〈안 했다〉고 했으나 아내는 〈했다〉고 썼기 때문에 아내만 미국 시민권을 상실하고 일본에 머물게 되었고, 그것을 기회로 헌신하여 교회에서 살게 되었는데, 얼마 후 나를 만나게 되어서 결혼하게 되었습니다."

하나님이 인도하시는 곳에
하나님의 역사가 있다

그 흩어진 사람들이 두루 다니며 복음의 말씀을 전할새

사도행전 8:4

일본 오무타시(大牟田市)에 있는 토탈 크리스천 교회에서는 공민관을 빌려서 전도 집회를 열기로 예정하고 있었다. 그런데 당일이 되어 갑자기 빌릴 수 없게 되었다. 그래서 그들은 기도하고 의논한 후, 전도를 중지하지 않고 노방에 나가서 개인 전도를 하기로 했다. 이때의 하나님의 역사를 미조구치 노리마사(溝口展正) 목사는 다음과 같이 말했다.

"우리들은 길 가는 사람들에게 각각 이 대 일로 말을 걸어, 기독교에 관심을 보인 사람에게는 다방에서 복음을 전하고 결심을 촉구했다. 그러자 놀라울 정도로 그들의 영혼은 부드럽고 또한 메말라 있어서 구원을 받아들였으므로 근처에 있는 신도 집에 가서 욕실에서 세례를 주었다. 그 수는 20명이었다. 여태까지는 세례를 받는 경우는 교회 생활을 수년간 지낸 사람에게 권장해 왔으나 성경에는 몇 년 크리스천 생활을 한 후라고 씌어 있지 않고, 〈믿고 세례를 받은 사람은 구원을 받는다〉라고 씌어 있기 때문에 그대로 했다."

주를 찬양하라

내가 여호와를 항상 송축함이여 내 입술로 항상 주를 찬양하리이다 내 영혼이 여호와를 자랑하리니 곤고한 자들이 이를 듣고 기뻐하리로다 나와 함께 여호와를 광대하시다 하며 함께 그의 이름을 높이세

시편 34:1~3

바흐와 함께 바로크 음악의 대작곡가로서 독일에서 출생하여 영국으로 귀화한 헨델은 아일랜드 총독으로부터 더블린에 초청되어 그곳에서 명작 〈메시아〉를 작곡했다.

메시아가 발표되자 대단한 호평을 받았다. 어느 날, 〈메시아〉 공연이 끝난 후 주최자 킨노울 후작이 헨델에게 인사를 했다.

"덕택으로 모두가 매우 즐거운 한때를 지낼 수 있었습니다."

그러자 헨델은 성난 말투로 말했다.

"즐거운 시간이었다고요? 만약 참으로 그것뿐이었다면 나는 정말로 실망합니다. 왜냐하면 나는 〈메시아〉를 듣는 모든 사람이 구주 예수님께 마음을 돌려서 보다 선량한 사람이 되었으면 하고 바라고 있기 때문입니다."

진실로 다시 너희에게 이르노니 너희 중의 두 사람이 땅
에서 합심하여 무엇이든지 구하면 하늘에 계신 내 아버지께
서 그들을 위하여 이루게 하시리라 두세 사람이 내 이름으로
모인 곳에는 나도 그들 중에 있느니라

마태복음 18:19~20

3월

이달의 기도 제목

_____

_____

_____

_____

_____

_____

신앙에 의심이 생겼을 때

너희 안에서 행하시는 이는 하나님이시니 자기의 기쁘신 뜻을 위하여 너희에게 소원을 두고 행하게 하시나니 모든 일을 원망과 시비가 없이 하라

빌립보서 2:13~14

<일본어 성경: 하나님은 자신의 뜻에 따라 너희 안에서 역사하시나니 너희가 뜻을 세우고 일하도록 해 주신다 그러므로 매사에 군소리를 하지 말며 의심하지 말고 행하라>

어떤 농부가 예수님을 구주로 받아들였다. 그러자 사탄이 즉시 그를 공격하기 시작했다. "너는 아직 신앙에 들어간 지 얼마 안 되는 초보가 아니냐? 자신을 크리스천이라고 생각해서는 안 된다." 농부는 즉시, 창고에 들어가 굵은 말뚝 하나를 가지고 나와서 뜰 한가운데에 힘차게 두드려 박았다.

"하나님, 나의 모든 것을 맡깁니다." 하고 힘차게 기도하고 찬송했다. 이튿날, 그가 밭에 나가 작업을 하고 있으니까 사탄은 다시 그의 마음에 공격을 시도해 왔다. "너는 진정으로 하나님을 의지하지 않는다."

그는 괭이를 집어던지고 말뚝 옆에 서서 씩씩하게 사탄을 대적했다.

"사탄아! 나는 여기서 하나님께 내 모든 것을 위탁했다. 그 증거로 여기에 말뚝을 박았다. 이제부터는 너의 속삭임 따위는 듣지 않겠다. 예수님 이름으로 명하노니 사탄아 물러가라!"

숨어서 하는 선행

이와 같이 선행도 밝히 드러나고 그렇지 아니한 것도 숨길 수 없느니라

디모데전서 5:25

〈만종(晚鐘)〉, 〈이삭줍기〉 등으로 유명한 밀레가 아직 이름도 없을 때였다. 어느 해 겨울에 가난과 추위로 떨고 있을 때에 친구인 세오돌 루소가 찾아왔다. 최근에 완성된 〈접목하는 농부〉라는 그림이 화실 한쪽 구석에 세워져 있는 것을 발견한 루소는 "이것은 매우 훌륭하다. 어떤 사람이 좋은 그림이 있으면 가지고 오라고 했으니 이 그림을 500프랑으로 양도해 달라."고 기쁜 마음으로 구입해 갔다. 밀레는 뜻하지 않은 수입이 생겨, 즉시 따뜻한 식사와 난로로 오래간만에 즐겁고 단란한 시간을 갖게 되었다. 그리하여 비참한 겨울은 밝고 따뜻한 나날로 변했다.

몇 년이 지난 어느 날, 밀레는 루소의 집을 방문하게 되었다. 그 무렵에는 밀레의 그림도 잘 팔려 나가고 있었다. 루소의 방에 들어가니까 그 방에는 예전에 밀레가 그렸던 〈접목하는 농부〉의 그림이 걸려 있지 않은가? 모든 것을 깨달아 알게 된 밀레는 친구 루소를 힘차게 포옹하며 "고마워!" 하며 눈물이 그의 뺨을 적셨다.

3월 3일

불신자와의 연애

여호와 하나님이 가라사대 사람의 독처하는 것이 좋지 못하니 내가 그를 위하여
돕는 배필을 지으리라 하시니라

창세기 2:18

내가 여호와를 항상 내 앞에 모심이여 그가 내 우편에 계시므로 내가 요동치 아니
하리로다

시편 16:8

    불신자인 남자와 연애 중인 여성이 목사에게 와서 걱정스러운
표정으로 상담하러 왔다. 대답은 교제를 계속해도 좋다는 말이
었으나 〈하나님 제일주의로 할 것, 결혼하기 전에 그를 신앙으로
인도할 것〉 등의 가르침을 받았다. 이렇게 격려를 받았지만 그녀
는 전도해야 한다는 것에 용기를 갖지 못한 상태였다.

    어느 날 "하나님께서 당신을 창조해 주신 것이 기뻐요. 지금 우
리가 만나고 있는 것은 우연이 아니라고 생각해요. 하나님께서
만나게 해 주신 것이 아닐까요."라고 메모를 건네주었다. 나중에
그것을 읽은 그는 "기쁜 소식을 전해 주어서 고마워요…."라고
전화를 해 주었다. 이때에 용기를 내어서 그녀는 교회에 같이 나
가자고 권유했다.

    그 후의 하나님의 긍휼하심을 그녀는 이렇게 간증했다. "연애
하는 중에 그를 크리스천으로 권유하게 되는 날이 이렇게 빨리
오리라고는 생각지도 못했어요. 하나님은 참 놀라운 분이세요."

하나님께 충실하라

네가 죽도록 충성하라 그리하면 내가 생명의 관을 네게 주리라

요한계시록 2:10

너희는 나를 불러 주여 주여 하면서도 어찌하여 내가 말하는 것을 행하지 아니하느냐

누가복음 6:46

스탠리 존스가 인도 선교로 가는 도중에 영국에서 간증하는 시간을 가졌다.

"여러분은 나에게 인도에 돌아가더라도 다만 실패와 실망이 있을 뿐이며, 아무런 성과를 올리지 못할 것이라고 말할지도 모릅니다. 나는 하나님께로부터 〈인도에 가라〉는 부르심을 받았습니다. 그 부르심에 충성을 다하는 것이 내가 해야 할 유일한 사명입니다. 성공이나 실패는 내가 관여할 문제가 아닙니다. 다만 나는 하나님에게 충실한가 아닌가가 있을 뿐입니다."

행사를 마치고 가는 길에 한 목사가 기쁜 얼굴로 존스에게 다가왔다.

"저는 지금까지 계속해서 〈성공〉이라는 것에 매달리고 있었습니다. 그러나 당신은 나를 내 마음의 최대의 긴장에서 풀어주셨습니다. 내가 해야 할 것은 다만 〈충실〉뿐인 것을 알았습니다."

사역함으로 간증하라

하나님 아버지 앞에서 정결하고 더러움이 없는 경건은 곧 고아와 과부를 그 환난 중에 돌보고 또 자기를 지켜 세속에 물들지 아니하는 그것이니라

야고보서 1:27

일본 도쿄 쓰키지(築地)에 있는 성공회가 운영하는 〈성누가병원〉에 스위스 태생인 간호사 미스 누노오라는 사람이 있었다.

그녀는 자기 자신이 먼저 신앙적인 이야기를 하지 않았다. 그 이유는 이렇다.

"말로써 간증하는 것보다 내가 사역함으로 복음을 간증하는 것이 쉽기 때문입니다."

나쁜 놀이에 초대받았을 때

선한 양심을 가지라 이는 그리스도 안에 있는 너희의 선행을 욕하는 자들로 그 비방하는 일에 부끄러움을 당하게 하려 함이라

베드로전서 3:16

어느 젊은 크리스천 교사가 저녁 식사를 초대받아 친구의 집을 방문했다. 거기에는 이미 먼저 온 손님이 대여섯 명 둘러앉아 카드놀이를 하고 있었다. 그것을 보고 그는 살짝 옆방에 가서 대기하고 있었다. "선생님은 어디로 갔을까?" 하는 소리가 들려왔다. 그가 옆방에 있는 것을 발견한 친구는 "왜 거기에 있느냐?" 하고 물었다. 그는 "나는 카드놀이를 잘 못한다."고 몇 가지 이유를 들어 온화하게 설명했다.

그것을 듣고 있었던 사람들 중에 그의 말에 깊이 감동받은 여성이 있었다. 그녀는 이때를 계기로 회심(回心)하여 하나님과 동행하는 생활을 시작했고, 이윽고 선교사가 되어 먼 나라로 복음을 들고 떠났다.

장해가 일어났을 때

너희가 기도할 때에 무엇이든지 믿고 구하는 것은 다 받으리라 하시니라

마태복음 21:22

어느 날, 교회의 맞은편에 토지를 산 사람이 술집을 짓겠다고 말해 왔다. 그 말을 들은 어떤 신자가 그에게 말했다.

"우리 교회의 맞은편에 술집을 개업하겠다는 것은 당치도 않는 말입니다. 술집을 열고 싶으면 다른 곳에 가서 하시오."

"내 땅이니까 내가 마음대로 하겠다." 하고 물러나지 않았다.

"당신이 좋아하는 대로는 못합니다. 당신은 절대로 거기에 술집을 개업하지 못합니다."

하고 신자는 확신을 가지고 단언해 버렸다. 그는 이것을 마음속에 다짐하고, 집에 돌아가서 아내에게 말했다.

"나는 지금부터 기도에 전념합니다. 금식기도로 확신을 얻으면 방에서 나오겠으니 걱정하지 마시오."

그는 3일간 밤낮으로 방에서 나오지 않았고 나왔을 때에는 승리를 얻고 있었다. 그 후, 얼마 있다가 부흥이 일어났는데, 최초의 결신자는 어떠한 반대라도 무릅쓰고 술집을 세우겠다고 주장하던 그 사람이었다. 물론 술집은 건축하지 못했다.

설령 배반당하더라도

오직 너희는 원수를 사랑하고 선대하며 아무것도 바라지 말고 꾸어 주라 그리하면 너희 상이 클 것이요 또 지극히 높으신 이의 아들이 되리니 그는 은혜를 모르는 자와 악한 자에게도 인자하시니라

누가복음 6:35

아프리카의 모잠비크에서 어떤 목사가 새로 전도를 개시하려고 마을로 들어갔다. 공산주의 정권이었기 때문에 그는 전도하기 위해 마을의 촌장(村長)에게 허가를 받았다. 그러고는 조금 있으니까 병사들이 마을에 와서 촌장에게 "목사는 스파이가 아닌가?"라고 물었다. 촌장은 그들에게 아첨하기 위해 "예, 그렇습니다."라고 대답했다. 목사는 당장 체포되어 총으로 구타당하고 자백을 강요당했다. 이 광경을 목격한 마을 사람들은 놀라서 모두나와 입을 맞추어 〈목사님은 스파이가 아니라〉고 증언을 하기 시작했기 때문에 겨우 그 마을에서의 추방을 면했다.

한 달쯤 지난 후에, 그 목사가 마을에 들렀더니 마침 그때, 진료소에 그 촌장이 중태로 실려 왔다. 의사는 "지금 당장 수혈이 필요한데 아무도 마을 사람들이 협력해 주지 않는다. 이대로 놔두면 죽을 수밖에 없다."고 목사에게 말했다.

우상숭배 거부

너는 나 외에는 다른 신들을 네게 두지 말라 … 그것들에게 절하지 말며 그것들을 섬기지 말라

출애굽기 20:3, 5

고교생인 와타나베 타카후미(渡辺隆文)는 어머니와 함께 교회에 나가게 된 후로부터 학교생활에서 큰 문제가 생겼다. 주 1회인 검도 시간에 카미다나(神棚)를 향해 절을 하는 것이 우상숭배라는 것을 알았기 때문이다. 그는 신앙고백으로 선생에게 카미다나를 향해 절을 하는 것을 면제해 달라고 요청했다. 선생은 "예법을 체득하고, 마음을 긴장시켜 부상당하지 않게 하기 위해서 하는 것이다. 규율을 문란케 하는 것은 인정 못한다." 하고 강하게 거부했다.

세례를 준비하는 중이라 "이것은 큰 싸움이다."라고 격려하는 목사님의 말에 그는 학교를 퇴학할 각오로 싸울 결심을 했다. 세례를 받은 그는 어머니의 기도하는 중에서 교장에게 직접 말하기로 했다. "우상숭배는 성경이 금하고 있습니다. 이것은 나 혼자만의 문제가 아니고 앞으로 입학하는 나와 같은 학생들을 위해서도 간청하는 것입니다."

반년 동안에 걸친 전교인들의 기도의 싸움과 거부당해도 물러나지 않는 열의에 마침내 교장이 카미다나 배례거부(拜禮拒否)를 받아들였던 것이다.

죄에 대해 반감을 갖자

만일 네 오른 눈이 너로 실족하게 하거든 빼어 내버리라 네 백체 중 하나가 없어지
고 온 몸이 지옥에 던져지지 않는 것이 유익하며

마태복음 5:29

　어떤 설교자가 청중에게 말했다.

　"나는 여러분들에게 죄에 대해서 크게 반감을 가지라고 목소
리를 높여 말하고 싶습니다. 〈반감〉이란 말의 의미를 아시겠습니
까? 여러분 중의 누군가가 자기 호주머니에 손을 넣었을 때에 거
기에 두꺼비가 들어 있었다고 상상해 보세요. 여러분은 그것에 대
한 반감으로 즉시 두꺼비를 꺼내어 던져 버릴 것입니다. 죄에 대해
서도 이와 같이 해야 합니다."

치유

여호와를 신뢰하는 자에게는 인자하심이 두르리로다

시편 32:10

수종(水腫)에 걸려서 몸이 두 배로 부어오른 여성이 있었다. 병원에 가서 치료했으나 그녀는 치유되기는커녕 점점 악화되어 갔다. 그녀는 자기 자신과 그 병을 하나님께 맡기고 하나님께서 고쳐 주시기를 기도할 수밖에 없다는 것을 깨달았다.

〈너의 길을 여호와께 맡기라 저를 의지하면 저가 이루시고 시편 37:5〉라는 말씀과 하나님의 치유하심을 믿었다. 그녀는 그 순간부터 병이 치유되는 것을 알았다. 그러나 그녀는 여전히 병을 앓고 있었다. 그래서 날마다 하나님께 기도하고 있었다.

"주여, 나는 믿습니다. 주를 찬미합니다."

그로부터 얼마 후에 그녀는 완전히 치유되었다. 그뿐만 아니라 그녀는 하나님의 임재와 인자하심과 교통하심을 그녀 자신의 것으로 만들었다.

하나님의 손에 보호 받으며

진실로 다시 너희에게 이르노니 너희 중의 두 사람이 땅에서 합심하여 무엇이든지
구하면 하늘에 계신 내 아버지께서 그들을 위하여 이루게 하시리라 두세 사람이 내
이름으로 모인 곳에는 나도 그들 중에 있느니라

마태복음 18:19~20

중국에서는 세계에서 유례가 없는 〈독자정책(獨子政策)〉을 실시하여 둘째아이의 출산을 사실상 금지하고 있는데, 어느 농촌의 크리스천 부인이 둘째 아이를 임신했다. 그녀는 신앙이 돈독했기에 낙태가 죄라는 것을 알고 어떠한 곤란이 있어도 아이를 낳겠다고 결심했다. 그녀의 임신을 알아낸 마을 관리국은 지금까지 해 온 것처럼 〈도시의 병원에 가서 수술할 것〉이라고 냉혹하게 통고했다. 그녀의 가족들은 이 최악의 사태를 맞아 일심으로 기도했다.

그러나 드디어 그날이 왔다. 공무원은 그녀를 죄인처럼 강제적으로 연행해 갔다. 그런데 그다음 날 아침에 귀가한 그녀는 미소를 짓고 있었다. 사람들은 놀랐다. 수술하기 전의 검진으로 그녀는 심장에 이상이 발견되어 그냥 집으로 돌아가도 좋다고 했다. 그러나 출산 후에도 아무런 이상 없이 모자가 건강하게 잘 지내고 있다고 한다.

실망 중에서 하나님이 쓰신다

사랑하는 자들아 너희를 연단하려고 오는 불 시험을 이상한 일 당하는 것 같이 이
상히 여기지 말고 오히려 너희가 그리스도의 고난에 참여하는 것으로 즐거워하라 이
는 그의 영광을 나타내실 때에 너희로 즐거워하고 기뻐하게 하려 함이라

베드로전서 4:12~13

인간 영혼의 존귀함을 노래한 영국 청교도 시인 밀턴은 시골에
서 시작 활동을 하고 있었는데, 크롬웰이 청교도혁명으로 정권을
장악하고 공화정부를 수립하자, 외무성에 라틴어 비서관으로 초
빙되었다.

크롬웰이 사망하자, 다시 왕정복고(王政復古)가 되어, 그는 역경
속에서 두 눈(兩眼) 실명(失明)이라는 참담한 상태가 되어 버렸다. 그
러나 그의 영안(靈眼)은 크게 열리기 시작하여 그의 대표작이라고
일컫는 〈실락원(失樂園)〉, 〈복락원(復樂園)〉, 〈투사(鬪士) 삼손〉 등, 차례
로 명작을 낳았다.

무력은 멸망한다

이에 예수께서 이르시되 네 칼을 도로 칼집에 꽂으라 칼을 가지는 자는 다 칼로
망하느니라

마태복음 26:52

천지는 없어질지언정 내 말은 없어지지 아니하리라

마태복음 24:35

프랑스의 황제 나폴레옹은 유럽의 대부분을 지배하에 두었으
나, 영국에게는 철저히 저항받아 트라팔거의 해전에서 넬슨에게
패하였고, 또한 러시아 원정(遠征)에서는 50만의 병사를 잃고 참패
했다. 그 후에 그는 유럽 여러 나라들의 해방군에게도 패하여 퇴
폐하고 1814년에는 엘바 섬에 유배되고 말았다. 이듬해에 탈출에
성공한 그는, 다시 황제의 자리에 올라 백일천하를 잡았다. 그러
나 영국을 주력으로 한 연합군은 유럽연합군과 워털루의 전투에
서 패배하여 센트헬레나 섬에 유배되는 신세가 되었다. 그때, 그
는 과거의 영광을 회상하면서 말했다.

"내가 검으로 건설한 제국은 눈 깜박할 사이에 붕괴되고 말았
다. 그러나 그리스도가 사랑으로 건설한 왕국은 언제까지나 남
아서 더욱더 왕성해지는구나."

천국에서 만날 수 없는 사람

나더러 주여 주여 하는 자마다 천국에 다 들어갈 것이 아니요 다만 하늘에 계신
내 아버지의 뜻대로 행하는 자라야 들어가리라

마태복음 7:21

미국 성공회 주교 필립 브룩크스는 사상적인 설교와 매력 있는 인격으로 널리 감화를 끼친 사람이다.

브룩크스가 중병에 걸렸을 때, 그는 면회를 일절 사절하고 있었는데, 법률가인 인겔솔이 문병하러 왔을 때에는 만났다. 인겔솔은 미소지으면서 "만나 주어서 기뻐요." 하면서 즐거워했다. 브룩크스는 진지한 표정으로 "다른 사람들과는 천국에서 또 만날 수 있지만 자네와는 무리일 것이네." 라고 말했다.

기도의 방해

사랑하는 자들아 만일 우리 마음이 우리를 책망할 것이 없으면 하나님 앞에서 담대함을 얻고

요한1서 3:21

어느 농부의 소 떼 속에 이웃 송아지가 섞여 들어왔다. 그는 그것을 알고 있었지만 모르는 척하면서 자기 소와 함께 팔아 버렸다. 그런데 하나님께 기도하려고 하면 그 송아지의 모습이 눈앞에 어른거리는 것이었다. 그는 마침내, 그 부정(不正)을 이웃에게 고백하고 소를 돌려주었다. 그러자 마음이 밝아지면서 기도를 할 수 있게 되었다.

자기를 버리고

네게 구하는 자에게 주며 네 것을 가져가는 자에게 다시 달라 하지 말며

누가복음 6:30

일본의 성인(聖人)이라 일컫는 카가와 토요히코(賀川豊彦) 씨는 고베 신학교 재학 중에 빈민가의 1평짜리 오막살이에 옮겨와서 전도를 시작했다.

진작 찾아온 사람은 전염성 피부병을 앓는 사나이로 하룻밤 유숙하기를 청해 왔다. 다음 날에는 헐벗은 거지가 왔는데 카가와 선생은 자기 셔츠를 벗어 주었다. 그러자 다음 날 아침에 다시 나타나서 이번에는 웃옷과 바지를 달라고 했다. 달라 하는대로 다 주고 나니까 카가와 선생은 누더기 같은 옷을 걸칠 뿐이었다.

상당히 각오는 하고 왔었던 그도 빨리 달아나고 싶어졌다. 이런 그를 바라보고 있었던 이웃 주민들은 "이젠 도망갈 거야!" 하고 속삭이면서 웃고 있었다. 그러나 카가와 선생은 끝내 거기에 머물고 있었다. 하나님의 사랑으로.

이웃 사람들도 마침내 젊은 그를 존경하게 되고, 무엇이든지 상담하러 오게 되었다.

서로 사랑하는 부부

너희도 각각 자기의 아내 사랑하기를 자신 같이 하고 아내도 자기 남편을 존경하라

에베소서 5:33

코가네(小金) 교회의 담임 목사 토리하 카즈오, 토쿠코(鳥羽和雄, 德子) 부부의 결혼기념일에 목사가 초등학생인 딸에게 말했다.

"오늘은 아빠와 엄마의 결혼기념일이야."

그러자 딸은 지체하지 않고 "아니, 날마다 기념일인 줄 알았어요."라고 말했다.

불신자와 결혼한 크리스천에게

만일 어떤 형제에게 믿지 아니하는 아내가 있어 남편과 함께 살기를 좋아하거든 그를 버리지 말며 어떤 여자에게 믿지 아니하는 남편이 있어 아내와 함께 살기를 좋아하거든 그 남편을 버리지 말라 믿지 아니하는 남편이 아내로 말미암아 거룩하게 되고 믿지 아니하는 아내가 남편으로 말미암아 거룩하게 되나니 그렇지 아니하면 너희 자녀도 깨끗하지 못하니라 그러나 이제 거룩하니라

고린도전서 7:12~14

어느 날, 한 부인이 목사님께 와서 슬픈 듯이 호소했다.

"우리 남편은 아무리 신앙을 권해도 도무지 그 효력이 보이지 않습니다."

목사님은 깊이 동정하여 조언을 해 주었다.

"지금부터 당신의 방법을 고쳐서 더 많이 남편에 대해서 하나님께 아뢰고, 더 적게 하나님께 대해 남편에게 말하도록 하세요. 꼭 좋은 결과가 나올 것입니다."

얼마 후에 그녀는 이 조언에 대해 감사했다.

크리스천의 결혼

자유로워 자기 뜻대로 시집갈 것이나 주 안에서만 할 것이니라

고린도전서 7:39

<일본어 성경: 자기가 원하는 사람과 결혼할 자유가 있다 다만 주 안에서만 그러할 것이다>

필립 헨리는 결혼에 대해서 자녀에게 경계하여 말했다.

"먼저 하나님을 기쁘시게 하라. 그 후에 자기 자신을 기쁘게 하라. 그렇게 하면 너희 하늘 아버지께서는 그것을 기뻐하실 것이다. 다른 사람들은 너희 결혼 때에 행복을 원하겠지만 나는 너희 성결(聖潔)을 원한다. 왜냐하면 너희가 성결을 지킨다면 저절로 행복해지기 때문이다."

오해와 사죄

그는 죄를 범하지 아니하시고 그 입에 거짓도 없으시며 욕을 당하시되 맞대어 욕하지 아니하시고 고난을 당하시되 위협하지 아니하시고 오직 공의로 심판하시는 이에게 부탁하시며

베드로전서 2:22~23

너희는 떨며 범죄하지 말지어다 자리에 누워 심중에 말하고 잠잠할지어다

시편 4:4

카루이자와(輕井沢) 바이블 캠프장에서는 저녁 6시 이후에는 남자가 여자 숙소에 접근해서는 안 된다는 규칙이 있었다. 밤 9시경, 강사가 도착해서 급한 일로 한 여성을 불러 달라고 한 청년에게 부탁했다. 그는 규칙을 알고 있었으나, 여자 기숙사의 창밑에 가서 큰소리로 이름을 부르고 목사님이 오셨다는 소식을 전했다. 돌아가려고 할 때에, 개설자인 타이거트 목사가 와서 청년을 큰소리로 꾸짖고 그 자리에서 쫓아내었다. 그는 분노와 억울함으로 어쩔 줄 몰랐다.

다음 날 타이거트 목사가 만나러 왔다. 그는 이때의 일을 인상 깊게 말했다.

"타이거트 목사는 방에 들어오자마자, 그냥 바닥에 꿇어앉아 내 앞에 손을 집고 머리를 숙였다. 무슨 일인가 놀라고 있으니까 〈사정도 모르고 일방적으로 꾸짖었던 것을 사과하고 싶다〉고 눈물을 흘리면서 엎드려 용서를 빌었던 것이다. 나는 너무나 뜻밖의 일이라 그저 멍하니 바라보고만 있었다."

최선의 해결법

환난 날에 나를 부르라 내가 너를 건지리니 네가 나를 영화롭게 하리로다
시편 50:15

　정교한 직물을 짜고 있는 어떤 공장에서는 실이 엉켰을 때에는 여공들이 직공장을 불러 실을 잘 풀어서 고쳐 주도록 되어 있었다. 그런데 어느 날, 상당히 숙련된 여공이 "나 같으면 직공장의 도움이 없어도 실이 엉킨 것쯤이야 고칠 수 있어요."라고 생각해서 자기가 시험해 봤다. 그러나 그 결과는 더욱더 실을 엉키게 할 뿐이었다.

　직공장이 왔을 때, 그녀는 말했다.

　"직공장님 저는 최선을 다 했어요."

　직공장은 타일러서 말했다.

　"당신에게 최선이란 나를 부르는 일입니다."

기도의 응답

그를 향하여 우리의 가진 바 담대함이 이것이니 그의 뜻대로 무엇을 구하면 들으심이라

요한1서 5:14

<일본어 성경: 무엇이든지 하나님의 뜻에 합당한 것을 구하면 하나님께서 그 소원을 들어주신다는 것 이것이야말로 하나님께 대한 우리들의 확신이다>

스페인의 나바라 왕국 자비엘 성주의 아들로 1506년에 출생한 프랑시스코 자비엘은 1525년 파리대학에 유학했다. 수재(秀才)로 스포츠맨이었던 그는 사교계에서도 상당한 인기 있는 사람이었다. 그래서 자비엘 가의 가족회의는 프랑시스코를 불러들여서 군인으로 삼으려고 했다. 그러나 그의 누나 마그달레나는 강하게 반대했다. "동생의 학업을 격려하기는커녕 도중에서 못하게 하는 것을 반대합니다. 동생은 반드시 장래에 주의 종이 되어 교회의 기둥이 될 사람입니다." 그것은 누나의 기도이기도 했다.

그로부터 얼마 후에 프랑시스코는 파리대학에서 이그나티우스 데 로욜라와 만나게 되었는데, 로욜라도 성주의 아들이었고 군인이었으나 지금은 모든 것을 던져 버리고 주의 종으로 활동하고 있는 사람이었다. 그로부터 좋은 감화를 받은 프랑시스코는 주의 종이 될 것을 결심하고 1534년, 로욜라와 함께 포교를 위해 <예수회>를 창립하고 동양 선교를 위해 나섰다.

신앙의 힘

그 이름을 믿으므로 그 이름이 너희 보고 아는 이 사람을 성하게 하였나니 예수로
말미암아 난 믿음이 너희 모든 사람 앞에서 이같이 완전히 낫게 하였느니라

사도행전 3:16

　시인 사카타(阪田) 히로오(寬夫)의 노모는 나라야마(天城山) 교회의 반주자로서, 평소와 같이 예배 한 시간 전에 와서 혼자 오르간의 연습을 하고 있었다. 깨어진 유리 창문에서 들어오는 찬 바람이 79세의 늙은 몸에 추위를 느끼게 했다. 커튼을 쳐서 바람을 막으려고 테이블을 딛고 올라섰는데 내려올 때에 테이블이 찌그덩하면서 그만 바닥에 몸을 부딪쳤다.

　오른쪽 팔이 움직이지 않았다. "무사히 오르간을 칠 수 있도록…." 기도하면서 어떻게든 반주의 임무를 마쳤다. 그 후에 시집 간 딸이 와서 강요하다시피해서 병원으로 갔더니 상완골(上腕骨)이 골절되어 있었다. 그녀가 젊었을 때의 일이다. 대수술을 하고 있던 중 불행하게도 마취가 떨어져 버렸다. 그러자 그녀는 그런 것은 조금도 개의치 않고 찬송가를 부르기 시작했고 조금도 놀라지 않았다.

　이 에피소드를 쓴 〈흙의 그릇〉을 읽고 아쿠타가와상(芥川賞)에 투고한 야수오카 쇼오타로오(安岡章太郎)는 "신앙에 의해서 이런 힘을 얻을 수 있다면… 하는 생각이 문득 일어난다."고 감동을 표현했다.

모든 일을 유익하게 하시는 하나님

우리가 알거니와 하나님을 사랑하는 자 곧 그의 뜻대로 부르심을 입은 자들에게
는 모든 것이 합력하여 선을 이루느니라

로마서 8:28

1973년 5월 15일, 한밤중에 도쿄 오오미야 마에(大宮前) 교회에
화재가 발생했다. 원인은 전혀 알 수 없었다. 개스(gas)는 잠겨 있
었고, 누전도 아니라고 했다. 그날부터 사랑의 문안이 쇄도했다.
총계 150교회, 500명의 사람들이 헌금을 해 왔다.

빌리고 있었던 토지 110평은 화재가 나면 반환하는 것이 원칙
이었으므로 다시 빌리고 싶으면 차용으로 땅값의 7할을 지불해
야 했다. 평당 50만 엔(円)의 토지였기에 3,850만 엔이라는 대금이
필요했다. 지주는 목사에게 와 달라고 연락했다. 각오는 하고
있었으나 미쓰마루 시게루(滿丸 茂) 목사는 무거운 마음으로 나갔
다. 지주는 "110평은 돌려받겠습니다. 그러나 절반인 55평은 그
냥 목사님께 드리겠습니다. 마음대로 쓰세요."라고 말했다. 목
사는 아연해서 "공짜로 주시는 것입니까?"라고 되물었다. 55평의
대금 2,750만 엔은 필요없다는 말이다. 그 후, 헌당식이 거행되었
는데, 건축비용은 헌금과 같은 금액이었다.

하나님의 뜻대로

너는 장차 받을 고난을 두려워하지 말라

요한계시록 2:10

작가 키타바타케 야호(北畠八穗)의 모친은 50세 중반부터 손가락이 떨리고 근육이 경색되는 심선마비(心腺瘤痺)에 걸려 버렸다. 얼마 후에는 심장의 주위가 굳어서 심장을 압박해 버리는 위험한 병이다. 자녀들은 이미 독립해 가지고 따로 생활하고 있었기에 감호원이 돌보고 있었다. 가끔 문병하러 오는 자녀들에게 군소리 없이 언제나 미소로 맞이했다.

6년간의 병상 생활에서 말기의 증상인 숨이 차는 경우가 되어도 이 미소는 사라지지 않았다. 도리어 자녀들이 그 병상을 볼 때에 당황해 버렸다. 어머니가 크리스천이란 것을 충분히 알면서도 어떠한 난치병이라도 고쳐 준다는 신흥종교의 신자를 데리고 왔다. 그는 신흥종교의 놀라운 효력을 가르쳐 준 후에 "단 한마디라도 이 종교의 신의 이름을 불러주면 낫는다."고 재촉했다. 자녀들은 "우리를 안심시키기 위해 이 신흥종교를 믿어 보세요."라고 권유했다. 간절히 권하고 타일렀으니 이번에는 어떠한 대답이 나올 것인가 숨을 죽이고 모친을 쳐다보았다.

"나는 하나님의 뜻대로 하겠다." 하고 평소와 같이 미소를 지으면서 조용히 대답했다. 자녀들은 〈이것이 어머니의 신앙이다〉라고 미혹에 빠졌던 제정신을 도로 찾았던 것이다.

타인의 구원을 위하여

형제들아 내 마음에 원하는 바와 하나님께 구하는 바는 … 곧 그들로 구원을 받
게 함이라

로마서 10:1

프랑스의 작은 마을 뒤뉴의 사제 미리엘에게서 19년 만의 따뜻한 저녁 식사와 폭신폭신한 침대에서 쉬었던 전과자 장 발장은 아침 일찍 아무에게도 인사를 하지 않고 교회를 나왔다. 사제가 아침 식사를 하고 있으니까 경찰관이 장 발장을 체포해 가지고 왔다. "사제님 이놈은 교회의 은촉대를 훔친 악당입니다." 그렇게 말하면서 촉대를 사제에게 건네려고 하자, 그것을 말리면서 사제는 말했다. "그것은 어젯밤에 그분이 지금까지의 죄를 회개했으므로 기념으로 드린 것입니다." 경찰관은 이 말을 듣고 언짢은 듯이 사라져 버렸다.

사제는 "이제는 안심하세요. 자네는 그 촉대를 가지고 가세요. 자네가 참으로 선한 사람이 되었다는 기념의 촉대를 가지고…" 라고 이별을 고하는 사제의 눈에는 눈물이 비쳤다. 이때를 계기로 하여 장 발장은 양심이 깨어났고, 불행한 사람들을 구하는 사랑의 생활에 들어갔다.

당신의 필요를 아시는 하나님

네 기도와 구제가 하나님 앞에 상달되어 기억하신 바가 되었으니

사도행전 10:4

　허드슨 테일러가 중국 전도에 종사하고 있을 때의 일이다. 닝포(寧波)에 있는 장로교회에서 전도하고 있었던 쿼터맨이 천연두에 걸려 점점 중태에 빠져갔다. 그는 독신자로 간호해 줄 사람도 없었다. 그것을 알고 허드슨 테일러는 자기도 병으로 고생하다가 겨우 나은 신세였으나 이 천연두 환자와 함께 지내면서 의사 겸 간호사의 역할을 하기로 했다. 그러나 이런 헌신적 도움도 헛되게 쿼터맨은 소천되어 떠나 버렸다. 그때에 테일러는 입었던 옷을 모두 병실에서 사용했기 때문에 모두 태워 버려야 했다.

　그러나 옷을 살 돈도 없었다. 조금이라도 여유 있는 돈은 모두 중국 오지에서 일하는 선교사들에게 보내거나 가난한 사람들을 위해 써 버렸기 때문이다. 마침, 그런 때에 1년 전쯤에 그가 수와두(汕頭)에 남겨 두었던 하물(荷物) 한 상자가 도착되었다. 이것은 벌써 내 손에는 돌아오지 않을 것이라고 체념하고 있었던 것인데, 그 상자야말로 의복 상자였던 것이다.

형제애

　네델란드의 화가 고흐는 신학교를 졸업한 후, 아무도 가지 않는 가난한 탄광촌에 목사로서 부임해 갔다. 그는 노동자의 세계로 들어가지 않으면 참다운 전도를 하지 못한다고 하여 스스로 땅 밑의 어두운 광산에 들어가 곡괭이를 내리쳤다. 이런 생활로 심신이 피로해 버린 그는 잠시 몸과 마음의 안정을 취하려고 고향에 돌아왔다. 이때에 거머쥔 그림붓으로 인해 그는 화가의 세계로 들어갔다.

　그는 비극적인 10년간의 화가 생활 중에서 동생의 테오에게 〈나는 열혈(熱血)을 가지고 미친듯이 그리고 있다〉고 편지에 썼듯이 그리고 또 그려서 1,600장의 그림을 그렸다. 그러나 팔린 것은 단 1장뿐이었다. 그동안의 생활비와 그림재료는 모두 동생 테오가 보내 주면서 격려했던 것이다.

신앙의 기치를 분명히 하라

하나님이 우리에게 주신 것은 두려워하는 마음이 아니요 오직 능력과 사랑과 절제하는 마음이니 그러므로 너는 내가 우리 주를 증언함과 또는 주를 위하여 갇힌 자된 나를 부끄러워하지 말고 오직 하나님의 능력을 따라 복음과 함께 고난을 받으라
디모데후서 1:7~8

오카야마(岡山)에 사는 구세군 신자의 간증이다.

"나의 사촌의 장녀가 결혼하게 되었습니다. 결혼식에 갔더니 생각했던 대로 술잔치가 벌어졌습니다. 나는 크리스천이라서 술을 마시지 않는다고 알려져 있었기 때문에 달콤한 음료를 먹으면서 때를 기다리고 있었습니다. 노래를 하는 순서도 상당히 진척되었을 때에 일어나서 저는 〈여러분 잠깐 조용히 해 주세요. 오늘 저녁 신랑신부를 위한 하나님의 말씀을 들려 드리고자 합니다〉 이렇게 말하고 난 후, 에베소서 5장 22절에서 23절까지의 부부의 의무에 대한 성경 말씀을 읽어 드렸습니다. 그러자 사람들은 모두 감동되어 좋아했으며, 나중에 이 젊은 부부를 만났을 때에 〈당신이 읽어 주었던 성경 말씀이 가장 인상 깊게 남아 있습니다〉라며 기뻐해 주었습니다."

예배의 축복

그들이 사도의 가르침을 받아 서로 교제하고 떡을 떼며 오로지 기도하기를 힘쓰
니라

사도행전 2:42

시모노세키시(下關市)의 교회에 오랫동안 신앙을 지켜온 노인이
있었다. 그는 지금은 귀가 멀어 거의 말을 듣지 못하는 상태가 되
었다. 그래도 주일에는 한 번도 쉬는 일이 없이 언제나 예배당의
제일 앞자리에 자리잡고 있었다. 그리고 그날의 말씀인 성경을 몇
번이나 읽고, 주보에 있는 그날의 설교의 개요를 몇 번이나 읽었
다. 이 노인에게 구도 중인 청년이 질문했다.

"왜 설교 말씀을 전혀 들을 수 없는 데 예배에 출석합니까? 무
의미한 일이 아닙니까?"

그러자 노인은 아주 못마땅하다는 표정으로 말했다.

"예배는 하나님께 드리는 것입니다. 물론 설교를 귀로 들을 수
있으면 더 기쁜 일이 없겠지만 설령 설교를 듣지 못한다 하더라
도 예배에 참석함으로 하나님의 은혜는 나에게, 내 가정에 풍성하
게 내리는 것입니다."

4월

이달의 기도 제목

주안에서 기뻐하라

주 안에서 항상 기뻐하라 내가 다시 말하노니 기뻐하라 … 아무것도 염려하지 말고 다만 모든 일에 기도와 간구로 너희 구할 것을 감사함으로 하나님께 아뢰라 그리하면 모든 지각에 뛰어난 하나님의 평강이 그리스도 예수 안에서 너희 마음과 생각을 지키시리라

빌립보서 4:4, 6~7

미국의 명설교가 헨리 워드 피이처는 소년 시절에 집안일을 돕는 고용부가 웃으면서 기도하는 것을 보았다. 이상하게 여긴 그는 나중에 그 고용부에게 물어봤다. "왜 웃으면서 기도합니까?" 그러자 그는 기뻐하면서 그 이유를 말했다.

"하나님께서는 넘치는 은혜를 나에게 주고 계십니다. 그래서 기쁨에 넘쳐서 기도하면 웃음이 저절로 나오는 것입니다."

이 말은 피이처에게 깊은 감동을 주어서 한평생 동안 그의 마음 속을 떠나지 않았다. 그 결과 그는 평생 동안 밝고 즐거운 신앙생활을 체험했고, 또한 그것을 다른 사람들에게 가르칠 수가 있었다.

사랑을 주어라

사람은 자기의 인자함으로 남에게 사모함을 받느니라 가난한 자는 거짓말하는
자보다 나으니라

잠언 19:22

내가 내게 있는 모든 것으로 구제하고 또 내 몸을 불사르게 내줄지라도 사랑이 없
으면 내게 아무 유익이 없느니라

고린도전서 13:3

어떤 가정에서 자녀가 있는데도 불구하고 고아원에 있는 아이
를 데려다가 길러 주기로 결심했다. 초등학교 3학년인 이 남자
아이는 별다른 문제는 없었으나 한 가지 곤란한 일이 있었다.

그것은 식사를 얼마든지 한다는 것이었다. 지금까지 시설(施設)
에서 불충분한 식사를 해 왔기 때문에 그러리라 생각했으나 언제
까지나 이 이상한 식욕이 그치지 않고 토할 정도로 먹지 않으면
만족하지 않았다. 이런 이야기를 친구에게 했더니, 그는 걱정할 일
이 아니라고 하면서 "잠시 다른 아이를 돌보지 말고 그 아이만
계속해서 안아 주어라."고 조언했다.

이 간단한 조언을 실천해 보니까 그토록 과식하던 것이 뚝 그
쳐졌다.

하나님 제일주의의 생활

주 너의 하나님께 경배하고 다만 그를 섬기라 하였느니라

마태복음 4:10

러시아의 작가 투르게네프에게 어떤 사람에게서 편지가 왔다.

"나에게 있어서 자기를 제이(第二)로 두는 것이 내 생애를 통해서 가장 의의 있는 일입니다."

이에 대해서 투르게네프는 다음과 같이 써서 보냈다.

"무엇을 제일로 둘 것인가를 발견하는 일은 인생 최대의 문제라고 나는 생각합니다."

기적

너희가 내 이름으로 무엇을 구하든지 내가 행하리니 이는 아버지로 하여금 아들을 말미암아 영광을 받으시게 하려 함이라

요한복음 14:13

마르코 폴로는 〈동방견문록〉 중에서 사마르칸트(현재의 우즈베키스탄)에서의 이야기로서 다음과 같은 기적을 소개했다.

"당시에 사마르칸트 지방 일대의 지배자였던 차가타이 〈원조황제(元朝皇帝) 후비라이 한의 형〉이 기독교도가 되었다. 기독교도들은 이것을 기뻐하여 이슬람교도에게서 아름다운 돌을 가지고 와서 성 요하네 바프티스트 사원을 건축했다. 그 돌은 교회의 중앙에서 지붕을 지탱하는 원주(圓柱)의 초석으로 사용되었다."

얼마 후에 차가타이가 죽었다. 그러자 많은 숫자의 이슬람교도들이 교회에 몰려와서 돌을 반환하라고 요구해 왔다. 만약에 돌을 움직인다면 교회당이 무너진다는 것을 알고도 무리한 요구를 해 왔다. 기독교인들은 하나님께 기도했다. 그리고 답변하기로 약속한 날에 교회에 가서 보니까, 보라! 놀랍게도 돌은 원주 밑에서부터 움직여서 원주와 대지 사이에 60센티 정도의 틈이 생겨나고 있었다. 그럼에도 불구하고 지붕은 무너지지 않았다. 이슬람교도들은 돌을 운반하기는 했으나 마음은 개운하지 않았다. 지금도 원주는 그냥 그대로 서 있다.

하나님은 살아 계신다

내가 결코 너희를 버리지 아니하고 너희를 떠나지 아니하리라 하셨느니라
히브리서 13:5

세 아이를 안고 생활고(生活苦)와 싸우고 있었던 가난한 과부가 있었다. 어느 날 일거리가 없어 실망하고 돌아왔다. 평소에는 인내하면서 아이들 앞에서 웃음 짓는 얼굴로 대하던 그녀도 피곤하고 힘이 빠져 울고 싶은 마음이었다.

그때에 아이가 어머니의 얼굴을 쳐다보고 "어머니, 어쨌어요. 하나님은 죽었어요?" 하고 물었다. 어머니는 전기에 감전된 것처럼 충격을 느끼고 제정신으로 돌아왔다. 그리고 하나님은 살아계신다는 것을 깨닫고 나니, 갑자기 힘이 솟아나서 웃는 얼굴로 돌아왔다.

십일조 헌금의 축복

너희의 온전한 십일조를 창고에 들여 나의 집에 양식이 있게 하고 그것으로 나를 시험하여 내가 하늘 문을 열고 너희에게 복을 쌓을 곳이 없도록 붓지 아니하나 보라

말라기 3:10

중국의 유엔쑤왕 마을의 수우웬은 5에이커 정도의 농지를 가지고 있었다. 그리고 그 일부를 밀의 수확을 위해 사용했다. 그는 수확한 적은 밀 중에서 십분의 일을 하나님께 바치기로 결심했다. 그래서 곧 십분의 일을 티 모아 교회의 딩 레이 모어 목사에게 가지고 갔다. 그때까지 밀의 수확량은 일 년에 6말 정도였다. 그는 하나님께 부채(負債)를 갚은 후, 다음 해를 위해 가을에 같은 양의 밀을 파종했다. 그런데 이상하게도 그는 8말을 수확했다. 그리고 십일조를 바쳤다. 3년째 되는 해에는 10말을 수확해서 십일조를 드렸다. 그리고 이와 같은 사실을 근거로 하여 이교도인 이웃 사람들에게 항상 〈진실하신 하나님〉을 간증했다.

십일조 내기를 아까워해서

사람이 어찌 하나님의 것을 도둑질하겠느냐 그러나 너희는 나의 것을 도둑질하고도 말하기를 우리가 어떻게 주의 것을 도둑질하였나이까 하는도다 이는 곧 십일조와 봉헌물이라 너희 곧 온 나라가 나의 것을 도둑질하였으므로 너희가 저주를 받았느니라

말라기 3:8~9

수우웬은 4년째에는 십일조 헌금을 하기 전의 두 배로 12말의 밀을 수확을 했다. 이 해에 그의 교회의 선교사는 귀국했고 멘 목사는 초청받아 순회 전도로 나갔다. 수우웬은 혼자서 행동해야 했다. 그는 이 해에는 12말의 수확을 했는데도 십일조를 드리지 않았다.

가을이 지나고 봄이 찾아왔다. 다시 수확의 시기가 되어, 그는 고집스럽고 냉담한 마음으로 밀의 수확을 했다. 그리고 처자를 총동원하여 탈곡했다. 그리고 계산해 보고는 놀랐다. 단 6말뿐이었다.

그는 생각한 끝에 다시 영안(靈眼)이 열렸다. 그는 죄를 회개했다. 그리고 격하게 울면서 "사탄이 내 마음을 탐욕으로 몰아갔습니다. 그러나 하나님의 도우심으로 앞으로는 다시 이런 죄에 빠지지 않도록 하겠습니다." 하고 맹세했다.

연약해도 은혜는 풍성

내 은혜가 네게 족하도다 이는 내 능력이 약한 데서 온전하여짐이라 하신지라 그러
므로 도리어 크게 기뻐함으로 나의 여러 약한 것들에 대하여 자랑하리니 이는 그리
스도의 능력이 내게 머물게 하려 함이라

고린도후서 12:9

조지 워싱턴은 미국 초대 대통령으로 〈국부(國父)〉라고 일컬음을
받으며 지금도 존경을 받고 있는 사람이다. 그는 17세와 22세,
29세 때에 말라리아에 걸렸고, 19세에 천연두에 걸렸고, 19세, 20
세에 늑막염에, 33세에 독감에, 25세, 35세에 이질(痢疾) 등 큰 병에
걸렸다. 그뿐만 아니라 평소에는 만성(慢性) 편두염(偏頭炎)으로 언제
나 감기에 걸려 있었다. 43세 때에는 치아(齒牙)가 거의 없었다.

이러한 그도 70세 가까이까지 살면서 미국 독립이라는 대업을
성취하고 국부라고 존경을 받고 있는 것이다.

베풀어 줌

심는 자에게 씨와 먹을 양식을 주시는 이가 너희 심을 것을 주사 풍성하게 하시고
너희 의의 열매를 더하게 하시리니 너희가 모든 일에 넉넉하여 너그럽게 연보를 함은
그들이 우리로 말미암아 하나님께 감사하게 하는 것이라

고린도후서 9:10~11

〈맨소래담〉으로 유명한 오오미형제사(近江兄弟社)는 미국 캔서스
주 출신인 윌리엄 메렐 보리스가 창립한 제약회사이다. 그는 메이
지(明治) 38년 오오미야하타시(近江八幡市)의 시가상업학교(滋賀商業學校)
의 영어 교사로 일본에 왔고, 1964년(소화 39년)까지 야하타시에서
자기 자신을 위해서는 아무런 유산도 남기지 않고 소천되었다.
그는 열렬한 기독교 전도자였다.

영어 교사에서 건축설계사무소, 결핵요양소로 사업을 넓혀 갔
으며 다이쇼(大正) 9년에 〈맨소래담〉의 제조판매회사로서 〈오오미
세일스사〉를 창설, 나중에 〈오오미형제사〉로 개명했다. 사명(社名)
은 〈누구든지 하늘에 계신 내 아버지의 뜻대로 하는 자가 내 형
제요 자매요 모친이니라 하시더라 마태복음 12:50〉에서 따온 것이다.
회사의 이익은 모두 베풀기 위해 있다고 하여, 병원을 세우고 학
교, 도서관, YMCA를 만들었다.

* 〈맨소래담〉이란 우리나라의 〈안티프라민(유한양행 제조)〉과 비슷한 약이다.

112

성화(聖化)

그런즉 사랑하는 자들아 이 약속을 가진 우리는 하나님을 두려워하는 가운데서 거룩함을 온전히 이루어 육과 영의 온갖 더러운 것에서 자신을 깨끗하게 하자

고린도후서 7:1

퍼제트 위클리스가 강론(설교)을 하고 있었다.

"만약 하나님께서 여러분 속에 숨어 있는 죄를 드러내셨을 때에 무엇보다도 먼저 죄에서 구원받기 위해서 하나님께 부르짖는 것만은 해서는 안 됩니다."

청중은 모두 놀란 표정으로 이어지는 말을 기다렸다.

"하나님은 진실하시고 정직한 분이기 때문에 그 죄를 용서하시고 모든 악에서 우리를 정결하게 해 주십니다, 라고는 말하지 않았습니다. 〈만약 우리들이 자기의 죄를 말로서 표현한다면… 요한1서 1:9〉이라고 말씀하셨습니다."

크리스천인 어떤 부인은 이 강론을 듣고 자기의 신앙이 틀렸다는 것을 깨달았다. 집에 돌아가서 방 안에 들어가 하나님 앞에 기도를 시작했다.

"하나님, 나는 오랫동안 당신을 부르면서 구해 왔습니다. 그러나 평안이 없었습니다. 오늘, 나에게 잘못을 깨닫게 해 주셔서 감사합니다. 저는 지금까지 지은 많은 죄를 그대로 두고만 있었습니다. 용서해 주십시오."

그렇게 여러 가지 죄를 고백한 그녀는 그날 밤에는 오래간만에 안락한 잠을 잘 수가 있었다.

113

크리스천의 죽음

전제와 같이 내가 벌써 부어지고 나의 떠날 시각이 가까웠도다 나는 선한 싸움을
싸우고 나의 달려갈 길을 마치고 믿음을 지켰으니 이제 후로는 나를 위하여 의의 면
류관이 예비되었으므로 주 곧 의로우신 재판장이 그 날에 내게 주실 것이며 내게만
아니라 주의 나타나심을 사모하는 모든 자에게도니라

디모데후서 4:6~8

노스필드의 자택에서 임종의 병상에 누워 있었던 대중 전도자
무디는 아침 7시경 깊은 잠에서 깨어나 이렇게 말했다.

"땅은 사라지고 하늘이 열렸다. 그것은 아름답다. 만약 이것이
죽음이라면 죽음은 달다. 거기에는 골짜기도 없다. 하나님이 나
를 부르신다. 그리고 나는 가야 한다." 그는 다시 말을 이어서
"오늘, 나의 대관식이 거행된다. 나는 이날을 오랫동안 기다리고
있었다."고 말했다.

그러고는 무디의 얼굴이 빛나기 시작했다. 그리고 그는 "드와
이드 알렌!"이라고 외쳤다.

"아이들의 얼굴이 보인다."

그는 이미 소천되었던 손자를 부르고 있었던 것이다.

하나님께 쓰임받는 비결

또한 너희 지체를 불의의 무기로 죄에게 내주지 말고 오직 너희 자신을 죽은 자 가운데서 다시 살아난 자 같이 하나님께 드리며 너의 지체를 의의 무기로 하나님께 드리라

로마서 6:13

구세군의 부스 대장이 소천되기 수개월 전에 어떤 사람이 그에게 물었다.

"오랜 세월 동안에 하나님의 은혜를 받으며 또한 쓰임받은 비결은 무엇입니까?"

"전능의 하나님께 윌리엄 부스에게 속한 모든 것을 남김없이 소유해 주시도록 부탁했습니다. 다만 그것뿐입니다."

위탁

그 영혼을 미쁘신 창조주께 의탁할지어다

베드로전서 4:19

네 보물 있는 그 곳에는 네 마음도 있느니라

마태복음 6:21

이조벨 쿤이 중국 전도에 갔을 때 어떤 교장이 위탁에 대해 다음과 같이 가르쳐 주었다.

"당신의 보물을 편 손바닥 위에 얹어 놓으세요. 만약 무엇인가를 꽉 쥐고 있으면 하나님은 그것을 가지시기 위해 당신의 손가락을 억지로 펴게 해서 당신을 아프게 하실지 모릅니다. 그러나 만일 손을 펴서 그 보물을 내어놓은 상태로 있게 되면 언제 그 보물을 가지고 가셨는지 알 수 없는 상태가 됩니다."

훗날에 쿤은 이렇게 말했다.

"내 보물을 취하셨을 때 그것을 느끼지 못할 정도로 쉽게 자기 보물을 바친 일은 한 번도 없었습니다. 그러나 자기 보물을 가진 손을 언제나 넓게 펴게 했을 때부터는 괴로워 몸부림치거나 낙망하는 일이 전혀 없게 되었습니다."

시련은 하나님의 영광의 때

이 모든 일에 우리를 사랑하시는 이로 말미암아 우리가 넉넉히 이기느니라
로마서 8:37

영국 스타운턴에 있는 해롤드 교회에는 다음과 같은 비명(碑銘)
이 있다.

〈1653년, 우리나라에 있는 모든 신성한 것이 파괴와 모독을 당
하고 있었던 해에 이 교회는 하나님의 영광을 위해 로버트 자아
레이 경에 의해 건설되었다. 경의 영예는 최악의 때에 최선을 이루
고, 비운의 절정인 때에 더욱 희망을 가졌던 일이었다〉

하나님의 사업

주 여호와여 주께서 큰 능력과 펴신 팔로 천지를 지으셨사오니 주에게는 할 수 없는 일이 없으시니이다

예레미야 32:17

    테레사 수녀는 가장 인간적이고 가장 신비적이라 일컬음을 받았고, 항상 쾌활하며 따뜻한 인간미가 넘쳐서 많은 사람과 친근해졌던 수녀였는데 고아원을 세우는 계획을 가지고 있었다. 사람들은 테레사가 3실링의 돈밖에 가진 것이 없는데 큰 고아원을 세운다는 계획을 듣고 비웃었다.

    그녀는 그런 사람들에게 이렇게 말했다.

    "3실링과 테레사로는 아무것도 못합니다. 그러나 이 3실링과 하나님이라면 무엇이든지 할 수 있습니다."

사랑의 실천

자녀들아 우리가 말과 혀로만 사랑하지 말고 오직 행함과 진실함으로 하자

요한1서 3:18

밀림의 성자라고 일컬음을 받으며 아프리카인을 위해 의료 활동을 평생 동안 계속한 슈바이처에게 어떤 사람이 물었다.

"왜 의사가 되셨습니까?" 그러자 그는 "나는 말로써 사람들을 감동시킬 수 없기 때문입니다."라고 겸손하게 대답했다.

하나님께 순종하는 삶

그가 모든 사람을 대신하여 죽으심은 살아 있는 자들로 하여금 다시는 그들 자신을 위하여 살지 않고 오직 그들을 대신하여 죽었다가 다시 살아나신 이를 위하여 살게 하려 함이니라

고린도후서 5:15

록펠러는 무일푼에서 출발해서 미합중국 정유 능력의 90% 이상을 지배하는 대부호가 되었다. 여기에 이르기까지 그는 철저하게 〈나를 위해〉를 목표로 삼아 밀고 왔다. 사람들은 그의 앞에서는 허리를 굽혔으나 미워했다. 이러한 그가 50세를 넘겼을 때에 극도의 노이로제에 빠뜨려져 버렸다. 식욕은 없고 밤에는 잠을 잘 수가 없어 캄캄한 흑암을 저주하고 있었다. 그런 밑바닥 인생에서 그는 제정신으로 돌아왔다. 자기 자신만의 생활, 돈만 아는 생활이 멸망의 길이라는 것을 깨달았다. 그는 하나님 앞에 회개했다. 하나님의 구원을 받았다. 그렇게 되자, 그는 그의 인생 가운데에서 〈그의 아내〉, 〈그의 아이들〉, 〈그의 친구〉를 발견했다. 그들은 그가 사랑해야 할 사람들이었다.

록펠러가 하나님께 순종하는 삶을 살기 시작하자, 그렇게 악귀처럼 긁어모았던 부(富)가, 그에게 미소를 띠면서 저절로 들어오기 시작했다. 그는 실업계에서 은퇴하자 자선사업에 전신 전력을 기울렸다. 그는 록펠러재단을 만들어 사회에 부를 환원했던 것이다.

깨뜨려진 불교도의 완고한 마음

주께서 함께 역사하사 그 따르는 표적으로 말씀을 확실히 증언하시니라

마가복음 16:20

오다 아키라(小田 彰) 목사가 병원 전도를 하고 있었을 때의 일이다. 불교에 열심인 환자가 있었다. 목사가 기독교의 이야기를 하니까 "시끄러워! 목사 같은 것은 필요 없어요!" 하고 거부했다. 오다 목사는 겸손하고 친절히 접하고 있는데 이러한 태도를 종종 보게 되니 〈나는 안 된다. 역시 젊었으니 저 아저씨에게는 무리인가 봐!〉 하며 실망하기도 하고 슬프기도 했다.

이때에, 오오에 샤이치(大江捨一) 목사가 〈신앙생활의 초기에는 기적을 구하라〉고 가르쳐 주신 것을 생각하고 기도하기 시작했다. 몇 십 명의 환자가 입원하고 있었지만 그는 그 사람만을 위해 기도했다.

"하나님, 오늘도 그 사람에게 갑니다만 마음을 열게 해 주시옵소서."

이러한 신앙의 싸움 속에서 마침내 이 아저씨는, 어느 날 깊은 고뇌 속에서 예수를 믿게 되었다.

하나님의 배려

아브라함이 그 땅 이름을 여호와 이레라 하였으므로 오늘날까지 사람들이 이르기를 여호와의 산에서 준비되리라 하더라

창세기 22:14

　도쿄 점자출판소(點字出版所)의 히고 모토이치(肥後基一) 이사장은 〈살았다〉라는 제목으로 다음과 같이 NHK방송에서 말하기 시작했다.

　"망막박리(網膜剝離)라는 병에 걸려 2년간 여러 곳의 안과의(眼科醫)를 돌아다닌 결과 14세 때에 어떤 유명한 의사의 수술을 받았는데, 그때까지 상당히 보이던 것이 아주 실명해 버렸습니다. 내가 만일 수술이 성공되어 실명하지 않았더라면 농업으로 끝나 버렸겠지요. 맛사지사인 오카다(岡田) 선생을 만나지 않았더라면 크리스천이 되지 않았을 것이고 그랬더라면 다른 세계로 나아갔을 것입니다. 또한 같은 맛사지 선생인 요시다(吉田) 선생을 만나지 않았더라면 점자(點字) 출판업은 생각하지도 못했을 것입니다. 그리고 단지 3일 동안 있었던 마쓰에(松江) 맹학교에서 카게야마(影山) 씨와 친구가 되지 않았더라면 요시다 선생과의 중개도 없었을 것입니다. 이렇게 생각해 보니, 의사를 원망했던 실명도, 곤란도, 불행도 각각 깊은 뜻이 있는 것이며, 새로운 길로 나아가는 좋은 찬스였다고 생각합니다."

이 세상을 위해 힘쓰다

우리 각 사람이 이웃을 기쁘게 하되 선을 이루고 덕을 세우도록 할지니라
로마서 15:2

미국이 자랑하는 링컨 대통령은 고난의 연속과 암살이라는 비극적 최후를 맞이한 사람이었으나, 그의 생애는 남을 위해 항상 살아왔다. 그리고 그러한 생애는 그의 소원이기도 했다. 그는 말했다.

"나는 하나의 통절(痛切)한 소원이 있습니다. 그것은 내가 이 세상에 살았기에 조금이라도 세상이 좋아졌다고 확인할 수 있을 때까지 살았으면 하는 것입니다."

사죄

내가 이르기를 내 허물을 여호와께 자복하리라 하고 주께 내 죄를 아뢰고 내 죄악을 숨기지 아니하였더니 곧 주께서 내 죄의 악을 사하셨나이다

시편 32:5

하토야마 이치로오(鳩山一郞) 수상은 매일 메모하는 습관이 있었다. 하고 싶은 말, 화(禍)가 나는 일이 있으면 곧 메모에 적어 두었다. 그리고 나중에 아내와 함께 그것을 읽으면서 자기가 틀렸다고 깨닫게 되면 곧 그것을 고치는 것이었다.

하나님께 쓰임받는 삶

나는 모든 사람이 나와 같기를 원하노라 그러나 각각 하나님께 받은 자기의 은사가 있으니 이 사람은 이러하고 저 사람은 저러하니라

고린도전서 7:7

어떤 부자 신도가 같은 교회의 가난한 과부의 병상을 찾아 문병하였다. 잘 아는 사이로 마음이 통하는 사이였으므로 무례한 줄 알면서 물어보았다.

"어떻습니까? …그렇게 언제까지나 병으로 고통받는 것보다 차라리 빨리 천국으로 부르심을 받는 것이 행복하다고 생각하지 않습니까?"

"그것은 그럴지도 모릅니다. 그러나 하나님 편에서 보실 때에는 당신처럼 돈으로 세상에 이바지하는 사람도 있지만 나처럼 기도로 사람에게 이바지하는 사람도 필요하기 때문에 좀 더 나를 이 세상에 머물게 하는 것이 아닐까 생각합니다. 그래서 나는 병상에 있지만 하나님께 중보의 기도를 하고 있습니다."

선행

> 오직 선을 행함과 서로 나누어 주기를 잊지 말라 하나님은 이같은 제사를 기뻐하시느니라
>
> 히브리서 13:16

사람은 선행이 없어도 의롭다 함을 얻는다. 그러나 의롭다 함을 받았을 때에는 스스로 선행을 하기에 이르는 것이다.

(마르틴 루터, 독일의 종교개혁자)

세상의 선행은 양동이(bucket)의 물과 같은 것으로 곧 없어져 버린다. 만약 신앙에 뿌리를 둔다면 자기 가슴에 수도가 장치된 것처럼 끊임없이 신선한 생명수가 솟아난다.

(야마무로 군페이, 山室軍平, 일본 구세군 사령관)

선행이란 항상 남을 위해 살고 결코 자기의 이익을 도모하지 않는다는 간단한 일이다. (해머숄드 스웨덴의 정치가, 유엔 사무총장)

선인이 되는 것만으로는 불충분하다. 자진해서 선행을 하라.

(투르게네프, 러시아의 작가)

친구의 불행에 동정을 표시하는 것은 좋은 일이다. 달려가서 그를 구하는 것은 더욱 좋은 일이다.(프랑스의 속담)

성령을 속이다

너희가 어찌 … 주의 영을 시험하려 하느냐 … 곧 그가 베드로의 발 앞에 엎드러져
혼이 떠나는지라

사도행전 5:9~10

어떤 부인이 귀여워했던 토끼가 많은 새끼를 낳았다. 그것을 조지 뮐러의 고아원에 모두 바치기로 작정했다. 그러나 새끼 토끼가 점점 자라나서 팔 수 있을 정도로 성장하게 되자, 마음이 변하여 일부만 가지고 가서 바쳤다.

그런데 아까워서 남겨 둔 두 마리가, 그녀가 팔러 가려고 한 날 아침에 보니, 죽어 있었다.

성구 암송

주의 말씀을 열면 빛이 비치어 우둔한 사람들을 깨닫게 하나이다

시편 119:130

　금주(禁酒)에 대해 세계에서 가장 위대한 강연자 존 B. 고흐는 경건한 어머니에 의해 성구를 암송하고 있었는데 그것은 그에게는 땅속에 묻힌 보물과 같았다. 그 이유는 그가 방탕한 생활을 하고 있었던 7년이란 긴 세월 동안 그것은 그의 마음속에 숨겨져 있었기 때문이다.

　얼마 후에 그는 마음속에 숨겨져 있었던 성구 〈그러므로 자기를 힘입어 하나님께 나아가는 자들을 온전히 구원하실 수 있으니 이는 그가 항상 살아서 저희를 위하여 간구하심이니라 히브리서 7:25〉란 말씀으로 구원받았다.

4월 26일

전도는 성령으로

내 말과 내 전도함이 설득력 있는 지혜의 권하는 말로 하지 아니하고 다만 성령의 나타나심과 능력으로 하여 너희 믿음이 사람의 지혜에 있지 아니하고 다만 하나님의 능력에 있게 하려 하였노라

고린도전서 2:4~5

세계를 무대로 대중 전도를 위해 활동하고 있는 미국의 빌리 그레이엄은, 젊었을 때에는 설교할 때에 설득력을 의지하고 있었으나 나이를 먹음에 따라 차츰 성령의 힘을 의지하게 되었다. 1964년 2월, 하버드대학 신학부에서의 강연에서 그 경위를 이렇게 말했다.

"이전에 나는, 전도에 있어서는 나 자신의 힘을 다하면 되는 줄 알고 있었습니다. 그러나 지금은 전도에 전혀 다른 태도로 임합니다. 첫째로 나는 어떤 사람이라도 성령에 의해 마음이 정비된 사람이 아니면, 그리스도 앞에 나오지 못한다고 믿고 있습니다. 둘째로 어떤 사람이든지 하나님이 이끌어 주시지 않으면 아무도 그리스도 앞에 나오지 못한다고 믿습니다. 내가 하는 일은 하나님의 메시지를 전하는 것 뿐입니다. 그다음은 성령의 역사입니다. 그래서 지금 나는, 내 힘을 빼고 편안한 마음으로 전도에 임합니다."

배신당했을 때

주께서 너희 마음을 인도하여 하나님의 사랑과 그리스도의 인내에 들어가게 하시기를 원하노라

데살로니가후서 3:5

아버지께서 내게 주시는 자는 다 내게로 올 것이요 내게 오는 자는 내가 결코 내쫓지 아니하리라

요한복음 6:37

미국의 프라나간 신부는 네브래스카주 오마하시에서 목회하던 중 소년 비행의 원인이 사회환경에 있다는 것을 깨닫고, 자치적 조직으로 〈소년의 거리〉를 1917년에 건설했다. 그리하여 비행의 교정(矯正)에 노력하고 평화의 사도라고 일컬음을 받았던 그는 이렇게 말했다.

"불량소년은 거짓말을 잘합니다. 뻔한 거짓말을 몇 번이나 합니다. 나는 알고는 있어도 바보가 되어 몇 번이나 속았습니다. 도중에서 〈너는 아직도 거짓말을 하느냐〉 하며 꾸짖기라도 하면 다시는 접근해 오지 않습니다. 관용을 가지고 때를 기다려야 합니다. 우둔한 양심에도 뉘우치는 마음은 있습니다. 마침내 미안하다고 사과해 옵니다. 거기까지 인내한다는 것은 보통 일이 아닙니다."

반성

그러나 너를 책망할 것이 있나니 너의 처음 사랑을 버렸느니라 그러므로 어디서 떨어진 것을 생각하고 회개하여 처음 행위를 가지라

요한계시록 2:4~5

제2차 세계대전 중인 1942년 3월, 발트 해변 북독일의 항구도시 뤼벡시는 영국 공군의 격렬한 야간 폭격을 맞았다. 14세기에 만들어진 두 개의 첨탑(尖塔)을 가진 고딕양식인 〈성 마리아 교회〉도 파괴되었다.

60m 높이에 있었던 두 개의 종은 떨어져 무게 10톤의 충격으로 돌바닥에 박혀 버렸다. 전쟁이 끝난 후, 교회는 옛 모습 그대로 재건되었으나 종만은 바닥에 박혀 있고 깨어져 흩어져 있는 그대로입니다.

600년 동안, 시민들과 친근했던 이 종은, 독일이 범한 죄악과 그로 인해 도시가 체험한 비참함을 말해 주는 증거물로서 파괴된 채 보존되어 있는 것입니다.

기도는 하나님의 목적을 충족시키는 것

우리 구원의 하나님이여 주의 이름의 영광스러운 행사를 위하여 우리를 도우시며 주의 이름을 증거하기 위하여 우리를 건지시며 우리 죄를 사하소서

시편 79:9

조지 마코즈랜드는 〈기도는 하나님의 목적을 채우기 위한 것〉이라는 것을 알게 된 후부터 기도가 바뀌었다.

이전에는 "주여! 이 사람(자기가 관심을 가지고 있는 사람)을 도와주시옵소서, 주여! 이 필요(자기가 느끼고 있는)에 응답해 주시옵소서. 주여! 여기에 와 주시옵소서. 주여, 저리로 가시옵소서."

이후에는 "주여 당신의 계획(이 사람에게 대해, 이 필요에 대해, 혹은 이 상황에 대해)을 돕기 위해 내가 할 일은 무엇입니까?"

하나님의 보호

하나님이 이르시되 내가 반드시 너와 함께 있으리라 … 이것이 내가 너를 보낸 증거니라

출애굽기 3:12

성경이 없는 중국의 가정교회에 비용과 시간을 바쳐서 성경을 운반했던 한 간호사의 간증이다.

"내게 있어서 세 번째 여행이었습니다. 세관에서는 역시 가슴이 두근두근했습니다. 커다란 짐을 가지고 세관원 앞에 왔습니다. 아주 친절한 사람 같아서 약간 안심했습니다. 너무나 무거운 짐이라서 카운터에 올려놓을 힘이 없어서 세관원은 내 짐을 그냥 그대로의 상태로 검사를 했습니다. 짐을 열어서 손을 넣었습니다. 그리고 분명히 내가 가지고 있는 성경을 보았지만 아무 일도 없었던 것처럼 그것을 원위치로 돌려놓았습니다. 〈이 사람이 크리스천이 아닐까?〉 하고 감사하면서 짐을 가지고 그 자리를 떠나려고 하니까, 〈잠깐 기다리세요. 당신을 전에 본 일이 있어요. 패스포트를 보여 주세요. 그리고 짐을 열어 주세요〉라고 다른 사람이 말했습니다. 나는 〈하나님 도와주세요!〉라고 필사적으로 기도했습니다. 그러자 그 엄격한 사람은 다른 곳으로 가 버리고 다른 친절한 사람이 와서 〈이제는 나가도 좋습니다〉라고 말했습니다. 할렐루야!"

여호와께서 번제와 다른 제사를 그의 목소리를 청종하는 것을 좋아하심 같이 좋아하시겠나이까 순종이 제사보다 낫고 듣는 것이 숫양의 기름보다 나으니

사무엘상 15:22

5월

이달의 기도 제목

판단을 내리지 못할 때

사람보다 하나님께 순종하는 것이 마땅하니라

사도행전 5:29

너희 자신을 종으로 내주어 누구에게 순종하든지 그 순종함을 받는 자의 종이 되는 줄을 너희가 알지 못하느냐 혹은 죄의 종으로 사망에 이르고 혹은 순종의 종으로 의에 이르느니라

로마서 6:16

기독교의 집회일에 격렬한 폭풍우가 습격해 왔다. 차알스는 그런 창밖을 보면서 갈까 말까 헤매다가 친구인 버언스에게 전화를 했다.

"차알스, 자네가 주인이라면 그의 마음에 맡겨라. 그러나 자네가 하나님의 종이라면 주님의 뜻은 무엇일까 생각해서 거기에 따라라."

나쁜 습관으로부터의 해방-담배

형제들아 너희가 자유를 위하여 부르심을 입었으나 그러나 그 자유로 육체의 기회를 삼지 말고 오직 사랑으로 서로 종 노릇하라

갈라디아서 5:13

담배를 그만두려고 결심한 여성이 의지력으로는 실패했다. 어느 날, 승리의 생활의 비결은 〈나쁜 습관이라도 하나님께 감사하라〉고 가르침을 받았다. 그녀는 그 의미를 잘 몰랐지만, 어쩌면 그대로일지도 모른다고 생각해서 순종하는 마음으로 기도를 시작했다.

"하나님, 담배를 끊으려고 노력했지만 안 됩니다. 지금은 잘 모르겠지만 담배를 끊지 못하는 것을 감사합니다."

그러자 이 나쁜 버릇을 좋은 것으로 바꿔 주신다는 믿음이 생겨서 무거운 짐이 단번에 없어졌다. 그러나 완전히 담배의 유혹에서 해방되었다는 확신은 없었다. 기도한 후, 조금 있다가 담배를 머리에 떠올렸으나 그때에는 피우고 싶다는 생각이 전혀 수반되지 않았다는 것을 깨닫게 되었다. "이것은 정말 잠깐뿐일 것이다."라는 생각이 순간적으로 떠올랐다. 그런데 그날은 자기 안에서 일어난 하나님의 놀라운 역사를 확인했다.

평안의 비결

삼가 누가 누구에게든지 악으로 악을 갚지 말게 하고 서로 대하든지 모든 사람을 대하든지 항상 선을 따르라

데살로니가전서 5:15

캐나다의 목사로 저술가인 오스왈드 스미스 목사는 평안의 비결을 다음과 같이 말했다.

"오랫동안 나는 하나의 모토(motto)를 채용해 왔습니다. 그것은 매우 간단한 것입니다. 즉 〈공격하지 않고 방어하지 않는다〉입니다. 나는 이 모토를 다른 사람에게도 나누어 주었습니다. 그들은 그것이 실제로 통용함을 배웠습니다. 나는 개인적으로 타인을 공격하고 싶지 않습니다. 그리고 공격받았을 때에 내 자신으로 방어한 일도 없습니다. 나는 문제를 모두 하나님께 위탁합니다."

원수를 용서하다

너희가 무슨 일에든지 누구를 용서하면 나도 그리하고 내가 만일 용서한 일이 있
으면 용서한 그것은 너희를 위하여 그리스도 앞에서 한 것이니 이는 우리로 사탄에
게 속지 않게 하려 함이라 우리는 그 계책을 알지 못하는 바가 아니로라

고린도후서 2:10~11

네델란드의 코리 텐 붐의 가족은 제2차 세계대전 중 유태인을
자택의 비밀의 방에다 숨겨 준 일로 독일 나치스의 박해를 받았
다. 그 결과 그녀의 부모와 여동생이 강제수용소에서 학살당하
는 비참한 체험을 했다. 그녀는 크리스천이 된 후, 전후 독일의
교회의 초대를 받아 간증을 했다.

"그러나 이제 내 마음속에는 독일인에 대한 증오는 없습니다.
이미 완전히 용서했습니다."라고 고백했다. 그런데 끝나고 난 후
에 회중 가운데에서 결코 잊을 수 없는 얼굴이 있어서 그녀의 마
음은 흔들리고 있었다. 강제수용소에서 여동생을 죽이는 일을
도왔던 간호사를 발견했기 때문이었다. 그러나 코리 텐 붐은 그
녀의 곁으로 걸어가서 고개를 숙이고 있는 그녀에게 개인적으로
용서의 말을 전하고, 또한 예수 그리스도를 통해서 이루어진 하
나님의 용서의 복음을 전했다.

사랑받고 있는 자는 배반하지 않는다

사랑은 죽음 같이 강하고 … 많은 물도 이 사랑을 끄지 못하겠고 홍수라도 삼키지 못하나니

아가서 8:6~7

지금은 대학의 학장이라는 요직에 있는 사람이 자기의 청년 시절에 있어서의 양친과의 관계를 이 같이 말했다.

"나는 대학에 입학하기 위해 멀리 떨어진 다른(他) 주로 떠나게 되었다. 출발하기 전야에 가족과의 마지막 식사의 자리에서 아버지께서 무슨 말씀을 해 주실 것으로 생각했다. 그러나 아버지는 아무 말씀이 없었다. 출발하는 아침, 아버지는 역(驛)까지 같이 걸어 가자고 말씀하셨다. 이 둘만의 시간을 이용해서 꼭 아버지의 충고의 말씀이 있을 것으로 생각했다. 그러나 그때에도 없었다. 드디어 기차가 출발하려고 할 때에 아버지는 내 손을 꼭 쥐시면서 〈사무엘아! 잘 가거라. 나와 내 어머니가 너를 사랑하고 있다는 것을 기억해라!〉 하고 말씀하셨다. 그때 이래, 나에게는 여러 가지 유혹과 곤란한 문제, 인생을 바꿀 만한 선택이 있을 때마다 나는 이 말씀을 생각하여 부모의 사랑에 보답할 수 있는 길을 선택해 왔다. 그것은 어려운 길이었지만 확실한 길이었다."

5월 6일

시련은 하나님이 인도하시는 때

너는 너의 고향과 친척과 아버지의 집을 떠나 내가 네게 보여 줄 땅으로 가라

창세기 12:1

찾을 때가 있고 잃을 때가 있으며 지킬 때가 있고 버릴 때가 있으며

전도서 3:6

구(舊)우에다(上田) 변사(지금의 공무원) 이나가키 싱(稻垣 信)은 기독교에 반감을 가지고 있었다. 그 정체를 폭로하기 위해 중국어 성경을 읽었고, 탐슨 선교사를 만났으며, 나가사키(長崎)를 방문했을 때에는 우메가사키(梅崎) 회당에서 설교를 듣고 있는 동안에 그만 반대로 크리스천이 되어 버렸다.

1874년의 연말에 고향에 돌아와서 그는 친구들과 함께 기독교주의(基督教主義)의 구우에다(上田)금주회(禁酒會)를 조직했다. 1878년 11월에 그는 일치교회 창립을 위한 요코하마(橫濱)회의에 우에다교회 대표로 출석했다. 그러는 사이에 이웃집에서 불이 나서 53동이 소실되고 그의 집도 잃었다. 바라 선교사는 이 소식을 듣고 "당신의 집이 소실된 것은 하나님께서 당신을 다른 곳으로 옮기고자 하신 것이 아닐까?"라고 말했다. 그 무렵에 해변교회(海邊教會)의 장로로부터 "선교사의 후원에서 독립하여 일본인 목사 밑에서 해 나가고 싶으니까 이리로 오시요."라고 초빙을 받고 있었다. 바라 선교사의 말씀에 따라 하나님의 인도하심으로 믿고 바라 선교사가 미국으로 귀국한 후인 그 해 봄에 취임했다. 그는 한 시기를 제외하고 25년간 목사의 직무를 수행했다.

크리스천 생활의 3원칙

그러므로 내 사랑하는 형제들아 견실하며 흔들리지 말고 항상 주의 일에 더욱 힘 쓰는 자들이 되라 이는 너희 수고가 주 안에서 헛되지 않은 줄 앎이니라

고린도전서 15:58

빌리 샌다가 회심(回心)했을 때, 한 크리스천이 소년 빌리의 어깨에 손을 얹고 가르쳐 주었다.

"나는 자네에게 세 가지의 간단한 규칙을 주겠다. 만약 이 규칙을 지킨다면 자네는 결단코 신앙의 후퇴자가 되지 않을 것이야!"

하루에 15분간 하나님의 말씀에 귀를 기울일 것 …성경 읽기
하루에 15분간 하나님과 대화할 것 …기도하기
하루에 15분간 타인과 하나님께 대해 대화할 것 …전도하기

빌리 샌다는 이 놀라운 규칙을 가르쳐 준 데 대해 감사했다. 그는 평생의 규칙으로 삼으려고 결심했다. 그날부터 그는 하루를 여는 처음의 시간을 하나님과 함께 지내기로 했다. 편지도 신문도 읽지 않고 성경을 먼저 읽었다. 이와 같이 그는 하루를 하나님께서 주시는 인상을 가지고 시작했다.

일목요연

이는 너희가 흠이 없고 순전하여 어그러지고 거스리는 세대 가운데서 하나님의 흠 없는 자녀로 세상에서 그들 가운데 빛들로 나타내며

빌립보서 2:15

일본 도쿄에서 열린 〈빌리 그레이엄 국제대회〉의 최후에는 고라쿠엔(後樂園)스타디움에서 4만 명의 사람들을 모아서 열렸다. 사람들은 그레이엄 목사를 통해 말씀하시는 하나님의 힘찬 메시지에 조용히 귀를 기울이고 듣고 있었다.

때 마침 그 옆에 있는 경륜장에서는 그해 마지막 다비(Derby)가 열리고 있었다. 그리 마찬가지로 몇 만 명이라는 사람들이 모여 판돈의 행방을 쫓아 혈기가 넘치고 살기가 등등했다.

"경륜장은 쓰레기의 천지인데 고라쿠엔스타디움에는 티끌 하나 없다. 두 군중들이 이렇게도 차이가 나니 깜짝 놀랬어요!"

하나님의 영광을 위해 살다

값으로 산 것이 되었으니 그런즉 너희 몸으로 하나님께 영광을 돌리라

고린도전서 6:20

　재드슨 목사는 아들이 자기 뒤를 이어 줄 것을 바라고 있었다. 그러나 아직 구원받지 못했던 애드람은 장래에 정치가로서의 명예와 명성을 얻고자 하는 야망을 가지고 있었으므로 하나님의 역사에는 아무런 관심이 없었다.

　그가 대학생일 때에 옆방에서 빈사(瀕死)의 환자가 무서운 신음 소리를 내는 것을 밤새도록 들었다. 그 환자야말로 재드슨이 신봉하는 유물론을 가르쳐 준 급우였다. 이 일로 인해 무신론의 철학은 죽음에 직면했을 때에 아무런 쓸모가 없다는 것을 알게 된 애드람은 비로소 성경의 진리를 찾기 시작했다. 이제 그에게 있어서 인생의 목적은 명예와 명성을 얻는 일이 아니었다. 구주 예수를 믿게 된 그는 하나님의 영광을 위해 살기를 원했다. 그는 1813년에 미얀마 선교사로 입국했다. 얼마 안 되어서 영국과 미얀마의 전쟁 때문에 투옥되어 수년 동안에 걸쳐 학대를 받았으나 그는 해방되자 미얀마에 머물면서 전도하며 미얀마어 성경의 번역을 완성시켰고 또한 죽음에 이르기까지 미얀마어 사전 편찬을 담당했다.

사랑이 있는 한

그러므로 너희는 하나님이 택하사 거룩하고 사랑 받는 자처럼 긍휼과 자비와 겸
손과 온유와 오래 참음을 옷 입고 누가 누구에게 불만이 있거든 서로 용납하여 피
차 용서하되 주께서 너희를 용서하신 것과 같이 너희도 그리하고 이 모든 것 위에
사랑을 더하라 이는 온전하게 매는 띠니라

골로새서 3:12~14

헬렌켈러는 맹(盲), 농(聾), 아(啞)의 3중고를 훌륭히 극복하고 고
국인 미국을 비롯하여 온 세계에 있는 자기와 같은 불행한 사람
들을 구제하기 위해 그 생애를 바친 사람이다.

그러한 그녀도 7세 무렵까지 거칠고 포악하며 제멋대로인 생활
을 했다. 거기에 사리번 선생이 가정교사로 들어왔다. 사리번 선
생은 열심 있는 크리스천이었다. 그녀를 위해 진지한 기도와 따
뜻한 애정과 한없는 인내를 가지고 헬렌의 부친의 몰이해 속에서
야수와 같은 헬렌의 교육에 전심전력을 다했다. 그리고 마침내
헬렌을 암흑의 세계에서 해방시켰다. 훗날에 헬렌은 "나의 생애에
서 가장 중요한 날은 사리번 선생과 만난 날입니다."라고 감사
를 표했다.

악을 미워하다

사랑에는 거짓이 없나니 악을 미워하고 선에 속하라

로마서 12:9

미국 시카고에서 새롭게 당구장이 개점되었다. 사람들을 웃기려는 장난스러운 마음으로 유명한 전도자 무디 목사를 초청했다. 무디는 기쁜 마음으로 그 축하잔치에 출석하자마자, 회장의 중앙에 서서 많은 초대자들에게 들리도록 큰 소리로 기도했다.

"하나님! 아무쪼록 이 좋지 않은 놀이를 하는 장소가 빨리 무너지게 해 주시옵소서."

그리고 멍하니 넋을 잃고 있는 점주(店主)를 뒤로하고 재빨리 돌아가 버렸다.

얼마 안 가서, 이 당구장은 폐점해 버렸다.

육아

주의 손이 나를 만들고 세우셨사오니 나로 깨달아 주의 계명들을 배우게 하소서

시편 119:73

구세군의 어머니라는 일컬음을 받은 캐서린 부스 부인은 육아에 관한 7개조를 가지고 있어서 그 목표를 향해 아이들을 길러 하나님께 돌려드렸다.

1. 어머니가 되기 전부터, 어머니가 되었을 때에는 자녀를 하나님의 것으로 기를 것을 서약했다.
2. 자녀가 출생하면 곧 하나님께 바치고 하나님께서 빌려주신 것으로서 길렀다.
3. 자녀에게 복종을 가르쳤다.
4. 자녀를 하나님께 대한 봉사를 위해 길렀다.
5. 자녀에게 종교상의 주요한 진리를 가르쳤다.
6. 자녀에게 빨리 하나님 편에 속하도록 결심시켰다.
7. 자녀를 교육하여 타인을 위해 일어서게 했다.

147

예수께 순종하라

여호와께서 번제와 다른 제사를 그의 목소리를 청종하는 것을 좋아하심 같이 좋
아하시겠나이까 순종이 제사보다 낫고 듣는 것이 숫양의 기름보다 나으니
사무엘상 15:22

〈예수님께 순종하는 것은?〉이라고 질문을 받은 어떤 목사는
대답했다.

"첫째로 자기중심을 때려부수고 하나님께 전적으로 항복할
것, 둘째로 예수님의 성령을 받아서 새롭게 태어날 것, 셋째로 나
의 주권을 모조리 하나님께 바쳐서 하나님의 영광을 위하여 죽을
것. 마르틴 루터는 참 신자는 〈왜〉라는 질문을 십자가에 못 박는
다. 그는 질문하지 않고 순종한다."라고 대답했다.

학생 전도의 제1인자 프랑크 부크맨은 항상 주님의 부르심에
대비하고 있었던 사람이다.

"나는 무엇을 할지 모릅니다. 다만 주님의 명령에 따라 움직이
니까… 그저 주님의 명령을 받을 준비를 하는 것 뿐입니다."

어떤 목사는 예수님께 순종하게 되면, 세 가지 일이 생긴다고
했다. 첫째로 모든 불안이 사라진다. 둘째로 매우 명랑하게 된
다. 셋째로 어려움이 많아진다. 그중에서 둘째인 〈명랑해진다〉는
것은 〈…에 불구하고 기뻐한다〉는 말이다.

악담=비방

형제들아 피차에 비방하지 말라 형제를 비방하는 자나 형제를 판단하는 자는 곧 율법을 비방하고 율법을 판단하는 것이라 네가 만일 율법을 판단하면 율법의 준행 자가 아니요 재판관이로다

야고보서 4:11

목사에게 교회 직원이 찾아와서 타인의 악담을 하려고 했다.

목사는 물어보았다.

"이 일은 당신 외에 다른 사람이 알고 있습니까?"

"아니요."

"그렇다면 집으로 돌아가서 그것을 예수님의 발 밑에 숨기고 하나님께서 직접 그 사람에게 말씀하시도록 히시지 않는 한, 그 일을 다시는 말해서는 안 됩니다. 만약, 주께서 주님의 교회에 스캔들을 일으키신다면 그렇게 하시도록 내버려 두세요. 그러나 당신이 스캔들을 일으키는 도구가 되어서는 안 됩니다."

박해를 이기다

네 원수가 주리거든 먹이고 목마르거든 마시게 하라 그리함으로 네가 숯불을 그
머리에 쌓아 놓으리라

로마서 12:20

영국군 병사가 어느 날, 종군 목사에게 호출을 당해 찾아왔다.

"병장님, 당신이 사람들의 좋은 이웃이며, 또한 많은 사람들로
부터 사랑을 받게 된 것은 무슨 까닭입니까?"

바로 최근까지 그 병장은 난폭하고 조잡한 병사였기 때문이다.

"우리 병사(兵舍) 안에, 부대에서 단 한 사람뿐인 크리스천이 있
었습니다. 그는 언제나 욕을 얻어먹고, 조롱받고 수치를 당하고
있었습니다. 어느 날 밤에 그가 내 근처에 와서 무릎을 꿇고 기
도하고 있을 때에 내가 군화로 그의 머리를 때렸습니다. 그는 잠
잠코 있었습니다. 다음 날 아침에 보니까 내 군화가 깨끗이 닦여
서 침상 옆에 놓여 있지 않습니까? 그것이 내가 잔혹하게 취급했
던 상대편의 응답이었던 것입니다. 내 마음은 크게 한 방 맞았습
니다. 나는 그의 행위에 대항할 수 없었기 때문입니다. 나는 그 자
리에서 그가 믿는 기독교를 받아들였습니다."

작은 선의가 큰 역할을 한다

손님 대접하기를 잊지 말라 이로써 부지중에 천사들을 대접한 이들이 있었느니라
히브리서 13:2

요시다 키요타로오(吉田淸太郎)는 생각한 바가 있어서 이미 반년 동안에 〈고린도전서 13장〉을 매일 읽고 있었다. 그것은 〈신약성경의 사랑의 장〉이라고 알려져 있어서 읽는 사람들에게 많은 감동을 주고 있었던 장이다.

〈내가 내게 있는 모든 것으로 구제하고 또 내 몸을 불사르게 내어 줄지라도 사랑이 없으면 내게 아무 유익이 없느니라 사랑은 오래 참고 사랑은 온유하며 투기하는 자가 되지 아니하며 사랑은 자랑하지 아니하며 교만하지 아니하며…… 사랑은 언제까지든지 떨어지지 아니하나 …… 그런즉 믿음, 소망, 사랑 이 세 가지는 항상 있을 것인데 그중에 제일은 사랑이라〉

요시다 키요타로오는 성경이 말씀하는 〈사랑의 사람〉이 되고자 열심히 기도했다. 그러던 어느 날, 그 당시에 돈 한 푼 없이 고학생이었던 야마무로 군페이(山室軍平)를 만났다. 이 야마무로 군페이야말로 나중에 일본 구세군의 지도자가 되어, 기독교 전도와 사회복지사업을 위해 활약하여, 우치무라 칸조오(內村鑑三), 카가와 토요히코(賀川豊彦)와 함께 크리스천으로서 세계에 알려지게 된 인물이다. 이러한 위인이 될 줄은 꿈에도 모르고 그는 야마무로 군페이를 돌보아 주었던 것이다.

동포애

이는 혹 내 골육을 아무쪼록 시기하게 하여 그들 중에서 얼마를 구원하려 함이라
로마서 11:14

<일본어 성경: 시기하게 하여=분기(奮起)케 하여>

영국 스코틀랜드의 북쪽, 성난 파도로 지금이라도 박살이 날 것 같은 암벽 위에 조잡한 등대 오두막이 있었다.

"벌써 몇 십 년이 되었을까?" 물레를 돌리면서 밤마다 등화(燈火)를 지켜온 노파는 문득 옛날 일을 상기하고 있었다. 15세의 소녀(이름은 그레이스 다아링)였던 어느 날 밤, 바다는 미친 듯이 풍랑이 일고 강풍이 불어닥치고 있었다. 어부였던 아버지는 방향을 잃고 흑암 속에서 이 암벽에 배가 부딪쳐 불귀의 객으로 되어 버렸다. 소녀는 몇 날을 울다가 하나의 결심을 했다.

"다시는 같은 희생자를 내어서는 안 된다. 암벽에 배가 가까이 오지 못하게 해야 한다. 캄캄한 밤에도 위험을 알 수 있도록 등대 오두막을 만들자."

이리하여 젊은 소녀의 동포애에 불타는 결심은 쓸쓸하고 어려운 생활 속에서 시작되었다. 그 후로는 바다를 지나가는 배들은 매일 밤, 결코 꺼지지 않는 암벽의 등불을 보면서 항해의 안전을 감사하였다. 그녀는 백발이 되고 검게 그을린 얼굴을 거울로 보면서 지금은 "하나님께서는 지금까지 잘도 보호해 주셨구나." 하고 혼자 중얼거리는 것이다.

존재가 증거한다

너희가 이방인 중에서 행실을 선하게 가져 너희를 악행한다고 비방하는 자들로 하여금 너희 선한 일을 보고 오시는 날에 하나님께 영광을 돌리게 하려 함이라

베드로전서 2:12

일본 가와사키시(川崎市)의 사쿠라기정(櫻木町)에 쪽방집이 밀집된 곳이 있는데, 거기에 〈예수의 작은 형제 수두회〉라는 가톨릭 수도원이 있다. 프랑스인 안드레 수도사는 가와사키의 후루카와 주물공장에서 일용자로 일하면서 세 사람의 생활비를 얻고 있다. 다른 두 사람은 일본어학교에 다니면서 안드레 수도사와 같은 길을 나아가기 위해 준비하고 있다. 그들은 전도를 하지 않는다. 그 이유를 안드레 수도사는 이렇게 말한다.

"교회에서는 여러 가지 방법으로 예수님을 섬기는 길이 있습니다. 강론(설교), 교육, 음악, 사회봉사 등입니다. 그러나 가난한 우리들은 존재함으로 예수님의 사업에 참여하고자 합니다."

그들은 예수님이 공장의 노동자와 함께 계신다는 것을 간증하는 것을 목적으로 한다. 지금은 여러 가지 일로 고민하는 동료들이 신뢰하면서 상담하러 오고 있다.

153

예배를 지킨다

모이기를 폐하는 어떤 사람들의 습관과 같이 하지 말고 오직 권하여 그 날이 가까움을 볼수록 더욱 그리하자

히브리서 10:25

미국의 초대 대통령 조지 워싱턴과 친했던 사람이 이렇게 썼다.

"아무도 조지 워싱턴이 교회에 출석하는 것을 방해한 사람은 없었습니다. 나는 일요일 아침에 여러 번 대통령을 방문했지만 언제나 그의 식탁에는 손님이 가득했습니다. 그러나 그에게 손님이 왔다는 것은 조금도 하나님을 무시하는 구실은 되지 않았습니다. 왜냐하면, 그는 손님에게 아부하여 집에 머무는 것이 아니고 언제나 그들을 교회로 이끌어 갔기 때문입니다."

분노

너희는 모든 악독과 노함과 분냄과 떠드는 것과 비방하는 것을 모든 악의와 함께 버리고

에베소서 4:31

어떤 회사원이 전근 명령을 받았다. 아내는 불찬성(不贊成)이며 직(職)을 바꿔서라도 거기에 그대로 살고 싶다고 했다. 그러나 남편은 그런 아내의 의견 따위는 참작하려고 하지 않았다. 그래서 아내는 점점 분노가 증대되었다. 게다가 이사하는 일은 아내에게 맡겨 버렸기 때문에 그녀는 분노로 인해 마침내 병들어 버렸다. 숨을 못 쉴 정도였다.

그녀는 병든 채 새로운 땅으로 이사하지 않을 수 없었다. 거기서도 환자 생활을 계속하고 있었다. 크리스천이었던 그녀는 어느날 하나님께 새로운 땅에서의 걱정거리와 남편에 대한 분노 등, 모든 것을 하나님께 위탁하기로 결심했다. 그러자 당장 병에서 해방되어 새로운 땅과 그 교통관계의 좋은 점을 발견하게 되고, 밝은 생활을 할 수 있게 되었다.

슬픔

사람이 감당할 시험 밖에는 너희가 당한 것이 없나니 오직 하나님은 미쁘사 너희가 감당하지 못할 시험 당함을 허락하지 아니하시고 시험 당할 즈음에 또한 피할 길을 내사 너희로 능히 감당하게 하시느니라

고린도전서 10:13

사랑하는 아이를 잃은 어머니는 시체를 매장하지도 않고 아침 저녁으로 그 곁을 떠나지 않으며, 식사도 하지 않고 울고만 있었다. 남편이 걱정되어 목사님을 불렀다.

"예, 내 생명을 단축시켜도 좋으니 아이를 다시 살아나게 해 주세요."

"그렇다면, 이 그릇에 포도주를 얻어 오세요. 그리하면 내가 기도해서 다시 살아나게 해 드리지요. 그러나 조상(祖上) 이래 한 사람도 죽은 자를 내지 않은 집에서 받아와야 합니다."

그 어머니는 기뻐서 포도주를 받으러 나갔다. 그러나 실망하고 돌아왔다.

목사는 그녀에게 "생의 시작이 있고, 죽음의 끝이 없는 사람은 없습니다. 당신은 이 도리를 잊어버리고 죽은 아이로 인해 미혹받고 있습니다. 그처럼 어리석은 일은 없습니다. 이제, 꿈에서 깨어나서 즉시 장례를 치르세요. 그것이 죽은 아이에 대한 최선입니다."라고 타일렀다. 어머니는 꿈에서 깨어난 사람처럼 그 가르침에 순종했다.

하나님이 함께하심

형제들아 기뻐하라 온전하게 되며 위로를 받으며 마음을 같이하며 평안할지어다 또 사랑과 평강의 하나님이 너희와 함께 계시리라 거룩하게 입맞춤으로 서로 문안하라

고린도후서 13:11

울텐부르히의 공작은 목사인 헤덴겔이 용서 없이 그의 아픈 곳을 항상 지적하기 때문에 한번 압력을 가해 두어야 하겠다고 어느 날 그를 불렀다.

헤덴겔은 평화와 기쁨에 넘치는 빛나는 얼굴로 공작 앞에 나타났다. 그것을 보고 공작은 씁쓰레한 얼굴로 말했다.

"헤덴겔, 당신은 왜 혼자서 오지 않았는가? 당신이 하나님과 함께 내 앞에 섰기에 내가 어쩔 수 없지 않은가!"

하나님은 기다리신다, 돌아오라!

배역한 이스라엘아 돌아오라 나의 노한 얼굴을 너희에게로 향하지 아니하리라 나는 긍휼이 있는 자라 노를 한없이 품지 아니하느니라 여호와의 말씀이니라

예레미야 3:12

　스코틀랜드의 교회에서 한 여성이 예수님을 믿기로 결심했다. 그녀는 가난한 산촌의 생활이 싫어져서 모친을 혼자 남겨 두고 가출한 사람이었다. 회심(回心)한 그녀는 "엄마에게 돌아가서 잘못했다고 빌고 예수님을 믿게 되었다고 말하자." 하고 결심했다.

　한밤중에 집에는 작은 등불이 보였지만 몇 번이나 노크를 해도 응답이 없었다. 조용히 집안으로 들어가 보니, 모친이 자고 있었다. 가슴이 두근두근하면서도 "엄마…." 하고 불러 봤다. 모친은 벌떡 일어나서 딸을 보자, "잘 왔어." 하면서 다정하게 맞아 주었다.

　"엄마, 쓸쓸한 산중에서 한밤중에 왜 문단속을 안 했어요?"

　물어보니, 모친은 사랑하는 딸을 가슴에 꼭 안으면서 말했다.

　"아니, 오늘뿐만 아니야. 네가 가출한 날 밤부터 오늘까지의 9년간, 문단속은 하지 않았다. 언제든지 네가 돌아오도록 말이야."

기도하는 집

오직 나와 내 집은 여호와를 섬기겠노라

여호수아 24:15

동그란 붉은 갈색을 띤 밥상에 둘러앉아 모친과 어린아이 넷이 성경을 중심에 놓고 아침 기도를 하는 그림이 있다. 근대 서양화의 여명시(黎明期)에 홋카이도(北海道)의 지도자였던 하야시 타케지로오(林 竹治郎)의 제1회 문전(文展) 입선작이다.

작가 하야시 타케지로오의 이 〈기도하는 집〉이란 그림 속에서, 모친의 무릎에 엎드려 기도하던 어린이가 날개치고 날아갔다. 구라(救癩)의 사도(使徒)라 일컬음을 받는 하야시 후미오(林 文雄) 의사이다.

전에 환자였던 어떤 사람은 이렇게 말했다.

"보통, 의사라고 하면 환자와 상하관계처럼 생각되기 쉽지만 환자인 우리들은 하야시 선생님과는 동료처럼 친근한 생활을 해 왔습니다."

당신은 하나님의 것

그러므로 사람이 선을 행할 줄 알고도 행하지 아니하면 죄니라

야고보서 4:17

위엣 것을 생각하고 땅의 것을 생각하지 말라

골로새서 3:2

웬델 필립프스는 "당신은 이전에 당신 자신을 하나님께 바친 일이 있습니까?"라고 질문을 받았을 때에 이렇게 대답한 적이 있다.

"예, 14살 때에 나는 〈당신은 하나님의 것〉이라는 설교를 들었습니다. 그리고 집에 돌아가서는 방문을 잠그고 말했습니다. 〈하나님, 나는 당신의 것입니다. 당신의 것을 받아 주십시오. 바른 일이라면 용기가 없어도 그것을 실행할 수 있게 해 주십시오. 나쁜 일이라면 그것이 나에게 조금이라도 유혹의 힘을 갖지 않도록 해 주십시오〉라고. 그날 밤부터 나는 그렇게 되었습니다."

재난에서 보호받고

우리를 시험에 들게 하지 마옵시고 다만 악에서 구하옵소서

마태복음 6:13

어린이를 위해 항상 기도하고 있는 어떤 젊은 크리스천 어머니는 다음과 같은 간증을 했다.

"어느 가을날, 학교가 끝나는 시간이었습니다. 커다란 공포가 나를 엄습해 왔습니다. 나는 내 아이 중 하나가 커다란 위험에 직면하고 있음을 느꼈습니다. 나는 구원받은 후, 줄곧 행복한 생활을 해 왔기에 이것은 나에게 전혀 새로운 경험이었습니다. 나는 이것이 하나님으로부터의 경고라고 깨달았습니다. 그래서 곧 기도를 시작했습니다. 그러자 마음이 평안해졌습니다. 커다란 침착함이 나에게 되돌아왔습니다. 나는 일어서서 주님께 감사드렸습니다. 아이들이 급히 달려와서는 우리 집 근처의 아이가 자동차에 깔려서 부상당했다고 가르쳐 주었습니다. 내 아이는 파랗게 질린 얼굴로 왔습니다. 〈어머니 저 자동차에 나도 함께 깔릴 뻔했어요. 나도 함께 도로를 횡단했는데, 자동차가 엄청난 속도로 달려와서 나를 날려 버렸어요〉 나는 아이에게 말했습니다. 〈위험한 일에서 빠지게 해 주신 것은 하나님의 손이었던 거예요〉"

타인을 위해 힘쓰다

누구든지 자기의 유익을 구하지 말고 남의 유익을 구하라

고린도전서 10:24

크리스천이지만 자기는 병약하다고 생각하고 있었던 모친이
있었다. 벌써 혼기에 들어선 딸이 있었지만, 자기를 돌봐 주기를
원하고 있었기에, 딸이 집을 떠나는 결혼을 반대하고 있었다. 그
의 딸은 31살이 될 때까지 참고 있었지만 마침내 결혼해서 집을
떠나가기로 결심했다. 그러자 결혼식 당일에 모친은 기절해 버렸
고, 그 후로부터는 차례차례로 본격적인 질병에 걸려 버리는 것
이었다. 자기에게 대한 동정을 끌어오기 위한 잠재적 의식이 그렇
게 만들어 버린 것이다. 그러던 어느 날, 남편이 암으로 넘겨졌다.
그녀는 어쩔 수 없이 열심히 간병하느라 자신을 돌보지 않았더니
어느새 건강을 되찾게 되었다.

얼마 후에 남편도 건강을 회복했고, 이 일 후로는 여기에서 많
은 것을 배웠는데, 자기중심의 생활을 버리고 타인을 도와주는
일에 마음을 향하게 되었다.

보복은 하나님이 하시는 일

원수 갚는 것이 내게 있으니 내가 갚으리라

히브리서 10:30

펄머라는 사람의 조사에 의하면, 로마 황제와 고관들로 기독
교 박해자로 유명한 자 30명 중에서 한 사람은 발광(發狂), 한 사
람은 아들에게 죽임을 당하고, 한 사람은 맹인이 되고, 한 사람
은 포로가 된 후 죽고, 한 사람은 악한 병에 걸려 그 추한 냄새
때문에 사람들이 접근을 꺼렸다고 한다. 다섯 명은 사람들의 손
에 죽임을 당하고, 두 사람은 자살, 여덟 명은 전쟁에서 포로가
되어 처형되고, 그 밖의 사람들은 고뇌와 고통 가운데 죽었다고
한다.

그들은 모두 기독교인으로부터 원수 갚음을 당하거나, 이러한
괴로움을 당한 것이 아니고, 모두 남(他)으로부터의 재난이었다.

〈죽음〉도 간증이다

그들의 행실의 결말을 주의하여 보고 그들의 믿음을 본받으라

히브리서 13:7

　　전 도쿄대학(東京大學) 총장이었던 야우치바라 타다오(矢內原忠雄)가 젊었을 때, 우치무라 칸조오(內村鑑三)의 제자가 된 지 얼마 안 될 때에, 우치무라 칸조오 선생의 딸이 죽음에 직면했을 때의 상황을 이렇게 썼다.

　　"내가 입문한 지 얼마 안 되었을 때에 선생의 애낭(愛娘) 루쓰코 씨가 영면했습니다. 나와 동갑인 19세였습니다. 그 장례에서 선생님께서 소감을 말씀하시기를 〈이것은 루쓰코의 장례가 아니라 결혼식이다. 그녀는 천국에 시집간 것이다〉라고 말씀하셨는데, 기독교에 아주 초심이었던 나는 그때까지 그런 말을 들은 적이 없었습니다. 그러나 선생님이 농담을 하신 것이 아니라는 것은 그 엄숙하고 비통한 표정에서 의심할 여지가 없었습니다. 장지에 가서 관이 구덩이에 내려지고, 선생님이 한줌의 흙을 쥔 손을 높이 올려서 〈루쓰코 만세!〉라고 외쳤을 때에는, 나는 전기에 감전된 것처럼 전신이 굳어져 버렸습니다. 〈아! 이것은 보통일이 아니야. 예수를 믿는다는 것은 목숨을 걸어 놓는 일이다〉라고 생각했습니다. 그것은 지금도 잊지 못할 감동이었습니다."

자살할 생각을 멈추고

사망아 너의 승리가 어디 있느냐 사망아 네가 쏘는 것이 어디 있느냐 … 우리 주
예수 그리스도로 말미암아 우리에게 승리를 주시는 하나님께 감사하노니

고린도전서 15:55, 57

독일의 작곡가 베토벤은 음악가로서 가장 중요한 귀가 중이
염이 원인으로 30세 이후로 듣기가 곤란하게 되고 40세 무렵에
는 전혀 들리지 않게 되었다. 게다가 〈월광곡〉을 헌정한 줄리에타
도 떠나가 버렸다. 절망과 고뇌로 한결같이 자살할 것을 생각하
면서 유서 쓰기를 계속했다. 그러나 유서를 쓰는 동안에 차츰 자
살로부터 해방감을 느끼게 되었다. "나는 죽음에 지지 않는다.
죽음의 운명의 목을 졸라 주겠다."라고 죽음을 포기했을 때에
그는 그렇게 썼다.

그 후, 그는 고독한 생활 중에서 〈제9교향곡〉, 〈장엄 미사곡〉
등 명상적인 대작을 만들어 냈다.

시련은 반성의 때

그들은 잠시 자기의 뜻대로 우리를 징계하였거니와 오직 하나님은 우리의 유익을
위하여 그의 거룩하심에 참여하게 하시느니라

히브리서 12:10

교원생활을 하면서 수많은 신앙시(信仰詩)를 쓰고 젊은 나이로
결핵 때문에 소천한 야기 쥬기치(八木重吉) 씨에게는 병상에서 쓴 반
성의 시(詩)가 있다.

토미코(富子, 아내)야
둘이서 즐거웠던 때의 일
내가 잘못했던 일
그것이 지금은 확실히 보이는구나.

6월

이달의 기도 제목

_____

_____

_____

_____

_____

_____

정직

링컨이 뉴살렘의 철물점에서 일하던 때의 일이다. 어느 날, 한 부인이 점포에서 여러 가지 물건을 구입하고 돌아갔다. 그날 밤에 매상을 계산해 보니 12센트쯤 돈을 더 받은 것을 알았다. 그래서 링컨은 매우 걱정이 되어서, 점포를 닫은 후 3마일의 길을 왕복하여 그 부인의 집을 찾아갔다. 그리고 그 잘못을 사과하고 12센트를 돌려주었다.

그 후에 또 점포를 닫을 무렵에 온 손님에게 차(茶)를 225그램 팔았는데, 이튿날 아침 점포에 나가서 보니 전날 밤에 저울에 걸어 놓았던 차가 아직 75그램쯤 남아 있는 것을 발견하고 깜짝 놀랐다. 이것도 부족한 부분을 점포가 닫힌 후, 돌려주러 갔다.

이렇게 해서 링컨의 정직함을 마을 사람들이 널리 알게 되고, 누가 말했는지도 모르게 그를 〈어네스트 애브(정직한 애브)〉라고 부르게 되었다.

불가능한 때에

믿음은 바라는 것들의 실상이요 보이지 않는 것들의 증거니

히브리서 11:1

〈일본어 성경: 믿음은 바라고 있는 것을 보증하고 보이지 않는 것을 확신시키는 것
이다〉

감리교회의 창립자 존 웨스레이(John Wesley)는 〈천사 찬송하기
를…〉 등의 찬송가 작사자로 유명한 동생 찰스 웨스레이(Charles
Wesley, 1707~1788)와 함께 중요한 계획에 대해 의논을 하고 있었다.
두 사람 모두 그 계획이 실현되면 좋겠다고 생각하고 열심히 검
토했다. 그러나 실행하려면 곤란이 너무나도 많았다. 찰스는 〈이
것은 불가능하다〉고 생각하지 않을 수 없었다. 한편, 형인 존은
〈그래도 어떻게 해서든지 실현시키자〉 하고 열망했다. 여러 가지
로 검토한 결과, 두 사람 모두 이제는 신앙 외에는 아무런 가능
성이 없다는 것을 알았다. 찰스는 "하나님께서 만약 나에게 날개
를 주신다면 나는 날아가겠다."고 형에게 그 결심을 말했다. 그
러자 존은 확신을 가지고 말했다. "나는 하나님께서 만약 날아
라 하신다면 꼭 날개를 주실 것을 믿고 날아가겠다."

행함이 있는 신앙

내 형제들아 만일 사람이 믿음이 있노라 하고 행함이 없으면 무슨 유익이 있으리요 그 믿음이 능히 자기를 구원하겠느냐

야고보서 2:14

어떤 사람에게 토지가 배당되었다. 그러자 그는 열심히 일해 가지고 그 토지를 경작했다. 돌을 제거하고, 무성한 잡초를 뽑고, 비료를 주어서 마침내 아름다운 꽃과 채소를 만들 수 있었다. 어느 날, 신앙심이 깊은 친구에게 이 토지를 보여 주었더니 그 친구는 이렇게 말했다.

"이런 좁은 토지에 하나님께서는 놀라운 일을 하셨군요."

"그래요. 정말 그래요. 그러나 이 좁은 토지를 하나님 혼자 가지고 계셨을 때 어떤 모양이었다는 것을 모르지요?"라고 고생한 농부는 말했다.

내 몸을 시험대로

서로 인애와 긍휼을 베풀며

스가랴 7:9

　무교회주의(無敎會主義) 지도자 후지이 타케시(藤井 武)는 위궤양의 유문협착에 걸렸는데 얼마 후에는 12지장(腸)도 악화되었다. 의사는 수술하면 반드시 치유된다고 권했다. 열심히 권하는 의사의 말에 후지이도 수술해 보자는 생각이 들어서 노부(老父)에게 말씀드렸다. 부친은 군인이었을 때에 위궤양을 심하게 앓았기 때문에 그가 수술한다는 것을 완고히 반대했다. 그 후, 병상에 누웠던 노부가 중태인 몸을 일으켜 후지이의 병상에 와서 말했다.

　"오늘은 수술을 권하려고 왔다. 지금까지 나 혼자 반대해 왔으나, 그 때문에 너까지 나처럼 되어서는 안 되겠다. 그래서 내가 먼저 시험적으로 수술을 받으려고 한다. 그 결과가 나쁘면 그만이다. 내 목숨은 조금도 아깝지 않다. 만약 내 몸을 시험대로 해서 결과가 좋으면 너도 수술을 받아라. 어쨌든 내 몸을 시험재료로 제공할 터이니." 이때의 일을 후지이는 이렇게 말했다.

　"나는 아연했습니다. 〈그런 일을…〉 그 이상 말할 수 없었습니다… 아버지의 사랑이여… 그토록 반대하셨는데…"

171

중한 죄짐에서 해방되어

수고하고 무거운 짐진 자들아 다 내게로 오라 내가 너희를 쉬게 하리라 나는 마음이 온유하고 겸손하니 나의 멍에를 메고 내게 배우라 그리하면 너희 마음이 쉼을 얻으리니

마태복음 11:28~29

어느 농촌 사람의 이야기다. 교회까지 약 12km의 거리를 일요일마다 커다란 강단용(講壇用) 성경을 등에 짊어지고 예배에 출석하고 있었다. 커다란 글자가 아니면 성경을 읽을 수 없기 때문이다. 만나는 사람마다 감탄하면서 "할아버지, 그런 무거운 성경책을 짊어지고 먼 교회까지 매주 오시느라 수고가 많군요."라고 칭찬했다.

"아니요. 옛날 무거운 죄짐을 짊어지고 있을 때에 비하면 정말 가벼운 것이예요." 그리고 또 말을 이었다. "나 같은 자는 주일에 배를 쉰다면 당장 이 세상(악마)에 지고 말아요."

판단을 내리지 못할 때

이제 내가 사람들에게 좋게 하랴 하나님께 좋게 하랴 사람들에게 기쁨을 구하랴
내가 지금까지 사람들의 기쁨을 구하였다면 그리스도의 종이 아니니라

갈라디아서 1:10

영국의 위대한 경제학자이며 철학자인 존 스튜어트 밀은 크리
스천은 아니었으나, 그래도 만년(晩年)에는 이렇게 말했다.

"모든 도덕적 행위에 있어서 판단을 내리지 못할 경우에는 이것
이 나사렛 예수였다면 〈어떻게 하셨을까〉라고 생각해서 만사를
행하였다면 이보다 더 좋은 일은 없다."

직장에서 크리스천이라는 것을 밝혀라

담대하라 네가 예루살렘에서 나의 일을 증거한 것 같이 로마에서도 증언하여야 하리라 하시니라

사도행전 23:11

욧카이치(四日市)의 목수(木手) 야마시타 킨지로오(山下金次郎) 씨는 열심 있는 불교도였으나 딸이 크리스천이 된 것을 매우 노해서 오랫동안 박해를 계속했다. 그런데 하나님을 의지하는 딸의 기도에 의해 구원받았다. 그러자 목수였으므로 건축을 하기 전에 지진제(地鎭祭)를 꼭 해야 하기 때문에 이것이 문제가 되었다. 그러나 그는 집을 지으려는 사람이 하려고 하는 신관(神官)의 지진제를 거부하기로 결의했다.

"사실은 나는 크리스천이 되었습니다. 그래서 참 하나님밖에 예배하지 못합니다. 그러니까 교회식으로 하나님의 이름을 찬양하고 일을 시작하겠습니다."

그리하여 그가 건축하는 집은 어디서든지 주의 이름으로 건축이 시작되도록 되었다.

생활태도

너희는 이 세대를 본받지 말고 오직 마음을 새롭게 함으로 변화를 받아 하나님의
선하시고 기뻐하시고 온전하신 뜻이 무엇인지 분별하도록 하라

로마서 12:2

미국의 문화인류학자 루스 베네딕트 부인은 저서 『국화와 칼』
에서 서유럽의 문화가 〈죄의 문화〉인데 비하여 일본 문화는 〈수치
의 문화〉라고 지적했다.

죄의 의식은 내면적인 것이다. 그래서 유럽인은 일인(一人) 밀실(密
室)에 있어도 하나님 앞에서 죄의 의식으로 자기를 규제할 수 있
다. 그러나 수치의 의식은 타인의 눈에 띄는 곳에서만 생긴다. 그
래서 일본인은 사람들 앞에서 수치를 당하지 않도록 노력한다.

"일본인들은 다만 타인이 어떤 판단을 내리느냐는 것만 추측
하면 되는 것이며, 그들은 기타의 판단을 기준으로 자기 행동의
방침을 정할 필요가 없는 것이다."라고 그녀는 말했다.

각자의 역할

우리에게 주신 은혜대로 받은 은사가 각각 다르니 혹 예언이면 믿음의 분수대로, 혹 섬기는 일이면 섬기는 일로, 혹 가르치는 자면 가르치는 일로, 혹 위로하는 자면 위로하는 일로, 구제하는 자는 성실함으로, 다스리는 자는 부지런함으로, 긍휼을 베 푸는 자는 즐거움으로 할 것이니라

로마서 12:6~8

어떤 목사가 미국의 세계적 전도자 무디처럼 되지 않으면 안 된다고 발분(發奮)했다. 그러고는 열심히 기도하고 열심히 일했다. 그러나 무디와 같은 현저한 결과는 일어나지 않았다. 그래서 그는 깨달았다.

"하나님은 무디와 같은 활동이 아니라 내 나름대로의 역할을 기다리고 계시는 것이구나."

선의

빛의 자녀들처럼 행하라 빛의 열매는 모든 착함과 의로움과 진실함에 있느니라
에베소서 5:8~9

소련에서 식량이 대량으로 부족했을 때에 유럽 여러 나라가 원조의 손을 뻗었다. 이 원조에 참가한 사람들이 소련 정부의 감사 모임에 초청되었다. 각각의 나라와 단체들의 사람들에게 소련 정부는 깊은 감사를 표명했으나, 마지막으로 기독교의 프렌드(Friend)파의 사람들의 차례가 되었다. 사회자는 그들을 소개하면서 최대의 찬사를 보냈다.

"지금까지 소개한 여러분들은 이분들보다 더 많은 식량을 보내 주셨습니다. 그러나 프렌드파의 사람들의 선물에는 우유 한 병 한 병에 이르기까지 선의의 포장지로 싸여 있었습니다."

그러자 한층 더 큰 박수 소리가 울려 퍼졌다.

다툼의 해결

진리의 성령이 오시면 그가 너희를 모든 진리 가운데로 인도하시리니 그가 스스로
말하지 않고 오직 들은 것을 말하며 장래 일을 너희에게 알리시리라

요한복음 16:13

미국의 어떤 6개의 큰 회사가 서로 권리를 주장하면서 변호사를 세워서 8년간이나 다투고 있었다. 그런데 변호사들은 서로 잘 아는 사이로 모두 크리스천이었다.

어느 날, 그중의 한 사람이 "이제 더 이상 논의를 해 봐야 끝이 없습니다. 어떻습니까? 하나님의 뜻이 어디에 있는가를 각자가 여쭈어 보고 그 결과를 무기명으로 써서 이 상자 안에 넣도록 하면 어떻겠습니까?" 하고 제안했다. 일동은 모두 찬성한 후 각자 기도하고 거기에서 지시받은 것을 썼다. 그러자 이상하게도 일동의 의향이 의논한 것처럼 똑같았다.

변호사들은 각각 그것을 가지고 가서 각 회사에 보고했다. 그러자 여태까지 일보도 양보하지 않았던 각 회사가 성령의 인도하심으로 깨끗이 그것을 받아들였다. 8년간 다투었던 각 회사는 아무 말 없이 그 결과에 따랐던 것이다.

신앙생활의 비결

너희가 피곤하여 낙심하지 않기 위하여 죄인들이 이같이 자기에게 거역한 일을 참으신 이를 생각하라

히브리서 12:3

그들이 말씀을 순종하지 아니하므로 넘어지나니

베드로전서 2:8

국회도서관에 근무하는 후지오 마사토(藤尾正人) 씨는 10년째 황거(皇居, 국왕이 거처하는 궁) 주위를 돌면서 달리기를 하고 있다. 이 마라톤으로 배운 것은 "피곤해졌을 때 주위에 박혀 있는 철책의 말뚝에 보폭을 맞추어 달리면 생각보다 잘 달릴 수 있다는 것입니다."라고 말했다.

"즉 자기 이외의 확실한 것에 자기를 맞추는 것입니다. 매주 예배에 참석한다. 매일 성경을 읽고 기도한다는 식으로, 자기를 예배와 성경, 기도 등으로 맞추어 나가면 신앙을 계속해 나갈 수 있는 것이 아닐까요."

해외 선교

너는 말씀을 전파하라 때를 얻든지 못 얻든지 항상 힘쓰라 범사에 오래 참음과 가르침으로 경책하며 경계하며 권하라

디모데후서 4:2

영국의 선교사 윌리엄스는 오스트레일리아와 가까운 에로망가 섬에 1839년 상륙했다. 기다리고 있던 원주민은 그를 일격으로 때려죽이고 바다를 피로 물들이게 했다. 두 번째 선교사도 마찬가지로 즉시 학살되어 버렸다. 세 번째로 골든 부부가 찾아갔다. 그들은 원주민과 교제하는 것은 성공했으나 얼마 후에 살해당했다. 그래도 겁내지 않고 거기를 찾아온 마크네야는 살해당하지는 않았으나 풍토병에 걸려 죽었다. 하나님의 사도들의 도전은 계속되었다.

수년 후에 형 부부가 살해당했던 그 동생인 존 골든이 선교사로 건너온 것이다. 그는 선인들의 피로 개척되기 시작한 섬에 무사히 받아들여져서 현지어(現地語)의 성경 번역을 시작할 수 있었다. 번역이 〈사도행전 7장〉의 끝부분에 이르렀을 때에 소란스럽게 부르짖는 소리가 들려왔다. "선생님, 위급한 환자가 생겼어요. 빨리 도와주세요." 골든은 즉시 나가려고 문을 여는 순간, 그 머리 위에 도끼가 내리쳐졌다. 피는 방금 번역한 구절 〈주여, 이 죄를 그들에게 돌리지 마시옵소서〉라고 쓰인 원고를 붉게 물들였다. 이때부터 40년 후에는 이 섬 전체가 크리스천의 섬이 되었다.

비판을 받았을 때

영광과 욕됨으로 그러했으며 악한 이름과 아름다운 이름으로 그러했느니라 우리
는 속이는 자 같으나 참되고

고린도후서 6:8

<일본어 성경: 칭찬을 받거나, 비방을 받거나, 악평을 받거나, 호평을 받거나, 하나
님의 종으로서 자기를 나타내고 있다>

미국 감리교회의 전도자로서 인도에 두 개의 장소에 아슈람을
만들어 사역한 스탠리 존스는 말했다.

"가령, 사람들의 비판을 받았을 경우에, 만약 비판이 맞다고 하
면 비판받은 점을 고치면 된다. 비판자를 무료로 고용한 야경꾼
으로 삼으면 된다. 우리들은 모두 <완성 도상(途上)의 크리스천>이
다. 그러니까 비판으로 말미암아 자기를 만들어 가도록 하면 될
것이다. 만약 비판이 잘못된 것이라 해도 그 때문에 비판자에 대
한 태도를 바꾸지 말아야 한다. 그 사람에 대한 생각을 기도로
바꾸어야 한다. 그렇게 함으로써 그 부당함을 바탕으로 하여 도
덕적 승리를 얻게 되는 것이다."

아무것도 무서울 것이 없다

마땅히 두려워할 자를 내가 너희에게 보이리니 곧 죽인 후에 또한 지옥에 던져 넣
는 권세 있는 그를 두려워하라 내가 참으로 너희에게 이르노니 그를 두려워하라

누가복음 12:5

노파는 1935년, 유형지(流刑地)에서 탈출해 나온 주교(主敎)를 숨겨
준 죄로 브투윌키 감옥에 투옥되었다. 모스크바에서 체포되었을
때 그녀는 취조관에게 자랑스러운 듯이 말했다.

"나는 주교님을 우리 집에 머물게 한 영광을 가졌어요."

"그래요? 그래서 그는 모스크바에서 어디로 갔어요?"

"알고는 있어도 결단코 말하지 않겠어요."

주교는 신자들의 도움으로 이미 핀란드에 망명하고 있었다. 취
조관들은 매일매일 협박하기도 하고 달래기도 했으나 노파는 태
연했다.

"나를 가루로 만든다 해도 자백하지 않겠어요. 너희들은 상관
을 두려워하고, 동료끼리 서로 무서워하지만, 나를 죽이는 것도
두려워하고 있지요. 증거가 없어지니까 말이야. 그러나 나는 무서
워하지 않아. 지금이라도 곧 하나님 앞에 설 수 있으니까요."

걱정거리

곧 여러분에 하늘로부터 비를 내리시며 결실기를 주시는 선한 일을 하사 음식과
기쁨으로 여러분의 마음에 만족하게 하셨느니라 하고

사도행전 14:17

모든 일을 그의 뜻의 결정대로 일하시는 이

에베소서 1:11

1653년, 영국의 청교도혁명의 지도자 크롬웰이 호민관(護民官)이
되었던 해에 화이트 로크는 그에게 선택되어 사절(使節)로서 스웨
덴으로 가게 되었다. 그는 다음 날 아침에 배를 타고 출발할 예
정이었으나, 침대에 누워도 혼란에 빠진 나라를 생각하니 걱정이
되어 잠이 오지 않았다. 그것을 안 늙은 종이 그에게 물어봤다.

"주인님이 이 세상에 오시기 전에, 하나님은 이 세상을 잘 다스
리고 계셨다고 생각하시지 않습니까?"

"물론이다."

"그렇다면 하나님은 주인님이 살아계실 동안에도 이 세상을
잘 다스려 주실 것이라고 믿어도 된다는 것을 생각하시지 않습
니까?"

신앙심이 깊은 늙은 종의 이 말이 화이트 로크에게 하나님의 평
안을 주었다. 그는 곧 깊은 잠에 빠져들 수 있었다.

봉사(奉仕)

너희도 명령 받은 것을 다 행한 후에 이르기를 우리는 무익한 종이라 우리가 하여야 할 일을 한 것뿐이라 할지니라

누가복음 17:10

어느 기독교계 대학의 의학부 교수이며 부속병원의 간호사 부장을 지내는 사람이 말했다.

"이 병원에서는 봉사(奉仕)란 말은 금구(禁句)입니다. 절대로 쓰지 않도록 되어 있습니다."

반대를 당했을 때

범사에 우리 주 예수 그리스도의 이름으로 항상 아버지 하나님께 감사하며

에베소서 5:20

허드슨 테일러가 총민타오(崇明島)에서 전도를 시작하니까, 이미 천주교에서 전도하고 있음에도 불구하고 중국과의 조약을 방패로 영국 영사관으로부터 퇴거를 당했다. 그는 상하이(上海)로 돌아와서 선배인 번즈를 만나 의논했다.

"대사에게 총민타오에서 전도할 수 있게 해 달라고 호소하려고 합니다. 어떻겠습니까?"

"하나님께서 자네를 총민타오에서 살게 해서 전도 활동을 하도록 하신다면, 하나님으로서는 간단한 일입니다. 그런데 자네가 영국 정부의 힘을 빌려서 전도의 길을 열겠다고 한다면 그것은 하나님으로서는 아무 이익이 되지 않습니다. 〈주의 종은 다투어서는 안 된다 디모데후서 2:24〉는 말입니다. 우리들은 하나님의 일을 할 때, 사람의 힘을 의지하는 것이 아니라 정확무오(正確無誤)하신 하나님의 인도하심과 수단과 목적에 의뢰하여 기쁜 마음으로 이끄심을 받아야 합니다."

6월 19일

나쁜 습관으로부터의 해방

―알코올 중독

범사에 우리 주 예수 그리스도의 이름으로 항상 아버지 하나님께 감사하며

에베소서 5:20

　미국 육군의 어떤 병사의 아내가 이혼할 결심을 하고 목사를 찾아왔다.

　"남편은 이 수년간 알코올 중독으로, 음주한 끝에 거실에서 넘어지고 벌거벗고 있는 때가 한두 번이 아닙니다. 어떤 말씀이라도 듣겠습니다만 저 남자와 함께 있으라고는 말하지 마세요. 이제는 참을 수 없습니다."

　목사는 성경을 펴서 읽었다. "범사에 감사하라…." 하고는 함께 기도했다. 기도를 마치고 나니 그녀는 태도가 변하여 "내가 믿습니다." 라고 말했다.

　2주간이 지난 후, 목사가 그녀에게 전화를 해 보니, "아주 놀랍습니다. 남편은 전혀 딴 사람이 되었습니다. 그 사람은 이 2주간, 한 방울의 술도 마시지 않았습니다. 이제야말로 하나님께서는 모든 일에 세밀하게 역사하신다는 것을 알았습니다." 그리고 "주님께 감사합니다." 하면서 울먹였다.

186

피곤한 중에서도

우리가 당신을 우리 하나님 여호와께 보냄은 그의 목소리가 우리에게 좋든지 좋지 않든지를 막론하고 순종하려 함이라 우리가 우리 하나님 여호와의 목소리를 순종하면 우리에게 복이 있으리이다

예레미야 42:6

중국 오지선교회(奧地宣教會)의 전도에 대한 격렬한 박해, 게다가 경제적 빈곤에 허드슨 테일러는 피곤한 끝에 마침내 병들어 버렸다. 신체의 힘을 잃고 실망으로 기진맥진한 가운데 병상에 누운 그는 하나님께 기도하지 않을 수 없었다. 그러자 광명이 그를 기다리고 있었던 것처럼 그의 마음속에 도달되었다.

"그렇다. 만약 내가 주님만을 따르고 있다면 책임은 주님이 져 주시는 것이며 내게 있는 것은 아니다."

그의 심로(心勞)는 즉시 치유되었다. 이제부터는 테일러를 때려눕히는 어떠한 타격도 그의 진군을 막지 못하며, 철군시킬 수 없게 되었다.

"모든 무거운 짐을 져주시는 주여, 나는 당신의 종입니다. 당신의 명령대로 전진하겠습니다. 어떤 곤란이 기다리고 있다 해도 말입니다. 그 결과를 모두 당신께 의탁합니다."

그는 자기의 싸움을 포기하고, 주의 군사의 일원으로 출진하기 시작했다.

하나님의 용서

만일 우리가 우리 죄를 자백하면 저는 미쁘시고 의로우사 우리 죄를 사하시며 우리를 모든 불의에서 깨끗하게 하실 것이요

요한1서 1:9

어느 날, 노인이 목사를 찾아왔다.

"나는 지금까지 많은 사람의 악담을 해 왔습니다. 거짓말도 헤아릴 수 없습니다. 나의 나이는 죄의 연륜입니다. 이런 나 같은 사람도 천국에 들어갈 수 있습니까? 어떻게 하면 되겠습니까?"

"할아버지, 집에 돌아가 베개에서 한줌의 우모(羽毛)를 취하여 가지고 교회에 오는 길에다 떨어뜨리고 오세요."

그 말을 듣고는 무슨 뜻인지도 모르지만, 목사의 말씀 대로 하고 교회로 돌아왔다.

"그럼, 이번에는 그 우모를 하나하나 주워 모아 가지고 오세요."

"아니, 그런 바보같은 일을…! 모두 바람에 날려서 손에 잡을 수 없어요."

"그렇습니다. 과거의 죄는 다시는 돌이킬 수 없습니다. 이제부터는 같은 죄를 다시는 되풀이해서는 안 됩니다. 과거의 죄는 하나님 앞에 고백해야 합니다. 그렇게 하면 벌써 하나님께서는 당신의 죄를 다시는 묻지 않습니다. 깨끗이 용서하시고 당신을 천국에서 맞아 주십니다."

어린이의 구원

어린아이들이 내게 오는 것을 용납하고 금하지 말라 하나님의 나라가 이런 자의 것이니라 내가 진실로 너희에게 이르노니 누구든지 하나님의 나라를 어린아이와 같이 받들지 않는 자는 결단코 그 곳에 들어가지 못하리라 하시고

마가복음 10:14~15

여덟 살의 남자아이가 아침 일찍부터 열심히 텔레비전을 보고 있었다. 렉스 핸버드 전도단의 TV 전도에 열중하고 있었다. 모친은 그 아들의 모양을 가만히 주목하고 있었더니 신앙고백의 장면이 나왔다. 그러자 아이는 설교자의 인도에 따라 함께 기도하기 시작했다. 그것은 참으로 아름다운 정경이었다. 다음해에는 동생이 같은 모양으로 TV 앞에서 예수님을 받아들였다. 루쓰 켄돌 씨는 자기 아들들에게 일어난 구원의 은혜를 감사하면서 이렇게 말했다.

"과거 수년 동안 당신들의 선교에 의해 받은 은혜는 말로 다 할 수 없습니다. 이것은 많은 은혜 중의 하나에 지나지 않습니다. 나의 가족에게도 타인들과 같이 이러한 많은 은혜를 받게 되어 기쁘기 한이 없습니다."

서로 용서하라

우리가 우리에게 죄 지은 자를 사하여 준 것 같이 우리 죄를 사하여 주시옵고
마태복음 6:12

중세의 유럽에서 찬스만 있으면 이웃 나라를 침략하려고 했던 두 나라가 있었다. 어느 날, 그중의 한 나라의 왕이 이웃 나라의 왕에게 초대장을 보내어 친선관계를 수립하고 우호를 깊게 하자고 방문해 줄 것을 권유했다. 이웃 나라 왕은 기쁘게 승낙했다.

환영 만찬회를 앞두고 평소와 달리 들떠 있는 왕의 태도를 보고 궁정교회의 목사가 물어보니, 이웃 나라 왕을 암살하려는 계획이 있다는 것을 고백했다. 놀란 목사는 왕을 데리고 예배당에 들어가서 함께 주기도문을 외우기를 청했다. 왕은 마음이 진정되겠지 하고 기도를 시작했으나 〈우리가 우리에게 죄 지은 자를 사하여 준 것 같이 우리 죄를 사하여 주시옵고…〉란 말이 나올 때에 기도를 그쳐 버렸다.

"왜 기도를 그쳤어요?"

"그 기도를 하면 암살할 수가 없지 않아?"

"그 말씀대로 기도를 하지 않으면 왕의 죄도 용서받지 못합니다."

침묵한 채 꽤 긴 시간이 흘렀다. 그러고는 확신에 찬 기도가 시작되었다.

아이들 길들이기

자녀들아 모든 일에 부모에게 순종하라 이는 주 안에서 기쁘게 하는 것이니라 아 비들아 너희 자녀를 노엽게 하지 말지니 낙심할까 함이라

골로새서 3:20~21

여류작가 키타바타케 야호(北畠八穂) 씨는 자기가 어렸을 때에 모친의 모습을 다음과 같이 말했다.

"어머니는 항상 미소를 잊지 않았고 정말 말을 적게 하는 사람이었습니다. 아이들을 꾸짖을 때에도 자기와 얼굴을 맞대고 안아 올려서 〈너는 예수님의 좋은 아이인가 나쁜 아이인가〉라고 미소 띤 얼굴로 말했습니다. 이것이 어린 나에게는 매우 엄격하게 들렸습니다. 그래서 잘못했구나 하는 자책감으로 부끄러운 생각이 들어서 얼떨떨하게 〈좋은 아이…〉라고 대답했습니다. 〈좋은 아이라고… 그 좋은 아이가 지금 무엇했나?〉 나는 아주 궁지에 몰려서 〈자…자… 잘못했어요〉라고 사과하지 않을 수 없었습니다. 그러자 어머니는 깊이 수긍하면서 〈알았느냐? 정말로… 너는 좋은 아이야〉 하고 쳐다보았습니다. 어린 나는 눈물이 넘쳐흐르면서 진정으로 회개하지 않을 수 없었습니다. 세 사람의 오빠들과 관대한 아버지에게는 어리광을 부려도, 미소 띤 어머니의 〈잔소리 없는〉 엄격함에 대해서는 매우 짜릿하게 느끼고 있었습니다."

협력

모든 사람과 더불어 화평함과 거룩함을 따르라

히브리서 12:14

캐나다에서의 이야기다. 어떤 농가에서 한 소녀가 넓은 보리밭 안에 들어가 미아가 되어 버렸다. 부모는 마을의 소방관과 경찰관을 불러서 이웃 사람들과 함께 대수색을 했으나 찾지 못했다. 하루, 이틀… 날짜는 자꾸 지나갔다. 결국 교회의 목사가 불려나왔다. 목사는 여러 개의 수색대로 나뉘었던 사람들을 모아, 일렬로 세우고, 서로 손을 잡고 한 걸음 한 걸음 전진하도록 명령했다. 그 결과 소녀는 발견되었다. 그러나 유감스럽게도 숨져있었다. 그때에 모두들 울면서 말했다.

"좀 더 일찍이 모두 손잡고 나갔더라면…"

인생에서 가장 필요한 것은?

영생은 곧 유일하신 참 하나님과 그가 보내신 자 예수 그리스도를 아는 것이니이다
요한복음 17:3

임종의 병상에 있었던 한 불신자(不信者)가 오랫동안 신세졌던 목사를 초청했다.

"제가 목사님을 부른 것은 기독교의 이야기를 듣고 싶어서가 아니라 오랫동안 신세졌으니 사례를 하려고 한 것입니다."

"사례는 필요없습니다. 하나만 내 질문에 답해 주세요."

"예, 기독교에 관한 것이 아니라면…."

"임종에 처한 사람을 찾았을 때에 말해 주어야 할 최선의 말은 무엇이겠습니까?"

환자는 눈물로 대답했다.

"예수님입니다."

기독교 교육

아비들아 너희 자녀를 노엽게 하지 말고 오직 주의 교훈과 훈계로 양육하라
에베소서 6:4

트윙크 씨 부부는 『유아의 마음과의 대화』란 책 속에서 기독교 교육의 목표에 대해 이렇게 말하고 있다.

"어린이가 예수 그리스도에 대한 〈자기의 방향 잡기와 수정〉을 스스로 할 수 있는 인간으로 성장시키는 일이다."

하나님의 소리를 듣는다

너희가 우리에게 들은 바 하나님의 말씀을 받을 때에 사람의 말로 받지 아니하고
하나님의 말씀으로 받음이니

데살로니가서 2:13

어떤 부인이 특별집회의 안내를 보고, 처음으로 기독교의 집회에 참석하여 매우 큰 감동을 받았다. 그래서 다음 날에도 갔으나 그날 저녁에는 전날에 비해 감동이 거의 없었다. 왜 그런지 모르는 채, 강사에게 그런 사실을 솔직하게 털어놓았다. 그러자 그 강사는 기분을 상하는 일 없이 흔히 있는 일이라는 듯이 대답했다.

"그것은 전날에는 당신이 예수님의 말씀을 듣기 위해서 왔지만, 오늘 저녁에는 내 말소리를 들으려고 왔기 때문입니다."

한 잔의 물을 감사

너희는 또한 감사하는 자가 되라

골로새서 3:15

어느 날, 한 전도자가 말을 타고 시골길을 가고 있었다. 오두
막 집 앞에 왔을 때, 집안에서 정중하게 하나님께 감사하는 소리
가 들려 왔다.

"하나님, 많은 은혜를 주셔서 감사합니다. 지금 또 좋은 것을
주셔서 감사합니다."

아주 기쁜 듯이 말을 하기 때문에 전도자는 말에서 내려 집안
을 들여다보니, 한 노인이 한 잔의 물을 테이블 위에 얹어 놓고 열
심히 감사 기도를 드리고 있었다.

신앙적 환경

이는 네 속에 거짓이 없는 믿음이 있음을 생각함이라 이 믿음은 먼저 네 외조모 로이스와 네 어머니 유니게 속에 있더니 네 속에도 있는 줄을 확신하노라

디모데후서 1:5

장 프랑소와 밀레는 북프랑스의 한촌(寒村) 그뤼시의 농부의 아들로 출생하였다. 그는 농부의 생활을 그린 화가로서 유명해졌는데, 그의 그림은 어렸을 때부터 엄격한 대자연 속에서 대지와 싸우며 자라난 그 자신의 투영이었다. 그의 화제가 된 〈씨를 뿌리는 사람〉을 비롯하여 모든 그림이 그 자신이 고생하며 체험한 것이었다. 그러나 그의 그림에 압도적인 깊이를 준 것은 신앙이었다.

조모(祖母)인 루이스 조무랭은 "하나님 안에 모든 것을 보아라. 자연의 풍물이나 인생의 사물에서 하나님의 임재를 보아라."라고 그를 가르쳤다.

그래서 밀레의 그림에는 사람들의 마음을 움직이지 않을 수 없는 고요한 감동이 있었다.

이르되 내가 모태에서 알몸으로 나왔사온즉 또한 알몸이 그리로 돌아가올지라 주신 이도 여호와시요 거두신 이도 여호와시오니 여호와의 이름이 찬송을 받으실지니이다 하고

욥기 1:21

7월

이달의 기도 제목

하나님께서 살려 주시는 인생

이르되 내가 모래에서 알몸으로 나왔사온즉 또한 알몸이 그리로 돌아가올지라 주신 이도 여호와시요 거두신 이도 여호와시오니 여호와의 이름이 찬송을 받으실지니이다 하고

욥기 1:21

보스턴의 가난한 〈양초와, 비누 만드는 집〉의 아들로 출생했으며, 고생 끝에 출세하여 출판업자, 과학자, 저술가, 미국 독립선언의 기초자의 한 사람이 되었고, 주 프랑스 대사 등 정치가로서도 활약하였으며 미국 건국기에 큰 활동을 한 벤자민 프랭클린은 자서전에서 다음과 같이 말했다.

"만약, 〈네가 좋아하는 대로 해도 좋다〉라는 말을 들었다고 한다면 나는 지금까지의 생애를 그대로 되풀이하기에 조금도 이의(異議)가 없다. 다만 저술가가 초판의 오류를 재판에서 정정하는 그런 편의만은 주었으면 좋겠다. 그러한 편의가 주어진다면, 다만 오류만 정정할 뿐만 아니라 생애의 잘못된 일들을 형편이 좋은 것으로 바꿀 수가 혹시 있을 수 있기 때문이다. 그러나 설령 이런 소원이 허락되지 않는다 해도, 역시 나는 똑같은 생애를 되풀이하라고 말한다면 승락할 생각이다."

시련 중에서의 감사

너희가 그리스도의 이름으로 치욕을 당하면 복 있는 자로다 영광의 영 곧 하나님
의 영이 너희 위에 계심이라 너희 중에 누구든지 살인이나 도적질이나 악행이나 남의
일을 간섭하는 자로 고난을 받지 말려니와 만일 그리스도인으로 고난을 받으면 부
끄러워하지 말고 도리어 그 이름으로 하나님께 영광을 돌리라

베드로전서 4:14~16

영국의 청교도혁명의 지도자 크롬웰이 죽은 후, 2년쯤 지나서
영국은 왕정복고(王政復古)해 버려서, 청교도인 존 번연은 투옥되고,
2년 동안 옥중 생활의 고통을 겪게 되었다. 그러나 그는 감옥을
서재로 바꿔 버렸다. 거기서 쓴 책이 유명한 『죄인 괴수에게 넘치
는 은총』이다.

영국의 한촌(寒村)에서 가난한 주물공장의 아들로 출생하여 아
무도 감당할 수 없었던 악동이었던 그가 어떻게 해서 신앙으로
인도함을 받고, 절망과 싸워서 하나님의 은혜를 입게 되었는지를
서술한 회심기(回心記)이다. 거기에는 그를 은총 속으로 이끌어 주
신 하나님의 인도하심에 대한 감사가 넘쳐난다.

장사

남에게 대접을 받고자 하는 대로 너희도 남을 대접하라

누가복음 6:31

영국의 시인 조지 맥도날드는 말했다.

"한쪽이 이익을 얻고 다른 한쪽이 손실을 입을 경우가 많이 있다. 그러나 한쪽만이 이익을 얻는 것이 필연(必然)이라면 그것은 하나님에게서 난 것이 아니다."

감리교회의 창립자 존 웨슬리는 이렇게 말했다.

"할 수 있는 대로 돈을 벌어라. 할 수 있는 대로 저축하라. 할 수 있는 대로 타인에게 주어라."

실연

예수 그리스도는 어제나 오늘이나 영원토록 동일하시니라

히브리서 13:8

조지 와트슨 박사는 스코틀랜드의 목사이며 세계적으로 뛰어난 종교문학의 저자의 한 사람이기도 하다. 젊었을 때, 그라스고우대학의 학생이었던 그는 아름다운 크리스천 여성과 연애하고 얼마 후 약혼도 했다. 그러나 조금 있으면 결혼이다 할 무렵에 와트슨은 병으로 눕게 되었고 의사는 실명(失明)할 것이라고 말했다. 그는 연인을 생각하고 아름다운 결혼 생활을 생각했다. 그리고 그는 자기가 맹인이 된다는 것을 알리는 것이 의무라고 결심했다.

마음속에서는 그녀가 그를 홀로 두지 않을 것을 바라면서 혼약(婚約)을 파혼할 것을 말했다. 그녀는 편지를 읽고 충격을 받아 "맹인과는 일생을 같이할 수 없다."고 그의 청을 받아들였다. 그것은 와트슨에게는 큰 충격이었다. 그는 몇 년 동안이나 괴로워하며 고민했다. 그런 가운데에서 이윽고 하나님의 변함없으신 사랑 안에서 평안함을 얻고 1882년에 불멸의 찬송가를 작사했다.

〈피곤한 마음을 위로하는 사랑이여, 주께서 주신 이 생명을 누구에게 돌려 줄까나〉

203

연약함을 돌보시는 예수님

우리에게 있는 대제사장은 우리의 연약함을 동정하지 못하실 이가 아니요 모든 일에 우리와 똑같이 시험을 받으신 이로되 죄는 없으시니라

히브리서 4:15

바흐와 함께 바로크음악의 대작곡가로 일컫는 독일의 작곡가 헨델은 영국 왕실 전속 작곡가가 되어서, 새로운 가극(歌劇)의 수립을 위해 가극장의 운영, 작곡, 상연을 위해 분투하고 있었다.

그러나 일부 반대자와 병고(病苦)와 파산(破産) 때문에 가극을 단념하고, 오라토리오의 작곡에 전념하게 되었다. 그러한 실의의 시기에 아일랜드 총독으로부터 더블린에 초대되었다. 그곳에서 헨델은 그의 이름을 부동의 자리에 올려 준 명작 〈메시야〉를 작곡했다. 그는 작곡 중에 이사야 53장 3절에 이르렀다.

〈그는 멸시를 받아서 사람에게 싫어 버린 바 되었으며 간고를 많이 겪었으며 질고를 아는 자라〉

그는 저도 모르게 "오오, 참으로 거룩하시도다!" 하고 눈물겨워했다.

구원의 선언

그러므로 아들이 너희를 자유롭게 하면 너희가 참으로 자유로우리라

요한복음 8:36

에이브러햄 링컨이 대통령이 되자마자 300만 명의 노예를 해방한다고 선언하는 포고를 발표했다. 그 내용은 어떤 정해진 날짜를 기하여 노예들의 쇠사슬은 풀리고 자유의 몸이 된다는 것이었다. 그 은혜로운 포고는 나무든 울타리든 어디든지 북군(北軍)이 가는 곳곳마다 붙여졌다.

그것을 읽을 줄 모르는 노예는 많았지만 읽을 줄 아는 몇 사람이 읽고 모두에게 알려 주었다. 그들의 대다수는 믿었다. 그리고 혁명적인 그날, "우리는 자유롭게 되었다."고 하는 기쁨의 환성이 온 땅을 뒤덮었다.

어떤 사람은 그것을 믿지 못해서 여전히 옛주인의 집에서 완고하게 움직이려 하지 않았다. 또한 그러한 좋은 소식을 믿은 사람이라도 주인이 "그런 바보 같은 일은 있을 수 없다. 너는 내 집에 있는 것이 가장 좋을 것이다."라고 말하면 링컨의 포고를 의심하고 자기 소물들을 다시 낡은 오두막집에 갖다 놓고 끝없이 펼쳐지는 농장으로 힘없이 나아가는 것이었다.

너희 원수를 사랑하라

아무에게도 악을 악으로 갚지 말고 모든 사람 앞에서 선한 일을 도모하라 … 악
에게 지지 말고 선으로 악을 이기라

로마서 12:17~21

1945년 8월 15일, 우리나라는 해방이 되었지만 미국과 소련에
의해 38선이라는 경계선이 생겨 남과 북으로 나뉘어지게 되고 결
국 남한에서는 유엔 감시하에 남북한이 총선거를 실시하고자 했
으나 북한이 거부함으로 38선 이남에서만 1948년 5월 10일에 총
선거가 실시되어 국회의원을 뽑아 국회가 개원되고 1948년 8월
15일에 대한민국 정부 수립을 하게 되었다. 그런 와중에 1948년
10월에 여수에 주둔하고 있던 국군 14연대 소속의 군인들 중 북
한의 지령을 받은 남로당(南勞黨) 계열 장교들이 주동하여 2천여 명
의 병사들이 여수 지역에서 봉기하는 여수·순천 반란사건이 발
생하게 되었다. 이로 인해 이들을 정부군이 진압하는 과정에서 반
란군에 의해 많은 여수와 순천 주민들이 학살되는 사건이 발생
한다. 당시에 순천에서 중학교를 다니던 손양원(孫良源) 목사의 두
아들 동인(東仁)과 동신(東信)도 기독교신자라는 이유만으로 좌익
단체 청년들에게 끌려가 순교당하고 만다.

그런데 손양원 목사는 그들의 시신을 수습하여 여수 애양원(愛
養園)에서 장례식을 치르며 두 아들을 총살시킨 원수를 미워하지
않고 그를 회개시켜 아들로 삼겠다는 발표를 하여 많은 사람들
을 놀라게 한다. 다행히 아들을 죽였던 안재선(安在善)이라는 청년

206

을 정부군에 의해 찾아내게 되었고 구명요청(救命要請)을 통해 다행히 그의 목숨을 구해 내어 양아들로 삼게 된다. 손양원 목사와 사모 정양순 여사가 그 청년을 만나 양아들로 받아들이는 장면을 보게 되면 정말 가슴 뭉클하지 않을 수 없다. 이러한 모습을 보고 친구 목사인 안용준(安容俊) 목사가 『사랑의 원자탄』이라는 책을 쓰게 된 것이다.

전쟁 속에서도 오직 주님!

1950년 6.25사변 때 여수에 주둔해 있던 북한 공산군들이 전세가 불리해지며 퇴각하는 과정에서 그동안 잡아 두었던 신앙인들이나 주민들을 대량으로 살상하는 일이 있었다. 손양원 목사는 유물론자들로 하나님을 거부하였던 공산주의를 거부하다 여수를 점령하고 있던 공산군에 의해 체포되어 순교당하고 말았다. 그는 순교 직전까지도 공산군에게 복음을 전하기 위해 노력하였던 진정한 하나님의 종이었다.

우리나라 근현대사를 가르는 혼란의 시기에 복음을 받아들인 이후 순교 직전까지 고난 속에서 주님만을 붙들다 순교한 손양원 목사.

그는 마치 순교하기 위해 살았던 사람처럼 일제시대 때나 6.25 사변 때나 복음을 위해 죽음을 두려워하지 말아야 한다고 하였다. 그의 설교는 첫째도 순교, 둘째도 순교, 셋째도 순교였다.

〈2013. 9. 10. 복사〉

이웃 사랑

네 이웃을 네 자신과 같이 사랑하라 하셨으니

마태복음 22:39

　일본에 의한 가혹한 조선 지배는 한국 사람들에게 민족적인 반일 감정을 뿌리 깊게 심어 주었다. 그런 한일 관계 중에서도 그들에게 〈아버지〉라 불리고 있는 일본인이 있다. 한국에서 〈고아의 아버지〉란 칭호를 받은 소다가이치(曾田嘉伊智) 씨이다. 그는 크리스천으로서 〈너희 이웃을 사랑하라〉는 성경 말씀을 실천하려고 했다. 그리하여 해방이 될 때까지 30년간 한국에서 복지시설을 운영해 왔다. 일본의 패전으로 일본인이 한반도에서 귀환할 때까지 그가 돌봐 주었던 고아와 난민은 3천 명 이상이나 되었다. 일본에 되돌아왔지만 한국을 충심으로 사랑하는 그는 〈한국에서 죽고 싶다〉고 늘 말하고 있었다.

　94세 때에 소원을 이루어 서울 땅을 밟았다. 나이 많은 그가 마중나온 사람들 앞에 나타나자 기다리고 있던 아이들의 〈할아버지 만세〉라는 동요가 공항 로비에 울려 퍼졌다. 연로한 눈에서는 눈물이 그침 없이 흘렀다. 얼마 후에 그는 소원대로 한국의 흙이 되었다. 그날 그를 아껴서 모인 2천 명의 한국인의 슬픔은 대단한 것이었다.

문제아의 구원

내가 너를 떠나지 아니하며 버리지 아니하리니

여호수아 1:5

지금은 목사가 된 사람의 이야기이다. 그가 17~18세가 되었을 무렵에 부친이 죽은 일도 있고 해서 매우 성격이 비뚤어져 있었다.

어느 날, 난폭하게 모친을 때렸다. 그것을 본 숙모가 참을 수 없어서 다짜고짜 그 불량아(不良兒)를 때렸다. 그러자 모친이 "왜 말도 없이 아들을 때리느냐?" 하며 아들 편을 들어서 화를 냈다.

이때부터 그의 생활방식이 바뀌었다. 어머니의 사랑이 그를 덮고 있다는 것을 깨달았기 때문이다.

크리스천은 살아 있는 복음서

너희는 우리로 말미암아 나타난 그리스도의 편지니 이는 먹으로 쓴 것이 아니요 오직 살아 계신 하나님의 영으로 쓴 것이며 또 돌판에 쓴 것이 아니요 오직 육의 마음판에 쓴 것이라

고린도후서 3:3

이혼 직전의 젊은 여성이 교회에 다니기 시작했다. 그러나 그녀는 여전히 남편에게 "나 같은 건 아직도 괜찮아요. 당신이야말로 교회에 나가서 회개해야 해요."라고 강퍅하게 말하고 있었다. 그러던 어느 날, 전도 집회가 열렸다. 지금까지 자기는 이미 신자가 된 것으로 생각하고 있었던 그녀는 〈자신이야말로 하나님 앞에서나 남편 앞에서 죄인이었다〉는 것을 깨달았다. 그녀는 마음속 깊이 죄를 회개했다. 주 예수님을 구주로 받아들였다. 그리고 다시 살아났다. 그 이후로는 마음속 깊이 남편을 사랑하게 되었다. 그러자 남편도 자연히 교회에 출석하게 되어 얼마 후에 구원을 받았다. 그는 목사에게 이렇게 말했다.

"내가 구원받은 것은 우리 집 부엌에서 예수님이 언제나 빛나는 얼굴로 걸어 다니고 계셨기 때문입니다."

이웃을 위해 죽다

사람이 친구를 위하여 자기 목숨을 버리면 이보다 더 큰 사랑이 없나니
요한복음 15:13

    로마 가톨릭 교회에서 성인(聖人)의 반열에 오른 사람으로, 폴란드인 코르베 신부가 있다. 그는 일본인 전도를 위해 나가사키(長崎)에 온 것은 1920년대였다. 그는 〈성모의 기사수도회〉를 설립하고 문서 전도를 시작했다. 그러다가 얼마 후에 귀국했는데, 제2차 세계대전이 시작되자 그는 아우슈비츠 강제수용소에 잡혀 들어갔다. 어느 날, 탈출자가 생겨서 그 대신 본보기로 대여섯 명이 사형선고를 받았는데, 그중의 한 사람이 살려 달라고 애원하는 사람이 있었다. 코르베 신부는 "그는 처자(妻子)가 있다. 나는 독신이니 내가 대신하게 해 달라."고 나섰다. 코르베 신부는 모든 사람에게 하늘나라의 소망을 전하고 격려하면서 2주 후에 숨졌다.

    이런 사실을 현지 특파원으로서 알게 된 아사히(朝日)신문의 마쓰이(松井) 야요이(彌生) 기자는 〈그리스도의 정신을 미증유(未曾有)의 잔학 속에서 실천한 인간이 있었다는 사실…〉이라고 경탄하면서 보도했다. 또한 코르베 신부에 대해 〈그는 자기중심의 현대에 자기희생으로 저항한 사람이다〉라고 말했다.

원한

아무에게나 혐의가 있거든 용서하라 그리하여야 하늘에 계신 너희 아버지께서도 너희 허물을 사하여 주시리라 하시니라

마가복음 11:25

〈일본어 성경: 누구에게나 개인적인 원한이 있거든 용서하라〉

어떤 젊은 여성이 팔을 들어올릴 수 없게 되어 반신불수(半身不隨) 같은 형편이 되었다. 아무 의사도 고쳐 줄 수 없었기 때문에 그녀는 마침내 하나님께 마음을 향하게 되었다. 그러자 성령의 역사로 어머니에게 원한을 품고 있다는 것을 지시받았다. 그녀는 이전에 어머니에 대해 원한을 품고 있었고 그것 때문에 어머니를 때려 주고 싶은 잠재의식을 가지게 되었다. 그래서 그때부터 팔이 자유롭지 못하게 된 것이었다.

그것을 알았을 때에 그녀는 순순히 어머니에 대한 원한을 버렸다. 그러자 팔은 자유롭게 되어 건강을 되찾았다.

동정심

너희도 몸을 가졌은즉 학대 받는 자를 생각하라

히브리서 13:3

　인도에서 선교하는 어떤 선교사가 예배 시간에 강론(講論)을 하려고 할 때에 부친이 돌아가셨다는 전보를 받았다. 그는 그 소식을 아무에게도 말하지 않고 강론을 시작했다.

　그 강론은 심정을 세밀하게 표현한 것으로 예수 그리스도의 아름다운 심정을 그대로 묘사해 낸 것 같은 것이었다. 예배가 끝났을 때에 그는 비로소 부친이 소천했다는 소식을 알렸다. 그는 아픈 마음을 가진 채 직책을 다했다. 그리고 듣는 사람들의 마음에 큰 위로가 되었던 것이다.

하나님과 함께하는 행복

그러나 자족하는 마음이 있으면 경건은 큰 이익이 되느니라

디모데전서 6:6

<일본어 성경: 족함을 아는 마음을 수반하는 경건이야말로 큰 이익을 얻게 되는 길이다>

지금으로부터 약 700년 전쯤되는 옛날에 독일의 어떤 영주(領主)가 성 밖으로 나가 보니, 거기에 보잘것없는 모습을 한 사나이가 있었다. 영주는 매우 불쌍히 여겨 말을 했다.

"자네는 왜 그리 불쌍한 모양을 하고 있느냐?"

"어째서 내가 불쌍하게 보입니까?"

"자네는 거지가 아니냐?"

"그래요. 확실히 사람들이 나를 동정해서 먹을 것을 주기도 합니다. 그러나 당신도 사람들의 동정을 받고 있지 않습니까? 나는 비가 오는 날이나 맑은 날이나 하나님께 감사하고, 먹든지 못 먹든지 마음에 기쁨을 가졌고, 병든 사람을 돌봐 주고, 슬퍼하는 사람이 있으면 위로해 주고, 언제나 하나님과 함께하고 있습니다. 어찌 나에게 불쌍한 일이 있겠습니까?"

"그래도 자네는 그런 다 떨어진 옷을 입고 있지 않은가?"

"다 떨어진 옷을 입은 것이 뭐가 나쁩니까?"

이 불쌍하게 보이는 사나이는 중세 독일의 신비주의(神秘主義)의 대표자라 했던 도미니코 회원인 에크할트였다.

단신의 괴로움을 아시는 하나님

참새 두 마리가 한 앗사리온에 팔리지 않느냐 그러나 너희 아버지께서 허락지 아
니하시면 그 하나도 땅에 떨어지지 아니하리라 너희에게는 머리털까지 다 세신 바 되
었나니 두려워하지 말라 너희는 많은 참새보다 귀하니라

마태복음 10:29~31

아프리카 오지에서 전도와 탐험으로 평생을 보낸 리빙스턴은
어느 날, 원시림에서 헤매다가 거의 아사(餓死)할 지경이 되었다. 극
도의 기아와 피로에서 땅바닥에 앉아 버린 그는, 무심코 발 밑의
이끼를 쳐다보았다. 그리고 문득 정신을 차렸다.

〈하나님께서는 이런 보잘것없는 이끼까지 빛을 주시고 이슬을
내려서 보호해 주신다. 그러니까 복음 전도를 위해서 이렇게 고생
하는 종을 잊으실 리가 없다〉라고 생각했다.

이렇게 해서 기운을 차린 그는 얼마 후에는 작은 마을에 도달
할 수 있었다.

재회심

이에 스스로 돌이켜 이르되

누가복음 15:17

카나모리 쓰우린(金森通倫)은 구마모토(熊本) 양학교(洋學校)에서 제인스를 만나게 되어 구마모토 밴드의 일원으로 하나오카야마(花岡山)에서의 〈봉교취의서(奉敎趣意書)〉에 참가했다. 그 후 동지사(同志社)에서 배우고 조합교회(組合敎會)의 목사로서 전도와 목회로 활동한 사람이다. 그러나 1885년에 독일에서 보급복음(普及福音)교회의 선교사 슈페너가 내일(來日)하고, 이어서 1889년에 미국에서 유니테리안 선교사 냅프가 내일(來日)하여 인간중심적, 합리주의적 입장에서서, 십자가의 속죄성(贖罪性)을 비판하는 신신학(新神學)을 전하자 카네모리도 여기에 기울어져 버렸다. 그리하여 『일본 현금(現今)의 기독교 및 장래의 기독교』란 책을 저술하고 신신학을 제창해서 기독교계에 큰 충격을 주었다.

그 후 그는 교회를 떠나서 실업계, 정치계로 들어갔다. 그가 교계에 들여놓은 신신학에 의해서 큰 동요를 받은 자 중에 젊은 오오에 쿠니지(大江邦治)가 있었다. 후년(後年)에 오오에가 목사가 되어, 어느 날 요도바시교회(淀橋敎會)에 초청되어 강론하면서 이 사건을 언급했다. 그러자 마침 그 자리에 참석했던 카네모리가 부끄러움을 무릅쓰고 "죄송하다!"고 큰 소리로 외쳤다. 그는 다시 기독교계로 돌아와서 국내 순회 전도와 미국 전도에 힘썼다.

7월 17일

승리하는 크리스천 생활

쉬지 말고 기도하라

데살로니가전서 5:17

우리가 … 고난과 능욕을 당하였으나 우리 하나님을 힘입어 많은 싸움 중에 하나
님의 복음을 너희에게 전하였노라

데살로니가전서 2:2

전도자 스탠리 존스는 말했다.

"어떤 사람이 나에게 어떻게 해서 영적 생활을 계속할 수 있었
는가, 그 비결을 물었다. 나는 다만 두 가지를 행함으로…"라고
대답했다.

첫째는 기도 시간을 지킨다. 나는 대학 시절에 이 습관을 시작
했다. 하루 동안에는 시간이 되지 않는 시간이 있다. 그것이 그
날을 위해 힘을 받는 시간이다. 잘 기도하는가 기도하지 않는가
에 따라 나는 좋게도 되고 나쁘게도 되었다.

둘째의 비결은 언제나 어려운 일과 싸우는 것이다. 나는 일부러
그렇게 했다. 이럴 때야말로 나는 하나님께 의지하지 않을 수 없
는 것이다.

신앙생활에는 희생이 많은가?

이는 내 멍에는 쉽고 내 짐은 가벼움이라 하시니라

마태복음 11:30

　어떤 청년이 때마침 초청받아 출석한 특별전도 집회에서 예수님을 믿게 되었다. 그래서 충실한 교회 직원 생활을 보내기로 작정했다. 그러자 시험하는 자가 와서 속삭였다.

　"희생해야 할 것이 너무나 많아요. 왜냐하면 신앙생활의 길은 곤란한 돌짝밭 같은 거칠은 길이니깐 말이야. 게다가 자네는 모든 즐거움을 포기해야 할 것이다. 그리하여 자네는 인생의 종말까지 비참한 상태로 지내게 될 것이다!"

　청년은 기도하기로 했다. 그리하여 수일이 지난 후, 한 성경 말씀이 그의 마음속에 깊이 새겨졌다. 〈내 멍에는 쉽고 내 짐은 가벼움이라〉라는 말씀이었다. 그는 이제는 미혹받을 일은 없었다.

상대방의 입장에서

그러므로 무엇이든지 남에게 대접을 받고자 하는 대로 너희도 남을 대접하라
마태복음 7:12

어떤 부부가 언제나 다투고 있었다. 그 다툼의 시작은 대개 TV 때문이었다. 아내는 음악을 좋아하고, 남편은 뉴스를 보고 싶었다. 그런데 어느 날, 기독교 집회에 혼자 나가서 남편은 예수를 믿고 회심(回心)하여 집으로 왔다.

평소처럼 싸우는 시간이 되니까 그는 채널을 〈음악〉으로 돌렸다. 깜짝 놀란 아내는 "아니, 뉴스 시간이에요!"라고 소리를 질렀다. "그래요, 그러나 당신은 음악이 듣고 싶지 않아?" 남편은 부드럽게 웃으면서 말했다. 아내는 도무지 믿지 못하겠다는 표정이었으나, 일어서더니 뉴스로 채널을 바꿨다. 그때부터 두 사람은 서로를 생각하는 부부로서 사람들로부터 부러움을 받게 되었다.

겸손이 없음을 깨닫고

아무도 자신을 속이지 말라 너희 중에 누구든지 이 세상에서 지혜 있는 줄로 생각하거든 어리석은 자가 되라 그리하여야 지혜로운 자가 되리라 이 세상 지혜는 하나님께 어리석은 것이니 기록된 바 하나님은 지혜 있는 자들로 하여금 자기 꾀에 빠지게 하시는 이라 하였고 또 주께서 지혜 있는 자들의 생각을 헛것으로 아신다 하셨느니라 그런즉 누구든지 사람을 자랑하지 말라 만물이 다 너희 것임이라

고린도전서 3:18~21

어떤 인테리 청년이 목사에게 와서 과학적, 문학적으로 기독교에 대해 난해한 질문을 퍼부어서 목사를 곤란하게 만들었다. 마침내 목사는 대답을 못하고 침묵해 버렸다. 아주 우쭐해진 청년은 목사에게 이별을 고하고 집으로 돌아가려고 했다. 그때에 목사는 조용히 "형제여, 당신에게 만약 겸손이 있었다면…" 이라고 말했다. 이 한마디가 청년의 마음을 때렸다. 자기는 많은 지식을 가졌고 훌륭한 사람이라고 생각했던 그는 겸손하지 못했다는 것을 깨닫게 되었다. 그래서 마음속 깊이 회개하고 그날 밤에 구원을 받았다. 이 청년이야말로 나중에 뛰어난 성교자가 되어 일본 자유 감리교회 창립자가 되어 주의 종으로 큰 활동을 한 가와베 사다키치(河邊貞吉)였다.

공포로부터의 해방

근심하지 말라 여호와로 인하여 기뻐하는 것이 너희의 힘이니라 하고

느헤미야 8:10

　1346년, 유럽은 페스트의 공포에 휩싸였다. 그 맹렬한 전염력을 가진 역병(疫病)은 전 유럽에 퍼져서 전 인구의 3분의 1, 영국과 프랑스에서는 2분의 1이 사망했다. 때마침, 크리스마스 전야(前夜)가 왔다. 거리에 순회하는 찬양대가 성탄 찬송을 부르면서 가까이 다가왔다. 그러자 쓸쓸히 집에서 숨어 있던 사람들이 찬미 소리에 이끌려서 한 사람, 두 사람, 집밖으로 나왔다. 그 숫자는 점점 불어나 수백 명의 합창대가 되어 오래간만에 찬미 소리가 사람들의 마음을 밝게 했다. 찬미 소리에 그들의 마음은 뜨겁게 불타올라, 그 환희는 마침내 페스트의 공포를 극복하고 다시 그들에게 희망을 가져다 주었던 것이다.

자기포기

내가 그리스도와 함께 십자가에 못 박혔나니 그런즉 이제는 내가 사는 것이 아니요 오직 내 안에 그리스도께서 사시는 것이라

갈라디아서 2:20)

어떤 크리스천이 목사에게 질문했다.

"목사님은 흔히 〈십자가에 못 박혀서 죽는 일이다〉라고 말씀하십니다만, 그것은 어떤 뜻입니까?"

"자네 친구 중에서 죽은 사람이 있습니까? 만약 있다면, 자네가 그 친구의 무덤 앞에 가서 그를 칭찬해 보세요. 그는 기뻐하겠습니까? 그 반대로 그를 매도(罵倒)해 보세요. 그가 화를 내겠습니까?"

"죽은 사람을 칭찬하거나 매도해도 기뻐하거나 화를 내지는 못하지요."

"그래요. 진정으로 십자가에 못 박혀 죽은 사람은, 칭찬해도 교만해지지 않으며, 매도당해도, 멸시를 받아도 화를 내지 않는 사람입니다."

배신

우리의 모든 환난 중에서 우리를 위로하사 우리로 하여금 하나님께 받는 위로로
써 모든 환난 중에 있는 자들을 능히 위로하게 하시는 이시로다

고린도후서 1:4

요시타케 아키오(吉武昭男) 목사는 홋카이도(北海道)에 있을 동안에
보호사(保護司)의 일도 했었다. 소재불명이 된 소년을 찾아 엄동설
한의 심야에 바이크의 핸들을 쥔 손이 얼어서 펼 수 없을 때까지
카바레, 파친코점, 댄스홀을 찾아다녔다. 믿은 것이 배신당하고,
어떻게 해서든지 갱생시키려고 수고했지만 멸시당하고, 밥맛도
없을 정도로 마음에 괴로움을 느꼈던 괴로운 7년간이었다. 그는
그 괴로운 때면, 언제나 〈십자가 상에서 원수를 위해 기도하신 예
수님 누가복음 23:34〉을 생각했다.

시련을 감사

또한 모든 것을 해로 여김은 내 주 그리스도 예수를 아는 지식이 가장 고상하기 때문이라 내가 그를 위하여 모든 것을 잃어버리고 배설물로 여김은 그리스도를 얻고 그 안에서 발견되려 함이니 내가 가진 의는 율법에서 난 것이 아니요 오직 그리스도를 믿음으로 말미암은 것이니 곧 믿음으로 하나님께부터 난 의라

빌립보서 3:8~9

나병(癩病)요양소 〈나가시마 애생원(長島愛生園)〉에서 요양하고 있는 타마키 아이코(玉木愛子) 씨는 이렇게 간증했다.

"내 육(肉)의 눈이 닫히고 영의 눈이 열린 후에는 모든 것을 감사할 수 있게 되었습니다. 그때까지는 사람들의 나쁜 점만 보고 있었습니다. 눈썹이 없어진 후에 눈썹에 대해 감사하게 되었습니다. 눈썹이 없으면 먼지가 눈에 들어와 견디기 힘듭니다. 하나님은 눈동자를 보호하기 위해 눈썹을 준비해 주심같이, 나를 나병에 걸리게 해서 내 영의 눈을 열어 주신 것을 지금은 감사하고 있습니다."

신앙이 저하되었을 때

너희가 돌이켜 조용히 있어야 구원을 얻을 것이요 잠잠하고 신뢰하여야 힘을 얻을
것이거늘

이사야 30:15

중국 전도를 위해 노력하고 있었던 허드슨 테일러는, 어떤 시기에는 매일, 그날그날의 죄와 실패 때문에 역부족을 느끼며 어떻게 하면 믿음을 강하게 가질 수 있을까 고민하고 있었다. 그러한 때에 친구인 맥커시로부터 편지가 왔다. 〈신앙을 추구하려고 노력하는 것보다 성실한 분을 의지하는 것으로써…〉 그는 이 말에 의해서 눈을 밝게 뜰 수 있었다. 그리고 〈우리는 미쁨이 없을지라도 주는 일향 미쁘시니 자기를 부인하실 수 없으시리라(우리들은 진실하지 않아도 그는 항상 진실하시다) 디모데후서 2:13〉라는 말씀에 의해 예수 그리스도를 앙망함으로 깨달을 수 있었다.

또한 〈나는 결코 너를 떠나지 않으며 또한 너를 버리지 않으리라〉 하는 약속의 말씀으로 인하여 주님이 우리와 함께하신다는 확신을 얻었던 것이다.

고백

하나님께서 구하시는 제사는 상한 심령이라 하나님이여 상하고 통회하는 마음을
주께서 멸시하지 아니하시리이다

시편 51:17

인기가수 팻 분(Pat Boone)의 아내 셜리(Sharly)는, 이전에는 하나님 앞에 충실한 크리스천이었는데, 예능계에서 활동하는 중에 신앙이 점점 타락하는 남편을 보면서 자기도 하나님을 멀리하게 되어 갔다. 어느 날 저녁에, 팻은 마침내 신앙의 이중생활을 청산하고자 교회에 나가서 하나님과 성도들 앞에서 죄를 고백하고 모든 것을 예수님께 의탁하였다. 그리고 난 얼마 후에, 샐리는 〈예수님께 모든 것을 맡기라〉는 메시지를 듣고, "만약 인기가수 팻 분의 아내인 내가 죄의 고백을 한다면 사람들은 어떻게 생각할까?" 하면서 걱정을 했다. 그때, 주님은 그녀의 영혼에게 속삭이셨다. "너는 죄의 고백을 남을 위해 하려고 하느냐, 아니면 나(주님)를 위해 하려고 하느냐?" 그녀가 할까 말까 주저하고 있을 때, 또다시 마음속에 속삭이는 말이 들려왔다. "그것은 사람을 위해 하는 것이냐? 아니면 나를 위해 하는 것이냐?"

셜리는 주님 앞에 모든 것을 고백했다.

신앙이냐? 퇴직이냐?

누구든지 나와 내 말을 부끄러워하면 인자도 … 그 사람을 부끄러워하리라

누가복음 9:26

사사키 마스오(佐々木益男) 씨가 교사로 근무하고 있었던 사립중학교도 시대의 흐름에 따라 해마다 점점 군국주의(軍國主義)가 고조되어 갔다. 그런 가운데에서 교회를 다니고 있었던 그의 직원회의 석상 등의 발언을 자유주의적이라고 해서 교장은 재삼(再三) 주의를 시켰다. 어느 날 마침내 〈교회를 그만두느냐, 학교를 그만두느냐, 어느 쪽이든 결단하라〉고 압박해 왔다.

"나는 신앙의 자유는 헌법 28조에 의해 보장되어 있으니 교회는 계속 다니겠습니다. 학교도 교장 선생님을 좋아하고, 그만둘 이유는 아무것도 없으니 스스로 그만두지 않겠습니다."라고 목을 잘리는 것을 각오하고 분명하게 말했다. 당시에는 일요일에도 출근하라는 명령을 받는 일이 많았지만, 이런 일이 있은 후로는 교장이 그에게 "일요일에 출근할 일이 있을 때에는 오후부터 나오라."고 말했고, 또한 교장 부인은 그가 다니고 있는 교회에 출석하게 되었다.

어느 날, 크리스천 교사가 있다고 해서 특별고등(特高)경찰이 학교에 와서 그의 동태를 조사하러 왔다. 교장은 "사사키 선생은 일본정신이 투철한 크리스천이니 걱정할 것 없어요."라고 비호해 주기도 했다.

하나님 제일주의

너희는 먼저 그의 나라와 그의 의를 구하라 그리하면 이 모든 것을 너희에게 더하시리라

마태복음 6:33

유명한 화가의 작품을 많이 수집했던 부자가 죽었다. 그래서 그림을 경매로 팔게 되어 국제적인 규모로 입찰이 시작되었다.

최초에 출품된 그림을 보고 수집가(蒐集家)들은 깜짝 놀랐다. 그림의 소유자 자신이 붓을 들어 아들을 그린 것으로 수집 가치가 전혀 없는 것이었기 때문이다.

이미 그의 아들도 사망한 후였다. 아무도 입찰을 하지 않는다는 것을 알고, 그 집의 머슴이 조심스럽게 물어왔다. "저 같은 사람이 입찰해도 되겠습니까?" 그는 사망한 주인과 아들을 몹시 사랑하고 충실히 모셨던 자였다. 지금 〈두 사람의 추억이 담긴 그림〉을 자기 것으로 할 수 있다는 감동으로 가슴 뭉클해지고 있었다. 그림을 그 머슴에게 건네주고 난 후, 사회자는 다시 놀라운 사실을 발표했다.

"이상으로 오늘 경매를 마칩니다. 여기에 주인의 유서가 있습니다. 〈나와 내 아들의 그림을 산 사람에게 나는 다른 모든 그림을 드립니다〉라고 씌어 있습니다."

가족의 구원

이르되 주 예수를 믿으라 그리하면 너와 네 집이 구원을 받으리라

사도행전 16:31

어떤 크리스천 여성이 주일 아침, 예배에 출석한 후, 목사에게 "위독한 상태에 있는 불신자인 늙은 아버지를 위해 기도해 주세요."라고 부탁했다. 목사는 그녀의 부친이 구원받지 않고 죽는 것은 하나님의 뜻이 아니라고 말해 주었다. "우리들의 소원이 하나님의 뜻에 맞는다면 하나님은 우리 기도를 응답해 주신다고 약속해 주셨습니다. 그러므로 병상에 있는 부친이 구원받을 수 있도록, 믿고 기도합시다."라고 격려하고 권면했다.

그다음 날 그녀의 부친이 구원받도록 특별기도회가 열렸다. 그리고 〈병자가 구원받고 하나님과의 평화를 얻었다는 것을 실증하기 위해 무엇인가를 나타나게 하소서〉라고 기도했다. 후일에 그녀의 모친은 눈에 눈물을 글썽거리면서 남편의 임종의 모양을 간증했다.

"인사불성인 상태에서 남편은 일어나, 주위의 사람들에게 〈하나님은 나를 응징하셨다. 그것은 하나님이 나를 사랑하셨기 때문이다. 하나님은 나를 구원해 주신다고 약속하셨다. 지금 나는 예수님을 구주로 믿는다〉고 말했습니다."

죄를 깨달아라

잠자는 자여 깨어서 죽은 자들 가운데서 일어나라 그리스도께서 너에게 비추이시 리라 하셨느니라

에베소서 5:14

라디오 목사인 하토리 아키라(羽鳥明) 목사가 아오모리(青森)에 있는 한센병(癩病)의 병원을 방문했을 때의 이야기를 말했다.

"거기에는 새벽 5시부터 일어나 나를 위해 기도해 주시는 크리스천 환자, 내가 존경하는 친구가 여럿이 있는데, 그중의 한 사람이 발에 크게 붕대를 감고 있습니다.

"어떻게 된 일이예요?"

"선생님, 어제 큰 못을 밟았어요"

"아이쿠, 큰일났군요. 많이 아프시지요?"

"선생님, 저는 나병환자입니다. 못을 밟아도 아프지 않으니 큰 상처를 입게 됩니다."

나는 깜짝 놀랐습니다. 통증의 감각이 없다는 것은 우리들에게 무서운 일이었던 것입니다.

아들의 구원을 위해

내가 금식하며 베옷을 입고 재를 덮어쓰고 주 하나님께 기도하며 간구하기를 결심하고

다니엘 9:3

캐나다에서 있었던 이야기이다. 아들을 위해 어머니가 22일이나 금식하고 기도한 결과, 극악한 인간이었던 아들이 구원받고 나중에는 목사가 되었다.

금식기도 중인 어머니는 모르고 있었지만, 그때에 아들은 뉴욕의 교도소에 수감되어 있어서 캐나다로 송환되는 시기를 기다리고 있던 중이었다. 캐나다에서 미국으로 도주한 그에게는 이미 종신형이 확정되어 있었다.

그러한 중에서 그는 교도소에서 받은 성경을 읽으며, 예수를 믿고 열심히 기도하는 변화가 일어나고 있었다. 그리고 기도하는 중에 나타난 많은 죄악을 하나하나 재판관 앞에서 고백하고 하나님이 그의 마음속에 무엇을 보여 주셨는가를 고백하는 편지를 캐나다 정부에 써서 보냈다.

그 결과, 생각하지도 않았던 일이 일어났다. 캐나다 정부는 그의 죄를 용서해 주었던 것이다. 그래서 뉴욕 재판소는 그를 무죄 석방했다.

네가 네 하나님 여호와의 말씀을 삼가 듣고 내가 오늘 네게 명령하는 그의 모든 명령을 지켜 행하면 네 하나님 여호와께서 너를 세계 모든 민족 위에 뛰어나게 하실 것이라

신명기 28:1

8월

이달의 기도 제목

얼굴에 책임져라

사람의 지혜는 그의 얼굴에 광채가 나게 하나니 그의 얼굴의 사나운 것이 변하느
니라

전도서 8:1

에이브러햄 링컨은 어느 날, 친구가 강력하게 추천한 인물을 각
료(閣僚)로 채용하지 않았다.

〈그 사람의 얼굴을 좋아하지 않는다〉는 것이 이유였다.

"그것은 가혹하지 않느냐? 그는 얼굴에 책임은 없다." 하고 친
구는 링컨을 나무랐다. 그러자 링컨은 딱 잘라 말했다.

"아닐세! 40세 이상이 되었으면, 자기 얼굴에 책임을 져야 한다
네."

성령을 슬프게 하는 일들

하나님의 성령을 근심하게 하지 말라 그 안에서 너희가 구원의 날까지 인치심을 받았느니라

에베소서 4:30

영국의 뛰어난 강론(설교)자, 문서 전도자이며, 신학교, 고아원, 노인 홈(Home) 등의 설립 등 다방면으로 활동한 스폴존 목사는 성령을 슬프게 하는 것으로 8가지를 들었다.

1. 모든 육(肉)에 속한 더러운 말과 행동
2. 모든 독언(毒言), 분(憤)함 노(怒)함, 소동(騷動), 비방, 악의(惡意)
3. 세속(世俗)을 사랑하는 일
4. 불신앙(不信仰)
5. 은혜를 잊음, 배은망덕(背恩忘德)
6. 교만(驕慢)
7. 기도를 게을리함
8. 기타, 무엇이든지 죄인 것을 알고도 행하는 일

주의 말씀은 진리이다

주의 말씀의 강령은 진리이오니 주의 의로운 모든 규례들은 영원하리이다
시편 119:160

어떤 메이저 신문사의 주필(主筆)이 책상의 두 서랍을 가리키며 말했다.

"이쪽 서랍에는 성경이 있고, 저쪽 서랍에는 타이프라이터가 있습니다. 만약 내 쓴 논설의 내용이 성경 말씀과 일치하면 그 논설은 언제까지나 남아 있습니다. 만약 성경과 일치하지 않으면 멸망해 버립니다."

실망

너희는 말세에 나타내기로 예비하신 구원을 얻기 위하여 믿음으로 말미암아 하나님의 능력으로 보호하심을 받았느니라 그러므로 너희가 이제 여러 가지 시험으로 말미암아 잠깐 근심하게 되지 않을 수 없으나 오히려 크게 기뻐하는도다 너희 믿음의 확실함은 불로 연단하여도 없어질 금보다 더 귀하여 예수 그리스도께서 나타나실 때에 칭찬과 영광과 존귀를 얻게 할 것이니라

베드로전서 1:5~7

독일의 종교개혁자 마르틴 루터는 어느 날, 매우 실망하여 머리를 쥐어 싸고 방 안에서 고민하고 있었다. 이것을 본 그의 아내는 장례식에만 입는 검은 옷을 입고 루터의 곁에 섰다.

"누군가 죽었어요? 장례식에 나가는 거예요?"

"하나님이 돌아가셨어요."

"바보 같은 소리… 하나님이 돌아가실 일이 있겠어요?"

"만약 하나님이 돌아가시지 않고 확실히 살아 계신다면, 그 살아 계시는 하나님을 의지하는 당신이 어째서 그렇게 실망하고 있는 건가요?"

그 말을 듣고 루터는 하나님께 대한 신뢰가 불철저함을 하나님께 회개하고, 힘을 도로 찾았다.

부흥

너희 여호와로 기억하시게 하는 자들아 너희는 쉬지 말며 또 여호와께서 예루살렘
을 세워 세상에서 찬송을 받게 하시기까지 그로 쉬지 못하시게 하라

이사야 62:6~7

1800년대 미국의 리바이벌(revival) 지도자 차알스 휘니이는 겨울
철 마다 14회나 계속해서 리바이벌을 경험한 교회의 비결을 알고
싶다고 소원하고 있었다.

그러던 어느 날, 그 교회에서 간증을 듣고 알게 되었다. 한 청년
이 일어서더니,

"여러분, 나는 오랫동안 매주 토요일에는 한밤중에까지 성령이
우리에게 내리도록 기도하기로 했었습니다. 그런데…" 하며 울면
서 "…여러분 나는 이 2, 3주간 그것을 게을리하고 있었다는 것
을 고백합니다." 라고 말했기 때문이다.

한 사람의 크리스천의 숨은 기도가 리바이벌의 원인이었던 것
이다.

환난이 많을 때

너희가 환난을 당하나 담대하라 내가 세상을 이기었노라

요한복음 16:33

청교도인 토드는 신앙 때문에 일어나는 여러 가지 환난에 시달리고 있었다. 그러자 그의 친척인 그린햄이 위로하여 말했다.

"내 아들아, 괴로움이 많은 때에는 죄를 범하는 일은 적다. 인내하여라."

영적 싸움

끝으로 너희가 주 안에서와 그 힘의 능력으로 강건하여지고

에베소서 6:10

　중국에서는 공산당 정권의 지배하에 〈삼자애국교회(三自愛國敎會)〉가 있는데, 거기에 참가하지 않고 예수 그리스도를 머리로 삼는 〈가정교회(家庭敎會)〉가 전국적으로 존재한다. 각지에서 숨어서 지내는 〈가정교회〉의 신자는 점점 증가하는 추세인데 현재로는 5만 명 이상이라고 보도되고 있다. 이것은 정부의 박해에도 불구하고 놀라운 현상이다.

　미국의 크리스천들이 그 과혹(過酷)한 박해를 알고 암네스티와 같은 세계인권단체에 항의해 줄 것을 요청하기 위해, 수만 명의 서명을 모았다. 이것을 안 〈가정교회〉의 리더는 그 항의의 계획을 멈추게 했다.

　"여러분들이 그와 같이 심려를 해 주시는 것을 진심으로 감사합니다. 왜냐하면, 우리들이 지금 살아 있다는 것, 지금 선교를 하고 있는 일은 전적으로 영적 싸움입니다. 정치적인 문제가 아닙니다. 그러니 여러분의 호의는 감사합니다만, 아무쪼록 그렇게 하지 말아 주십시오."

　그들은 〈주 예수 안에서 경건하게 살려고 원하는 자는 모두 박해를 받는다 디모데후서 3:12〉라는 말씀을 현실적인 말씀으로 받아들이고, 영적 싸움을 하고 있는 것입니다.

240

악습관에서의 해방

--- 오줌싸개

오라 우리가 여호와께 노래하며 우리의 구원의 반석을 향하여 즐거이 외치자 우리
가 감사함으로 그 앞에 나아가며 시로 지어 즐거이 그를 노래하자 여호와는 크신
하나님이시요 모든 신들보다 크신 왕이시기 때문이다

시편 95:1~3

미국인 목사의 가정에서 남모르는 고민이 있었다. 두 아이의 오
줌싸개의 버릇이 고쳐지지 않기 때문이다. 모친은 아이들의 정서
를 안정시키기 위해 침대를 바꿔 보기도 하고 의사와 상담하여
치료까지 받게 했다. 그래도 도무지 낫지 않아 어쩔 줄 모르고
있었다. 어느 날 〈그런 일에 조차도 모두 감사하라〉고 하는 『찬
미의 힘』이라는 책에서 교훈을 받았다. 그러나 그들은 이런 난처
한 일까지 감사해야 할 일이라고는 생각하지 못했다. "그러나
할 수 있는 일은 다했고 게다가 성경도 〈범사에 감사하라 데살로니
가서 5:18〉고 가르치고 있으니 하나님께 감사해 보자."

아이들에게는 말하지 않고 감사하기를 시작해 보니, 아이들에
게 변화가 일어났다. 이에 대해 그들이 놀라면서 이렇게 말했다.

"하나님께 아들에 대해 많은 기도를 했고 최선을 다해 왔는데
하나님께 요구하는 것만으로는 불가능했던 것 같아요."

성과를 얻는 비결

네 길을 여호와께 맡기라 그를 의지하면 그가 이루시고

시편 37:5

윌리엄 제스프는 50년간 선교사로 시리아에서 전도하고 있었는데, 사람들을 그리스도에게로 인도하지 못해서 절망하고 있었다. 그는 사람들을 예수 그리스도에게 인도하지 못하는 원인이 자기에게 있다고 생각하여 성경 말씀을 읽고 이 문제를 해결하려고 생각했다. 그는 여리고의 함락에 관해서 읽었다. 여리고성은 하나님께서 함락시킨 것이기 때문에 아무도 자랑하지 못함을 깨달았다. 그는 지금까지 자기 힘에 의해 노력해 왔던 것이다. 하나님께서 역사하시는 장소를 드리지 않았음을 깨달아 알았다.

이 진리를 깨달았을 때에, 그는 종이에 그가 주님께 인도하고자 하는 11사람의 이름을 기도하는 중에 하나님께 가져가서 그들을 구원해 주시기를 간구했다. 또한 하나님께서 제스프를 필요로 하신다면 써 주시기를 구했다. 수일이 지나서 한 사람의 청년이 죄책감에 사로잡혀 구원을 받았다. 이렇게 하여 3주일 동안에 모두 구원받게 되었다.

"나는 남은 생애를 지금까지와는 다른 선교사가 되어 노력하겠습니다. 영혼을 인도하기 위해 일하시는 분은 내 안에 계시는 하나님이라는 것을 알았기 때문입니다."

적(敵)을 용서하라

눈은 눈으로, 이는 이로 갚으라 하였다는 것을 너희가 들었으나 나는 너희에게 이르노니 악한 자를 대적하지 말라 누구든지 네 오른편 뺨을 치거든 왼편도 돌려 대며
마태복음 5:38~39

영국의 전도자 빌리 블레이는 전에 권투 선수였다. 어느 날, 이전에 아주 무참히 때려눕혔던 적이 있는 상대편 권투 선수를 길거리에서 만났다. 빌리가 크리스천이 되었다는 소식을 듣고 알고 있었던 상대편 복서는, 이때야말로 원수를 갚을 때라 하여, 인사를 하려고 멈추어 선 빌리에게 갑자기 펀치를 한 방 먹였다. 크리스천이 되기 전의 그라면 당장 반격하여 상대방에게 10배나 되는 펀치를 먹였겠지만, 그때 그에게서 나온 것은 손이 아니었고 "나는 당신을 용서합니다. 하나님도 당신을 용서하소서." 라는 말이었다.

상대편 복서는 "오늘은 기분이 좋았다."고 생각하는 한편, 빌리의 말이 마음에 걸렸다. 잊으려고 해도 더욱더 강하게 다가오는 것이었다. 그다음 날에도 다음 날에도 머리에서 떠나지 않았다. 그래서 결국은 그도 교회로 발걸음을 옮겨 죄를 회개하고 크리스천이 되었다.

하나님께만 영광을

살든지 죽든지 내 몸에서 그리스도가 존귀하게 되게 하려 하나니

빌립보서 1:20

플로렌스 나이팅게일은 17세 때에 사람들에게 봉사하려고 하나님의 소명을 받아 간호사가 되었다. 그녀는 이윽고 런던의 사립병원의 감독이 되었다. 1853년 크리미야 반도에서 전쟁이 시작되어 러시아가 터키에 침략해 왔다. 전쟁은 장기화되고 많은 희생자가 생겼다.

이 참상을 보고 크게 충격을 받은 나이팅게일은 간호사 38명을 이끌고 전장(戰場)에 나아가, 군대의 방해가 된다며 냉대받으면서도 야전병원을 개혁하고, 부상병을 위해 죽음을 무릅쓰고 주야로 간호를 했다. 그래서 그녀가 왔다는 것을 알면 어느 야전병원에서나 병사들이 안심을 했다.

전후(戰後)에 귀국하자, 신문사 등에서 사진을 촬영하게 해 달라는 요청이 쇄도했으나 그녀는 언제나 정중히 사절했다. "내가 한 일로 내가 칭찬받을 일은 아무것도 없습니다. 모든 것은 나를 보내 주신 예수님이 영광을 받으셔야 합니다." 그리하여 그녀는 자기가 칭찬받을 것을 극력 회피했다.

문서 전도

그들의 수고가 헛되지 않겠고

이사야 65:23

어느 날, 영국에서 어떤 여성이 기독교의 소책자를 길에다 떨어뜨려 버렸다. 그것을 백스터란 청년이 주워서 읽고, 예수 그리스도를 구주로 믿었다.

그는 그 후 『불신자에게 보내는 경고』라는 책을 썼다. 이 책을 읽고 많은 사람이 회개했다. 그 사람 중에 도드릿지라는 사람이 있었다. 그는 후에 찬송가 작사자, 목사가 되었고 또한 『종교의 발흥 및 발전』이라는 책도 썼다.

이 책을 읽고 구원받은 사람들 중에 정치가인 윌버포스가 있었다. 그는 기독교정신으로 일생을 보내기로 결심하고 복지사업을 위해 노력했다. 특히 노예폐지를 위해 힘썼다. 그리고 그도 『실제적인 기독교관』이란 책을 저술했다.

윌버포스의 책을 읽고 많은 사람이 신앙의 길로 들어갔는데, 그 중에 릿지몬드라는 사람이 있었다. 그는 『우유 점포의 아가씨』라는 책을 썼는데, 이것이 또 많은 사람들에게 하나님 안에 있는 기쁨을 나누어 주었다.

성공과 신앙

사람이 만일 온 천하를 얻고도 제 목숨을 잃으면 무엇이 유익하리요 사람이 무엇을 주고 제 목숨을 바꾸겠느냐

마태복음 16:26

〈스웨덴의 꾀꼬리〉라고 알려졌던 가수 제니 린도는 젊어서 은퇴해 버렸다. 어느 날, 바닷가에 앉아서 성경을 읽고 있었는데 그녀의 아름다운 목소리를 깊이 찬미하고 있었던 어떤 사람이 그녀를 발견하고 와서 물었다.

"당신이 성공의 절정에서 무대를 떠난 것은 무슨 사연이 있었던 것입니까?"

그녀는 성경 위에 손을 얹으며 밝은 미소 띤 얼굴로 대답했다.

"어찌 무대를 떠나지 않겠어요? 날마다 성경(하나님)을 생각하는 일이 적어져 가니까요!"

순교

바울이 대답하되 여러분이 어찌하여 울어 내 마음을 상하게 하느냐 나는 주 예수
의 이름을 위하여 결박 당할 뿐 아니라 예루살렘에서 죽을 것도 각오하였노라 하니

사도행전 21:13

독일의 루터파 교회의 목사 디히트리히 본헤퍼는, 미국 유학 중
에 히틀러가 정권을 잡았다는 것을 알고, 라디오를 통하여 나치
스 정권이 독일 국민을 오도하는 것이라는 것을 날카롭게 비판
했다. 그 때문에 독일에 귀국하자 비밀경찰이 설교와 베를린에 들
어오는 것을 금지했다.

1939년 7월에 그는 초청되어 미국에 건너갔는데, 그는 이 망명
의 기회를 단념하고 〈독일 국민과 고난을 같이〉하고자 개전(開戰)
전의 독일에 돌아가려고 런던까지 왔다. 출발의 날에 독일 교회
의 리이거 목사가 돌연히 그를 찾아와서 나치스 정권하에 독일
교회의 슬픈 소식을 전했다.

그로부터 3년이 지난 대전(大戰) 중인 1943년 4월, 본헤퍼는 비밀
경찰에 체포되었다. 2년 동안 수용소 생활을 하다가 나치스 정
권 붕괴 직전 프로센부르그에서 그는 처형당했다. 본헤퍼가 39
세 때였다.

버리고 간 자가 받은 보응

귀를 막고 가난한 자가 부르짖는 소리를 듣지 아니하면 자기가 부르짖을 때에도
들을 자가 없으리라

잠언 21:13

<일본어 성경: 의지할 곳 없는 자의 외치는 소리에 귀를 닫는 자는 자기가 부를 때
에 답할 자가 없다>

인도의 전도자 산다 싱이 티베트 전도 중에 눈 오는 산중에서
눈보라를 만나, 매우 위험한 상태에 놓였다. 조금 전진하다 보니
인기척이 나서 그쪽으로 갔더니, 반쯤 의식을 잃고 넘어져 있는
사나이 곁에 그와 함께한 자가 서 있었다. 싱은 둘이서 어깨에 메
고 마을까지 내려가자고 제안했으나, 상대방 사나이는 "그런 일
을 하면 제 목숨이 위험해진다."면서 자기 혼자 먼저 내려가 버
렸다.

눈바람이 점점 세차게 불어오는 중에서 싱은 무거운 사나이를
어깨에 메고 무릎까지 오는 눈 속을 필사적으로 일보일보 걸어
갔다. 외기(外氣)의 추위에도 불구하고 몸에서 땀이 솟아나와 그
온기 때문에 동사촌전(凍死寸前)의 사나이는 의식을 되찾았다. 그와
동시에 싱 자신도 체온 저하에서 보호를 받았다.

그들이 마을 가까이 왔을 때에, 거기에 먼저 내려간 사나이가
동사(凍死)하고 있었다. 그 사나이야말로 동료를 내버리고 혼자
떠났던 자였다.

중상

부당하게 고난을 받아도 하나님을 생각함으로 슬픔을 참으면 이는 아름다우나
베드로전서 2:19

어떤 크리스천이 목사에게 와서 괴로움을 호소했다. 그의 동료가 최근에 냉정해지고 게다가 있지도 않은 사실을 퍼뜨리며 자기를 중상^(中傷)하고 있다고 말했다. 잠시 동안 가만히 이야기를 듣고 있던 목사가 깊이 동정하면서 말했다.

"형제여, 자네가 말하는 것은 사실입니다. 자네에게는 그것이 부당하고 분노가 되고 고민거리가 되어 있는데, 그러나 그것에는 별도의 깊은 의미가 있다고 생각됩니다. 즉, 중상을 받으며, 있지도 않은 소문을 퍼뜨리는 것을 하나님께서 허락하신 것은 자네의 명예보다 귀중한 것, 즉 〈남^(他)에게서 무슨 말을 들어도 결코 변명하지 않는다. 화를 내지 않는다. 원한을 갖지 않는다〉고 하는 〈지금까지 배운 일이 없는 학과^(學課)를 배우게 하시는 것〉입니다. 하나님은 어떤 때에는 그러한 이유로, 부당한 취급을 당하는 것도 허락하십니다."

죄인을 미혹된 길에서 돌아서게 하라

내 형제들아 너희 중에 미혹되어 진리를 떠난 자를 누가 돌아서게 하면 너희가 알 것은 죄인을 미혹된 길에서 돌아서게 하는 자가 그의 영혼을 사망에서 구원할 것이며 허다한 죄를 덮을 것임이라

야고보서 5:19~20

자유분방하게 살아온 어떤 귀족이 임종할 때가 가까워 오는 때에 곁에 모시고 선 목사에게 가냘픈 목소리로 말했다.

"당신은 꽤 오랫동안 우리 집에 출입했는데 단 한 번도 나에게 〈죄를 회개하라〉고 충고하지 않았군요." "예, 저는 당신께서 너무나 친절히 해 주시기 때문에 당신의 기분에 거슬리게 하는 말을 꺼내지 못했습니다."라고 송구스럽게 여기면서 변명했다. 그러자 늙은 귀족은 깊은 탄식을 하면서 "그렇게도 불충실한 종이여!" 하며 숨을 거두었다.

나는 모른 척 못한다

건강한 자에게는 의사가 쓸 데 없고 병든 자에게라야 쓸 데 있느니라

마태복음 9:12

구세군의 어머니라 일컫는 캐서린 부스 부인이 아직 12세 때의 일이다. 어느 날, 술취해 폭력을 휘두른 남자가 잡혀서 경찰에 연행되는 것을 보고, 많은 사람들이 욕설을 하고 있었다. 그것을 본 그녀는 매우 불쌍하게 여겼다.

"나는 아무것도 할 수 없지만… 설령 이 넓은 천지간에 나 혼자뿐일지라도, 아직 이 사람을 버리지 않는 자가 있다는 것을 알려 주어야 하겠다."고 생각한 캐서린은 곧장 가까이 다가가서 왼쪽에는 경찰관, 오른쪽에는 그녀가 붙어 서서, 그 남자를 경찰서까지 데려다 주었다.

8월 19일

설사 이연(離緣)당해도

내 이름을 위하여 집이나 형제나 자매나 부모나 자식이나 전토를 버린 자마다 여러 배를 받고 또 영생을 상속하리라

마태복음 19:29

쿠시베 수수무(櫛部漸)는 이요번(伊予蕃)의 한방의(漢方醫) 수수미무라(進村) 가문의 양자(養子) 사위가 된 후, 신의학(新醫學)을 배우기 위해 요코하마에 가서 〈바라 숙(塾)〉에 들어갔다. 배우는 동안에 기독교를 받아들여 여덟 사람의 청년들과 함께 세례를 받고 일본기독교회를 설립하기에 이르렀다. 그때가 1872년 3월 10일이었다.

그해의 연말에 아내가 위독해져서 서둘러 귀가했으나 아내는 이미 사망했었다. 장례식 문제로 그가 기독교인이 된 것을 알게 되자, 장인(丈人)은 화를 내어 "예수를 버리든지, 아니면 이 집에서 나가라."고 협박했다. 그래서 지금은 양부모와 타협하며 형편을 살펴보자 하고, 장로인 오가와 요시야수(小川義綏)에게 "잠시 동안 부모님의 말씀을 들으려고 합니다. 교회에서 제적(除籍)해 주세요."라고 편지를 보냈다. 답장은 매우 엄격했다. 〈아비나 어미를 나보다 더 사랑하는 자는 내게 합당치 아니하고 아들이나 딸을 나보다 더 사랑하는 자도 내게 합당치 아니하고, 또 자기 십자가를 지고 나를 좇지 않는 자도 내게 합당치 아니하니라 마태복음 10:37~38)라고 했다.

쿠시베는 이 말씀에 순종하기를 결심하고 어디까지나 신앙을 관철할 각오임을 양부모에게 고하고 이연장(離緣狀)을 받았다. 요코하마(橫濱)에 나온 그는 폴르스 의사 밑에서 일하면서, 얼마 후에 개업의가 되고 근대 의료의 발전에 이바지했다.

어머니의 유언

네가 네 하나님 여호와의 말씀을 삼가 듣고 내가 오늘 네게 명령하는 그의 모든 명령을 지켜 행하면 네 하나님 여호와께서 너를 세계 모든 민족 위에 뛰어나게 하실 것이라

신명기 28:1

에이브러햄 링컨이 아직 어렸을 때의 일이다. 그의 집은 가난하여 작은 통나무집에 살고 있었고, 입은 옷은 누더기 같았다. 그러나 그의 어머니 낸시는 그러한 가난에 지지 않았고, 인간에게 가장 필요한 것은 물질이 아니라는 것을 어린 딸과 아들에게 가르쳤다.

링컨이 10세 때에 사랑하는 어머니가 말라리아에 걸려 버렸다. 그녀는 드디어 하나님께서 부르심을 받는 때가 왔다는 것을 깨닫고 머리맡에 링컨과 딸을 불렀다. 병들어 야윈 손으로 링컨의 손을 잡고 머리를 쓰다듬으면서 신앙심이 강한 어머니는 말했다.

"네가 지금부터 가장 귀중하게 여기고 또한 실천해야 할 일이 있다. 그것은 성경 말씀이며 어머니의 소원이기도 하다. 하나님을 믿어라. 그리고 정직하게 살아라. 아버지를 돕고, 누나와는 사이 좋게 하고 이웃 사람들을 사랑해라."

어머니는 이것을 유언으로 소천되었다.

아들의 구원

내가 네 기도를 들었고 네 눈물을 보았노라 내가 너를 낫게 하리니

열왕기하 20:5

북아프리카의 타가스테라는 마을에서 출생한 아우구스티누스는 카르타고에서 유학 중에 방탕삼매(放蕩三昧)의 생활을 보내고 있었다. 그의 모친 모니카는 걱정으로 가만히 있을 수 없어 찾아갔더니 아들은 이미 멀리 로마로 떠난 뒤였다. 로마는 더 심하게 타락한 도시였기 때문에 모친 모니카의 마음은 더더욱 슬픔을 더해 갔다. 아들 때문에 또 바다를 건너서 물어물어 찾아온 곳이 밀라노였는데, 그 땅의 주교(主敎) 암브로시우스를 만났다. 그녀는 울면서 아들의 구원을 호소했다. 암브로시우스는 "눈물의 아들은 결코 멸망하지 않습니다."라고 위로해 주었다.

얼마 후, 어머니의 눈물의 기도는 기쁨으로 변했다. 아우구스티누스는 밀라노에서 회심(回心)했다. 그의 나이 32세였다. 그 이후에 그는 고향 근처 힙포의 주교가 되고, 서방 교회 최대의 교부로서 존경을 받았다.

지금 할 수 있는 것을 가지고 전도를

주의 소식을 받지 못한 자들이 볼 것이요 듣지 못한 자들이 깨달으리라

로마서 15:21

카도마시(門眞市)에 살고 있는 함석 직공인 야마모토 키요시(山本清) 씨는 셔츠에 성구(聖句)를 써서 입고 있다. 요즘에는 셔츠에 여러 가지 문구를 쓴 것을 입고 있지만 1970년대에는 그런 짓을 하는 사람은 없었다.

"말주변이 없는 나도 복음을 전파해야 한다는 생각에 셔츠를 살 때마다 인간을 구원하는 하나님 말씀을 여러 가지로 써서 봄부터 여름까지, 그것을 입고 있습니다. 아침마다 〈성구가 누군가의 눈에 띄어서 구원으로 인도되도록… 이런 흙의 그릇이지만 하나님께서 쓰시옵소서〉 기도하고, 귀가할 때에도 기도하고 있습니다. 〈형님, 좋은 말씀이 등에 적혀 있네요〉라고 하는 사람도 있고 때로는 큰소리로 웃는 사람도 있습니다. 그러나 웃든지 조롱당하든지 간에, 평생에 한 번이라도 좋으니 한 사람이라도 구원받는 계기가 되었으면 하고 기도하고 있습니다. 당신은 용기가 있다고 말하지만 그렇지 않습니다. 나는 연약한 인간이지만 어쩌다가 한 장의 광고지로 인해 교회로 인도되어 이와 같이 나의 인생이 바뀌게 되었고, 청년 시절로부터 오늘날까지 인도해 주신 하나님의 사랑을 생각할 때, 가만히 있을 수가 없습니다."

8월 23일

공포 속에서 1
-격려

마음이 약한 자들을 격려하고 힘이 없는 자들을 붙들어 주며
데살로니가전서 5:14

　1954년 9월 26일. 태풍 15호는 북해도로 향해 진로를 돌렸다. 출항 시간이 된 세이캉(青函) 연락선(連絡船) 토오야 마루(洞爺丸)는 풍파가 점점 격렬해지는 가운데에서 출항할까 말까 망설이고 있었다. 그러나 풍파가 심해졌다는 것은 누구나 다 알 수 있었다. 이제는 항내(港內)에 정박하고 있으면 도리어 높은 파도로 인해 위험하다는 것을 알았다. 토오야 마루는 항구 밖으로 나가려고 출항했다. 태풍은 뜻밖에 매우 강했다. 배는 진퇴양난(進退兩難), 위험한 상태에 놓였다. 하는 수 없어 배는 닻을 내렸다.

　10시 30분, 돌연히 "구명대(救命帶)를 착용하라."고 방송을 시작했다. 불안이 공포로 바뀌고 선내(船內)는 소연(騷然)해졌다. 그런 가운데에서 세 명의 선교사가 열심히 부인들이나 아이들에게 구명구(救命具)를 붙여 주었다. 울부짖는 아이들은 아무도 돌보는 사람이 없었다. 선교사들은 그들에게 웃는 얼굴로 "구명구를 붙이면 안전해요." 라고 사람들은 격려하며 돌아다녔다.

공포 속에서 2
―구속

인자가 온 것은 섬김을 받으려 함이 아니라 도리어 섬기려 하고 자기 목숨을 많은 사람의 대속물로 주려 함이니라

마가복음 10:45

　태풍으로 침몰 직전의 토오야 마루에는 구명구가 전원에게 돌아갈 수 없다는 것을 안 선교사들은 구명구가 없어 새파랗게 질려 있는 청년 남녀들에게 자기들의 구명구를 벗어 주었다. "지금 일본에는 당신들이 필요하다."고 말하면서….

　그러던 중, 갑자기 배가 전복(顚覆)되었다. 두 사람의 선교사들은 구명구를 붙이고 있었으면 살았을 것을, 남들의 생명을 구하는 일에 열심이었던 그들은 파도 속으로 사라져 버렸다. 스톤 목사와 리이퍼 목사는 소천되었고, 오오스 목사는 해변에 떠밀려서 기적적으로 살아났다. 그리고 그는 자기희생의 사랑을 간증하는 사람으로 살아난 것이었다.

257

악령의 침입을 허락하지 말라

근신하라 깨어라 너희 대적 마귀가 우는 사자 같이 두루 다니며 삼킬 자를 찾나
니 너희는 믿음을 굳건하게 하여 그를 대적하라 이는 세상에 있는 너희 형제들도 동
일한 고난을 당하는 줄을 앎이라

베드로전서 5:8~9

한국의 기독교는 악령과의 싸움이라고도 한다. 오랜 세월 악령
과의 싸움에서 승리해 온 최자실(崔子實) 목사는 이렇게 말한다.

"〈사자(死者)의 영은 결코 이 세상에 나올 수 없습니다 누가복음
16:19-31/계시록 20:13-15〉 나온 것처럼 보이게 하는 것은 생전에 그 사람
에게 붙어 있던 악령이며, 자기가 깃들어 있을 장소를 잃었기 때
문에 다음에 들어가야 할 육체를 찾아 헤매고 있는 것입니다. 일
본에서는 8월 15일을 본(盆)이라 하면서, 사자의 영혼을 마중한다
고 〈마중 불(迎火)〉을 땔 때는 습관이 있으며, 또한 묘전(墓前)에서 눈물
을 흘리며 고인을 추모하는 습관은 개인의 자유라 하겠지만, 그
러한 일은 악령들에게 〈어서 들어오시오〉 하고 마음을 열어 주는
것이나 같은 일입니다. 따라서 마음을 언제까지나 죽은 사람에
게서 떠나게 하지 못하는 〈혈연(血緣)이 가까운 사이일수록 악령은
들어가기가 쉬운 것입니다. 성경이 우상에게 바친 공물(供物)을 먹
는 일이나, 주술(呪術), 영매(靈媒) 등을 금지하고 있는 것은 당연합
니다. 레위기 19:31, 고린도전서 8:7) 그것은 고인의 영이 아니라 악마의 영을
불러들이는 결과가 되기 때문입니다."

악령으로부터의 해방

믿는 자들에게는 이런 표적이 따르리니 곧 그들이 내 이름으로 귀신을 쫓아내며
마가복음 16:17

어떤 명사의 딸은 양친이나 형제들에게 사랑을 받으면서 자라
났다. 그런데 모친이 급사하고 계모로 바뀌게 되자, 큰 쇼크를
받아 미쳐 버렸다. 때때로 광포(狂暴)를 행하기 때문에 가족들은
그녀를 지하실에 가두어 버렸다.

어느 날, 그녀는 자물쇠를 부수고 밖으로 나와 지붕에 올라갔
다. 상반신이 나체(裸體)가 되어 기와를 이쪽 저쪽으로 던지기 시작
했다. 큰 소동이 일어났으나 누구 하나 잡을 수가 없었다. 이 소
동으로 최자실 목사가 집밖으로 나가 보니, 누군가가 큰 소리로
외쳤다. "최 목사님, 큰일났습니다. 저 아가씨를 잡아 주세요!"

최 목사는 큰 소리로 "주 예수의 이름으로 악령아 포박(捕縛)되
어라. 주 예수의 이름으로 명한다. 악령아 나가라!" 하고 외쳤다.
그러자 딸은 조용해지고 오빠가 잡아서 밑으로 내려왔다. 딸은
교회로 데려가서 찬미와 기도의 3일간을 지내고 나니, 완전히 치
유되었다.

시련은 하나님의 영광이 나타날 때

형제들아 내가 당한 일이 도리어 복음 진보에 진전이 된 줄을 너희가 알기를 원하노라

빌립보서 1:12

영국 브라이튼의 무운 박사는 시력을 잃었을 때, "주여, 나는 이 맹목(盲目)의 선물을 당신에게서 받습니다. 아무쪼록 당신의 영광을 위해 이것을 쓸 수 있게 해 주소서. 그리고 당신이 다시 오실 때에는 당신 자신의 눈을 보답으로 주소서." 라고 기도했다.

기도에 응답하시는 하나님은 그를 도우셔서, 눈이 부자유한 사람을 위해 무운식(式) 점자 알파벳를 발명하게 하셨다. 그로 인해서 많은 사람들이 성경 말씀을 읽을 수 있게 되었다. 그 결과, 수많은 맹인들이 마음의 눈에 구원의 빛을 넣어 주셔서 희망을 가지고 인생을 걸어가기 시작할 수 있게 된 것이다.

뜻하지 않는 곳에서 성경이 작용 1

…자살을 멈춤

내가 이것을 너희에게 씀은 너희로 죄를 범하지 않게 하려 함이라

요한1서 2:1

일본 아와지(淡路)란 곳에 사는 오오에 키요수케(大江淸助)는 마을에서 아주 싫어하는 사람이었다. 교활해서 경찰에 잡혀 들어가도 곧 풀려 나와서는 "골통이 한 숟가락만 되어도 법률을 빠져나올 수 있다."고 하면서 큰 소리를 치고 있었다. 셋째 아이가 생겼을 때, 산후조리가 좋지 않아 아내가 죽었다. 아무도 후처(後妻)로 올 사람이 없었다. 그에게는 초등학교 2학년의 딸을 비롯하여 5세와 갓난아기가 있었다. 그래서 고기잡이도 나갈 수 없었다. 아무리 뱃장이 센 키요수케도 힘이 빠져, 마침내 자살을 기도했다. 잠자는 아이들에게 식칼을 들이대니까 "아이고 무서워!" 하며 소리를 쳤다. 잘 들여다보니 잠꼬대하는 것 같아서 또 칼을 들어올리니 또 "무서워!" 하며 소리쳤다.

그래서 단념하고 꿍하고 방바닥에 댓자로 드러누웠더니 그 진동(振動)으로 선반에서 한 권의 책이 머리 위에 떨어졌다. "이것이 뭐냐?" 하고 책을 펴 보니 〈하늘의 새를 보라…〉고 씌어 있었다. 이전(以前)에 성경 판매원이 팔고 간 신약성경이었다. 그는 그날 밤에 이 성경 말씀이 머리에서 떠나지 않아 다시는 자살할 생각을 하지 않았다.

뜻하지 않는 곳에서 성경이 작용 2

— 회심(回心)

너희 염려를 다 주께 맡기라 이는 그가 너희를 돌보심이라

베드로전서 5:7

마을 사람들이 싫어하는 사람인 키요스케의 눈에 띈 성경 말씀은 다음 날에도 잊혀지지 않을 뿐 아니라 더욱더 마음에 걸렸다. 그래서 그는 이웃 마을의 교회에 오노다(小野田) 목사를 찾아가서 그 의미를 물어봤다.

"그다음이 중요합니다. 〈공중의 새를 보라 심지도 않고 거두지도 않고 창고에 모아들이지도 아니하되 너희 하늘 아버지께서 기르시나니 너희는 이것들보다 귀하지 아니하냐 마태복음 6:26〉라고 씌어 있는데 당신은 참새보다 낫지 않아요?"

"그래요. 아무리 나쁜 사람이라도 참새보다는 낫지요."

"그렇다면, 하나님께서는 당신을 걱정하십니다. 마음을 바꾸어서 용서를 비세요."

그래서 그는 마음을 바꾸어서 깊이 회개했다. 다음 날부터 키요수케는 열심히 일하기 시작했다. 집안 일 걱정거리는 하나님께 맡겼기 때문에 마음껏 일할 수 있었다. 나중에는 마을 사람들이 "키요수케가 없으면 마을 일이 되지 않는다."고 말할 만큼 착실한 사람이 되었다.

헌신

지금부터 약 200년 전 독일의 뒤셀도르프 미술관에서 한 청년 귀족이 그리스도의 그림 앞에 오자, 서서 움직이지 않았다. 그림 제목을 보니까 라틴어로 〈나는 너를 위해 이렇게 했다. 너는 나를 위해 무엇을 했느냐〉라고 씌어 있었다. 이 말을 몇 번이나 입 속으로 되풀이하며 음미하고 있던 그의 눈에서는 눈물이 흘렀다. 얼마나 그 자리에 있었던지 관리인이 와서 문 닫을 시간이 되었다는 것을 알려 주었다.

그는 지금 이후의 생애를 그리스도를 위해 바치겠다고 결심하고 화려한 사교계와, 인연을 끊고 성경에 기록된 하나님의 뜻을 찾아 나섰다. 그가 나중에 모라비아형제단(兄弟團)의 지도자 친첸도르프 백작이었다. 이후에 그는 보헤미야에서 박해를 받고 작센에 이주해 온 모라비아형제단을 맞아 자기 영지(領地)의 헤른후트에 살게 하고 보호해 주고, 또한 신앙의 지도자로 함께 살았다.

전도의 방해

두 사도를 모욕하며 돌로 치려고 달려드니 그들이 알고 도망하여 … 가서 거기서
복음을 전하니라

사도행전 14:5~7

1958년 1월 7일, 중국 전도를 하고 있던 허드슨 테일러와 번스
는 석강성(浙江省)의 조진(鳥鎭)에서 새로이 전도를 시작했다. 사람
들은 복음에 귀를 잘 기울였으나 소금을 밀수하고 있는 악인들
이 그들을 협박하여 금전을 뺏으려고 했다. 그것을 거부하면 〈복
음선을 파괴하겠다〉고 공갈을 쳤다. 이튿날 새벽 4시에 테일러는
무릎에 격렬한 통증을 느끼고 눈을 떴다. 게다가 폭우가 쏟아져
일행이 예정했던 전도 활동을 못하게 되었다.

그날에 악한들은 폭우 속에서 비를 맞으며 사방팔방을 두루
다니면서 테일러 일행을 찾아다니고 있었다. 전도선(傳道船)에 있으
면서 이런 소식을 들은 테일러는 조진을 떠나는 것이 하나님의
뜻이라는 것을 알고 거기를 떠나 가려고 결심했다.

9월

이달의 기도 제목

인생 개안

내가 주와 또는 선생이 되어 너희 발을 씻었으니 너희도 서로 발을 씻어 주는 것이 옳으니라

요한복음 13:14

1874년(明治 7), 이타가키 타이스케(板垣退助)와 함께 입지사(立志社)를 설립하고 국회개설운동을 시작한 사람으로 카타오카 켄키치(片岡健吉)가 있다. 그는 지세의 경감, 언론집회의 자유, 외교정책의 만회를 주장하는 〈3대 사건 건백(建白)〉을 원로원에 제출한 것으로 1887년(明治 20) 보안조례로 인하여 이시카와 지마(石川島) 감옥에 투옥되었다. 거기서 그는 변소 청소를 하라는 명령을 받았다. 그러나 변소 청소가 불만인 그는 형식적인 청소로 눈속임을 하고 있었다. 감방에서는 신약성경을 읽기 시작해서 요한복음 13장의 〈예수 그리스도가 제자들의 발을 씻기셨다〉는 기사에 그는 눈이 번쩍 열렸다.

〈예수님조차 제자들의 발을 씻기셨다고 한다면 내가 변소 청소하는 것은 아무것도 아니다. 나는 차라리 지금부터 남은 모든 생애를 일본 국민의 더럽혀진 발을 씻기 위해 일해야 할 것이 아닌가?〉라고 반성하고, 인생지침을 얻었다. 그는 예수 그리스도를 구주로 믿었다.

1890년에 그는 염원했던 국회가 개설되고 그는 중의원(衆議院) 의원에 당선된 후, 의장(議長)이 되었다. 이리하여 감옥에서 결심한 국민에게 봉사한다는 목표를 국정의 장에서 이루어 나갔다.

겸허

우리가 약할 때에 너희의 강한 것을 기뻐하고 또 이것을 위하여 구하니 곧 너희가 온전하게 되는 것이라

고린도후서 13:9

약 200년 전에 남이탈리아의 시골에 지주의 아들로 대강론가를 꿈꾸는 마리오와 그의 친구로 가난한 구두 수리공의 아들 앙세르모가 있었다. 마리오는 수도원에 공부하기 위해 들어갔고, 수년 후에 앙세르모도 같은 수도원에 들어가 수종드는 사람이 되어, 가까운 곳에서 그를 위해 기도하고 있었다. 마리오가 사제가 되어 첫 강론을 하는 날이 왔다.

단상의 마리오는 많은 회중들 속에서 기둥 곁에서 열심히 기도하는 앙세르모의 모습을 발견했다. 그의 강론은 많은 사람들에게 큰 감동을 주어서 성공했다. 그리하여 그는 차츰 대강론가로 알려지고 드디어 로마의 성베드로 사원에서 강론하는 영예를 얻었다. 그는 지금까지 해 왔던 대로 자신 있게 강론을 했다. 그러나 그의 명쾌한 강론은 사람들에게 감동을 주지 못했다. 강론은 실패한 것이었다.

그날, 마리오는 앙세르모를 찾았다. 그리고 앙세르모가 그를 생각하면서 소천되었다는 것을 알았다. 수일 후, 그는 묘지에 홀로 앉아서 "앙세르모와 같은 겸허함을 나에게 주소서." 하고 기도하고 있었다.

곤란할 때에

하나님은 우리의 피난처시요 힘이시니 환난 중에 만날 큰 도움이시라 그러므로 땅이 변하든지 산이 흔들려 바다 가운데에 빠지든지 바닷물이 솟아나고 뛰놀든지 그것이 넘침으로 산이 흔들릴지라도 우리는 두려워하지 아니하리로다 (셀라)

시편 46:1~3

독일의 종교개혁자 마르틴 루터는 종교개혁의 운동이 종종 곤란에 빠질 때, 동지 메란히톤에게 언제나 이렇게 말하는 것이었다.

"그래, 필립아! 함께 시편 46편을 노래하자꾸나. 제아무리 반대자가 광포하게 덤벼든다 해도 하나님은 우리의 피난처, 고민할 때에 가장 가까운 도움이시니까 말이야!"

하나님과의 교제의 비결

그들이 … 모든 것을 버려 두고 예수를 따르니라

누가복음 5:11

어떤 지혜로운 부인이 자기중심적인 생활의 결과 진퇴양난의 처지에 놓이게 되었다. 그래서 그녀는 자기를 바로 세우기 위해서는 자기 포기밖에 없다는 것을 알았다. 그녀는 위스키 병이랑 황금색 담배 케이스도 버렸다. 수면제도 버리고 모든 나쁜 습관도 버렸다. 그때부터 수일간 그녀는 아주 행복했다. 그러나 얼마 후에 검은 구름이 나타났다.

"나는 새로운 가정에 입양된 양녀와 같구나. 모든 것이 아름답지만 하나 모자라는 것이 있다. 아버지 되시는 하나님의 얼굴이 보이지 않는 것이다."

그런데 조금 후에 그 이유를 알았다.

"나는 자기를 버리는 대신에 위스키 병이나 담배를 버렸구나."

이것을 안 그녀는 서둘러 자기를 버렸다. 그 결과, 아버지 되시는 하나님이 보이게 되었다. 하나님과 그녀의 사이를 방해할 물건이 없어졌기 때문이다.

십자가는 구원이다

친히 나무에 달려 그 몸으로 우리 죄를 담당하셨으니 이는 우리로 죄에 대하여 죽
고 의에 대하여 살게 하심이라 저가 채찍에 맞음으로 너희는 나음을 얻었나니

베드로전서 2:24

1733년, 3인의 선교사가 에스키모 사람들의 구원을 위해 그린랜
드에 왔다. 그들은 5년 동안 창조의 이야기를 고생하면서 번역하
며 가르쳤는데 아무도 구원의 필요를 인정하려고 하지 않았다.

어느 날 아침, 존 배그가 슬픈 마음으로 〈예수 전(傳)〉을 번역하
고 있었는데 갑자기 에스키모의 무리들이 침입해 왔다. "이것은
무엇이냐?" 수령(首領)격인 사나이가 원고를 보고 외쳤다.

존은 예수 그리스도의 이야기를 쓰고 있다고 설명하니까 "읽어
보라!"고 말했다. 그래서 존이 읽기 시작하니까 에스키모들은 조
용해져서 듣고 있었다. 그들은 슬픈 얼굴이 되더니 눈물이 뺨을
타내려 오기 시작했다.

"더 계속하라. 우리는 예수님에 대해 알고 싶다. 구원받고 싶
다."

이런 변화에는 존이 더 놀랐다. 그의 발밑에서 돌이 부르짖은
것이다. 그때, 존의 눈에서는 장애물이 제거되고 여태까지의 실패
를 이해할 수 있었다. 그리고 에스키모들은 그 자리에서 그리스
도를 구주로 받아들였다.

시련 속에서도 씩씩하게 살아가다

랍비여 이 사람이 맹인으로 난 것이 누구의 죄로 인함이니이까 자기니이까 그의 부
모니이까 예수께서 대답하시되 이 사람이나 그 부모의 죄를 인한 것이 아니라 그에게
서 하나님이 하시는 일을 나타내고자 하심이라

요한복음 9:2~3

이탈리아에 소아마비로 몸이 부자유한 어떤 여성이 있었다. 그
녀는 타인의 개호(介護)를 받으며 살고 있으니 살아갈 가치도 없
다고 생각해서 청산가리 자살을 시도했다. 그러나 다음 날 아침
기분 좋게 눈을 떴다. 모친이 수면제와 바꿔 놓았기 때문이다. 이
번에는 철도 자살을 기도했다. 그러나 거센 바람에 날려서 실패
했다. 세 번째는 개천에 뛰어들어 가려고 했으나 동작이 느려 집
안 사람들이 보호해 주었다.

이러한 그녀에게 크리스천인 친구가 와서 "당신이 아니면 할 수
없는 일이 있을 것이나 하나님께 여쭈어 보아라." 고 격려했다.

그래서 그녀가 열심히 기도하기 시작하니까 어느 날, 로마의 방
송국에서 "당신 같은 불행한 사람이 신앙으로 잘 극복하고 있
으니, 불행한 사람을 위해 간증을 해 주세요." 라고 부탁해 왔다.

이것이 인연이 되어 지금 그녀는 방송국의 인사(人事) 상담원으로
일하고 있다.

두려움 속에서

네가 누울 때에 두려워하지 아니하겠고 네가 누운즉 네 잠이 달리로다 너는 갑작
스러운 두려움도 악인에게 닥치는 멸망도 두려워하지 말라 대저 여호와는 네가 의지
할 이시니라 네 발을 지켜 걸리지 않게 하시리라

잠언 3:24~26

    감리교회의 창립자인 존 웨슬리는 옥스퍼드대학을 나온 지 얼
마 안 된 무렵, 영국 식민지인 북아메리카의 조지아에 선교사로
가고 있었다. 그 도중에 폭풍우를 만나 배는 광란하는 바닷속에
가라앉을 듯이 보였다. 공포에 사로잡힌 웨슬레이는 문득 정신
을 차려 사람들의 동태를 살펴보니, 선원을 비롯한 모든 동승자
들이 모두 새파랗게 질려 떨고 있었다.

    그런 중에서, 일단(一團)의 무리만은 두려워하는 기색 없이 조용
하게 지내고 있는 것이 눈에 띄였다. 그들은 모라비아형제단의
사람들로 부인이나 아이들까지도 한 사람도 죽음을 두려워하지
않고 전적으로 하나님께 맡기고 안심하고 있었던 것이다.

신앙을 버리는 자의 배후에 있는 것

형제들아 너희가 삼가 혹 너희 중에 누가 믿지 아니하는 악한 마음을 품고 살아 계신 하나님에게서 떨어질까 조심할 것이요

히브리서 3:12

신앙에 대한 말을 많이 하고 간증하면서 사람들로부터 존경을 받고 있던 교장이 있었다. 그런데 어느 날 갑자기 신앙에 대해 등을 돌리기 시작했다.

"기독교는 이미 낡았다. 이 세상에 대해 지도력을 잃었다."고 졸업식에서 훈시하는 데에는 모든 사람들을 아연하게 만들었다.

놀란 부모들이 교장의 생활을 주목해 보니, 그에게는 도덕적 죄가 있는 것을 알았다. 그는 얼마 전부터 첩을 가지고 있었다. 그 결과, 교장은 면직되었다. 그는 자기를 옹호하기 위해서는 하나님이 방해가 되었던 것이다.

신앙을 잃었다고 해서 교회를 떠나는 사람들은 정직한 의문 때문이라 하기보다는 이와 같은 부정직한 죄 때문인 것이 거의 대부분이다.

영향력

너희는 세상의 소금이니 소금이 만일 그 맛을 잃으면 무엇으로 짜게 하리요 후에는 아무 쓸 데 없어 다만 밖에 버려져 사람에게 밟힐 뿐이니라

마태복음 5:13

멜브 리브노모어가 예수님을 구주로 맞아들인 결과, 변화된 그의 생활을 보고 어떤 사람은 이렇게 말했다.

"그는 원래 온도계였으나, 지금은 온도조절기가 되었다. 온도계는 다만 주위의 온도를 기록할 뿐이지만 온도조절기는 주위의 온도를 변화시킬 수 있다. 그는 그리스도 안에서 사람들에게 많은 감화를 끼칠 수 있는 사람이 된 것이다."

인생에 있어서 가장 중요한 것

정함이 없는 재물에 소망을 두지 말고 오직 우리에게 모든 것을 후히 주사 누리게 하시는 하나님께 두며

디모데전서 6:17

미국 중서부에 있는 한 부호가 외동딸에게 무엇을 유산으로 줄까? 생각했다. 그는 먼저 증권을 생각해 보고는 표를 만들어 보았으나 결국 모든 물질적인 유산은 불안하기 때문에 그만두기로 했다. 그는 마침내 예수 그리스도를 믿는 신앙이야말로 사랑하는 딸에게 줄 수 있는 가장 안전한 유산이라는 결론에 도달했다. 그는 자신에게는 이러한 신앙이 없음에도 불구하고 이러한 결론에 도달한 것이다. 그러나 이런 놀라운 결정에는 커다란 곤란이 있었다. 그것은 신앙을 자기 것으로 만들기 위해서는 딸 자신이 선택해야 하기 때문이었다. 그래서 그 부호는 자기가 신앙을 갖기를 결심하고 열심히 성경을 읽기 시작했다. 얼마 후에 예수 그리스도를 구주로 영접하고 딸을 데리고 교회에 다니기 시작했다.

275

남편을 구원하다

아내들아 이와 같이 자기 남편에게 순종하라 이는 혹 말씀을 순종하지 않는 자라
도 말로 말미암지 않고 2 아내의 행실로 말미암아 구원을 받게 하려 함이니 너희의
두려워하며 정결한 행실을 봄이라

베드로전서 3:1~2

이것은 태평양전쟁 전의 이야기이다. 크리스천 여성이 가족의 권
유로 불신자인 군인과 결혼했다. 그런데 크리스천인 것을 그만
두지 않는다고 박해를 받게 되었다. 때리고 차이고, 어떤 때에는
음식도 주지 않고, 기둥에 묶여 있기도 했다. 게다가 남편은 첩을
데리고 집에 오는 등 말할 수 없는 모욕을 당하며, 박해는 계속
되었다.

그러나 그녀는 절대로 남편에게 대해 반항하지 않았다. 다만
남편의 구원을 위해 계속 기도했다. 그리고 13년 만에 드디어 기
도는 응답되어, 남편은 구원받게 되었다.

마음의 죄의 처리

나는 너희에게 이르노니 음욕을 품고 여자를 보는 자마다 마음에 이미 간음하였
느니라 만일 네 오른 눈이 너로 실족하게 하거든 빼어 내버리라 네 백체 중 하나가
없어지고 온 몸이 지옥에 던져지지 않는 것이 유익하며

마태복음 5:28~29

지금부터 약 200년 전의 옛날에 런던의 어느 하숙집 지붕밑 방
에 70세가 되는 미혼 여성이 살면서 전혀 세상과는 격리된 생활을
하고 있었다. 그는 가톨릭 신자로 젊었을 때, 수녀가 되려고 수
도원에 들어갔다. 그러나 풍토가 맞지 않아 잉글랜드로 돌아왔
다. 잉글랜드에는 수도원이 없었으므로, 이러한 환경 속에서 가급
적 수녀에 가까운 생활을 보내려고 맹세했다.

그래서 전 재산을 자선사업에 기부하고 다만 생활비로서 1년
에 12파운드만 남겨 두었다. 이 적은 금액까지도 그 대부분을 시
혜(施惠)하는 데에 사용하고 자기는 죽을 끓여 먹는 이외에는 불도
사용하지 않았다. 한 사제가 참회를 듣기 위해 그녀를 방문하기
에 하숙집 주인이 질문했다.

"당신 같은 생활을 보내는 사람이 어떻게 참회하는 일이 있겠
어요?" 그러자 그녀는 부끄러운 듯이 작은 소리로 말했다. "그래
도 악한 생각을 벗어날 수가 없어서 말이에요."

금식기도

나는 이레에 두 번씩 금식하고

누가복음 18:12

너희를 부르시는 이는 미쁘시니 그가 또한 이루시리라

데살로니가전서 5:24

미국에서 아직 교통이 불편할 시대에, 어떤 크리스천 여성이 특별집회에 참석하기 위해 40Km나 떨어진 곳에서 왔다. 그날 강론은 〈금식〉에 대한 말씀이었으며, 전도자는 주 2회 금식할 것을 강하게 권장했다. 그녀는 금식의 권유를 순종하는 마음으로 받아들여서 곧 실행에 옮기기로 했다. 그래서 문득 〈주 2회의 금식이 하나님의 축복이 된다면 7일간의 금식은 더 큰 효과가 있을 것이 아닌가?〉

그녀는 금식을 시작했다. 1주간 동안 약간의 물만 마시고 성경을 읽고 마을 사람들의 구원을 위해 기도하는 나날을 보냈다. 그 결과, 하나님은 교회가 없는 그녀의 작은 마을에 〈기도소(祈禱所)〉를 시작하게 해 주셨다. 그뿐만 아니라 하나님은 그녀에게 작은 땅도 주셨고 건축자재와 목수까지 보내 주셨다. 그래서 마을에 본격적인 교회당이 건축되고 그와 동시에 그녀의 가족들 전체가 새로운 교회에서 예배하는 가운데 구원받게 되었던 것이다.

말 많은 사람

비판하지 말라 그리하면 너희가 비판을 받지 않을 것이요 정죄하지 말라 그리하면
너희가 정죄를 받지 않을 것이요 용서하라 그리하면 너희가 용서를 받을 것이요

누가복음 6:37

교회원^(敎會員)인 어떤 부인이 존 길 목사에게 영국 신사로서는
부적당하다고 생각해서 이렇게 말했다.

"목사님의 가슴에 붙인 장식품에 붙은 끈은 너무 길기 때문에
잘라 드릴까요?"

"보기 싫다면 당장 잘라 주세요. 그대신 나도 당신의 신변에
보기 싫은 것이 있으면 잘라도 되겠습니까?"

"예, 서로 그렇게 하는 것은 좋은 일이지요."

목사에게서 가위를 받은 그녀는 기쁜 듯이 끈을 반쯤 잘랐다.

"이제는 좋아졌어요. 아주 멋져요."

"이번에는 내 차례예요. 그럼 끊겠으니 당신의 긴 혀를 내어 주
세요."

가위를 찰깍찰깍 하면서 목사가 다가가니까, 말 많은 그녀는
입을 손으로 막으며 얼굴이 빨개져서 도망치고 말았다.

복음을 전할 경우에는

오직 하나님께 옳게 여기심을 입어 복음을 위탁 받았으니 우리가 이와 같이 말함은 사람을 기쁘게 하려 함이 아니요 오직 우리 마음을 감찰하시는 하나님을 기쁘시게 하려 함이라

데살로니가전서 2:4

구세군의 어머니 캐서린 부스가 청년 시절에 약혼자였던 윌리엄 부스에게 보낸 편지인데 이렇게 격려하였다.

"사람을 두려워해서는 안 됩니다. 당신은 하나님의 종이라는 것을 기억하세요. 강단에 서기 전에 만반의 준비를 해야 함은 말할 것도 없지만, 일단 강단에 선 후에는 강론의 구성 같은 것은 안중에 두지 말고, 전적으로 눈앞에 열석(列席)한 사람들의 운명을 생각하고 당신을 보내어 복음을 전하게 하시는 하나님께 대한 책임을 생각하고, 영혼을 얻기 위해 힘쓰신다면 사람들이 어떻게 비판하든지 마음에 둘 필요가 없습니다."

성경은 영적 생활의 활력

주의 말씀은 내 발에 등이요 내 길에 빛이니이다

시편 119:105

　영국 브리스톨 근처에 있는 애슐리 타운에 고아원을 설립하고 많은 고아들과 함께 신앙생활을 보냈던 조지 밀러는 성경에 대해 다음과 같이 말했다.

　"영적 생활의 활력은, 생활과 사상에 있어서 성경이 차지하는 위치에 정확히 비례합니다. 나는 이런 사실을 54년간의 경험으로 말씀드립니다. 나는 회심(回心)한 후 3년간은 하나님의 말씀을 소홀히 하고 있었습니다. 그러나 성경을 열심히 탐구하기 시작한 후부터는 놀라운 축복을 받았습니다. 나는 이미 성경을 100번 통독했습니다만, 한상 기쁨이 증가됩니다. 몇 번 읽어도 나에게는 새로운 책처럼 여겨집니다. 일관된 근면한 하루하루의 연구에서 받은 은혜는 대단히 큰 것이었습니다. 나는 하나님의 말씀을 위해 시간을 쪼개지 않았던 무렵을 잃어버렸던 나날이었다고 생각하고 있습니다."

구령(救靈)의 비결

눈물을 흘리며 씨를 뿌리는 자는 기쁨으로 거두리로다 울며 씨를 뿌리러 나가는
자는 반드시 기쁨으로 그 곡식 단을 가지고 돌아오리로다

시편 126:5~6

목사로 취임한 지 얼마 안 되는 청년이 지방의 소도시에 개척 전도하러 용기 있게 떠나갔다. 그런데 수개월이나 지난 후에는 아주 절망에 빠져 버렸다.

그래서 선배 목사에게 편지를 써서 괴로움을 호소하면서 동정적인 답장을 기대했다. 청년 목사는 편지에 썼다.

"모든 방법을 시도했습니다만…"

노 목사로부터 보내온 답장은 기대에 반하여 엽서에 단 한 줄의 간단한 것이었다.

"눈물을 시도해 보아라."

하나님을 찬양하라

내가 노래로 하나님의 이름을 찬송하며 감사함으로 하나님을 위대하시다 하리니 이것이 소 곧 뿔과 굽이 있는 황소를 드림보다 여호와를 더욱 기쁘시게 함이 될 것 이라

시편 69:30~31

도쿄 부립(府立)나병요양소 타마전생원(多摩全生園)에 입소한 크리스천 환자가 이렇게 기도하고 있었다.

"하나님, 나는 양손이 떨어져 버렸습니다. 얼굴도 무섭게 변했습니다. 그리고 마침내 실명(失明)하고 말았습니다. 하나님, 아무쪼록 내 목청만은 빼앗지 말고 남겨 주소서. 이 목청마저 침범당하면 하나님을 경외하고 찬양할 수 없습니다. 그러나 그것까지도 당신의 뜻이라면 결코 거부하지 않겠습니다."

구원의 길

우리가 그 안에서 그를 믿음으로 말미암아 담대함과 확신을 가지고 하나님께 나아감을 얻느니라

에베소서 3:12

교사이면서 아름다운 신앙시를 계속 썼으나 젊어서 소천된 야기 쥬기치(八木重吉) 씨는 이렇게 시를 썼다.

그리스도가 해결해 주셨다
다만 그의 안에 들어가면 된다
그를 따라가면 된다.

의인 한 사람의 존재

이 의인이 그들 중에 거하여 날마다 저 불법한 행실을 보고 들음으로 그 의로운 심령이 상함이라

베드로후서 2:8

미국의 전도자 휘니가 어떤 마을에서 집회를 열고 있을 때, 거기에 출석했던 노인이 "우리 마을에도 와서 말씀을 전해 주세요. 우리 마을에서는 한 번도 기독교의 설교를 한 일이 없어요." 하고 간절히 부탁하는 것이었다.

휘니는 그의 말에 따라서 그 마을에 가서, 창세기 19장 14절에서 〈너희는 일어나 이곳에서 떠나라 여호와께서 이 성을 멸하실 터이니〉 하고, 소돔의 멸망에 대한 역사적 사실을 전했다. 그러자 청중은 격렬한 반감을 나타냈다. 그러나 얼마 후에는 한 사람 두 사람 고개를 숙이고 회개하는 목소리가 마을 전체를 덮었다. 그것은 주위의 마을에도 널리 퍼졌다. 훗날에 휘니는 매우 흥미로운 사실을 말했다.

"나는 그 마을에 가기까지는 듣지도 보지도 못했습니다. 두 번째 방문했을 때에 알게 되었는데 그 마을은 죄 많은 마을이라는 소문 때문에 소돔이라고 불리었고 나를 초청해 준 노인은 롯이라고 불리고 있었는데 이 마을에서 그리스도를 믿고 있던 사람은 그 노인 한 사람뿐이었던 것입니다."

감사하는 생활을 시작했더니

할렐루야, 여호와를 경외하며 그의 계명을 크게 즐거워하는 자는 복이 있도다
시편 112:1

미국의 어떤 보수적인 신학대학에서 역사를 강의하는 교수가 동창회의 강연에서 〈모든 일에 주께 감사하라〉는 말씀을 들었다. 제목으로 그가 느낀 것은 "이것은 참 놀라운 말씀이지만 좀 지나치게 극단적이다."라는 것이었다. 그러나 강연자인 마아린 캐로저스 목사의 『옥중에서의 찬미』란 책을 읽어 보니 〈주께 감사〉 하는 일의 깊은 의미를 이해할 수 있었다. 그래서 자기도 지금까지 실천해 본 일이 없는 이 새롭게 열린 신앙의 한 면으로 한 발짝 나아가려고 결심했다.

자신에게 관계되는 모든 일을 있는 그대로 하나님 앞에 노출시켜 그 하나하나를 감사해 나갔다. 그렇게 하니까, 그날이 여태까지 없었던 마음이 편안해지는 즐거운 날이 되었다. 아내의 결점이 눈에 띄게 되어 우울해졌던 것도 이제는 아내를 보아도 마음에 걸리지 않고 감사하는 마음이 울어났다. 그 이후로도 그는 사업의 실패나 걱정할 일이 있어도 하나님께 감사하기를 계속하고 있다.

"인생 70에 겨우 알게 되었습니다. 실패와 잘못 같은 것은 내가 교만해지지 않도록 하기 위해 하나님께서 역사하신 것이었습니다."

필요를 채워 주시는 하나님 1

— 말씀의 약속

나의 하나님이 그리스도 예수 안에서 영광 가운데 그 풍성한 대로 너희 모든 쓸
것을 채우시리라

빌립보서 4:19

어떤 크리스천 사장이 경제적인 곤란에 빠져 있었다. 그는 사방
팔방으로 손을 쓰고, 신앙의 동지들에게도 문제해결을 위해 부
탁을 하고 기도해 왔으나, 흑암 속에는 빛이 보이지 않았다. 심로
(心勞) 때문에 쓰러질 뻔한 사장에게 하나님의 말씀이 들려왔다.

〈너희 염려를 다 주께 맡기라 이는 그가 너희를 돌보심이라 베드로전
서 5:7〉

그는 이 단순한 신앙의 행위를 잊어버리고 있었다는 것을 깨달
았다. "그렇다. 주께 의탁해야 하겠다." 그는 말씀을 상기했다.

〈너희는 내게 배우고 받고 듣고 본 바를 행하라 그리하면 평강
의 하나님이 너희와 함께 계시리라 빌립보서 4:9〉

"주여, 말씀대로 실행하겠습니다. 주님께 이 문제를 맡겨 드립
니다." 그러자 그는 다시 말씀을 상기하게 되고 평안이 넘쳤다.
"나의 하나님은 그리스도 예수 안에 있는 영광과 부요함을 가지
고 우리의 필요를 채워 주십니다." 그는 오래간만에 평안히 잠을
잘 수 있었다.

필요를 채워 주시는 하나님 2
···사탄의 방해를 간파하다

또 약속하신 이는 미쁘시니 우리가 믿는 도리의 소망을 움직이지 말며 굳게 잡고
히브리서 10:23

도산 직전의 사장은 모처럼 안면(安眠)을 이룰 수 있었다. 그런데 세 시간쯤 지나자, 갑자기 "일어나서 하나님이 필요를 채워 주시기를 열심히 기도하라."는 강한 소리에 눈을 떴다. 그러나 조금 전에 하나님께 모든 것을 위탁한 그는, 그 목소리가 사탄이 유혹하는 소리라는 것을 깨달았다. 그는 침대에 무릎을 꿇고 기도하기 시작했다.

"주여, 나는 당신에게 위탁했으니 당신이 해결해 주실 것을 알고 있습니다. 감사합니다."

그리고 다시 잠을 청했다. 그러나 사탄은 어쨌든 하나님께 위탁하는 것을 포기하게 만들어 여태까지 하던 대로 심신이 피로해지기까지 하나님께 요구하는 기도를 집요하게 하도록 만들려고 그에게 작용하기 시작했다. 그래서 그는 또다시 무릎을 꿇고 기도하기 시작했다.

"주여, 나는 침상에 들기 전에 당신을 믿고 모든 염려를 위탁했습니다. 지금도 믿습니다. 나는 당신을 찬양합니다."

그리고 평안이 충만해져서 잠들었다. 하나님께서는 회사가 지불해야 할 기일까지 많은 사람들을 움직여서 아무런 부족함 없이 완전히 지불할 수 있게 해 주셨다.

용서 1

— 중재

사랑은 여기 있으니 우리가 하나님을 사랑한 것이 아니요 하나님이 우리를 사랑하사 우리 죄를 속하기 위하여 화목제물로 그 아들을 보내셨음이라 사랑하는 자들아 하나님이 이같이 우리를 사랑하셨은즉 우리도 서로 사랑하는 것이 마땅하도다

요한1서 4:10~11

신도 전도자이며 사회복지 사업가인 혼마슌페이(本間俊平)는 1902년(明治 35) 야마구치현(山口縣) 아키요시다이(秋吉台)에서 대리석 채굴을 시작했다. 출옥자나 불량소년의 갱생의 장으로 만들기 위해서였다. 여기에 요코하마(横濱) 경찰서에서 경부(警部)까지 진급했으면서 강도짓을 해서 6년간의 옥고를 치르고 출소 후에도 다시 범죄를 계속해 7년간 재입옥(再入獄)을 반복했던 아이카와(相川)란 사람이 있었다.

그는 일에 열심을 다하는 사람이었으나 거칠기는 여전해서, 마음에 들지 않는 일이 있으면 버럭 화를 내는 사람이었다. 그의 밑에서 일하는 사람으로 일을 잘못할 뿐만 아니라 무엇을 하든지 느린 사람이 있었다. 아이카와는 혼마 씨에게 그 사람을 내버리라고 말하려고 왔으나 혼마 씨는 없고 부인이 있었다. 아이카와는 부인에게 "저놈을 내쫓아 버려라." 하고 위협을 했다. "어디에 가더라도 일을 잘못하는 사람이야말로 여기에 필요한 사람입니다. 잘봐 주세요." 하며 그녀는 열심히 그를 달랬다.

용서 2
─설령 박해를 받더라도

너희 원수를 사랑하며 너희를 미워하는 자를 선대하며

누가복음 6:27

아이카와는 혼마 부인의 중재하는 말에는 귀를 기울이지 않았다. 자기의 주장이 관철되지 않는다는 것을 알고는 숨겨 가지고 있던 단도(短刀)를 빼서 부인에게 달려들었다. 격분해서 피묻은 단도를 거머쥔 채, 멍청해져서 서 있는 아이카와를 그녀는 불쌍히 여기는 눈빛으로 쳐다보고, 상처를 누르면서 조용히 찬송가를 불렀다. "인애하신 구세주여 내가 비오니 죄인 오라하실 때에 날 부르소서…." 여기까지 부르더니 그녀는 그만 쓰러져 버렸다.

아이카와는 제정신을 도로 찾아, 소식을 들은 혼마 씨가 경찰관과 함께 오지는 않을까 두려워하고 있었다. 그러나 혼마 씨는 혼자서 돌아왔다. 그는 아이카와를 책망하지 않았다.

"자네가 저질은 일이니, 급히 의사에게 데려다 주게."

아이카와는 부인을 등에 업으면서 〈인애하신 구세주여…〉를 되풀이하였다. 혼마 씨나 그 부인이나 〈하나님은 사랑이시다…〉를 실천하는 믿음을 보였다. 아이카와는 눈물을 흘리며 걸음을 재촉하고 있었다.

그 일이 있고 나서는 아이카와는 아주 딴 사람이 되었다. 얼마 후에 오사카(大阪)에 나가게 되자, 혼마 씨를 본받아 세상에서 버림받은 사람들의 재기(再起)를 위해 활동을 시작했다.

9월 26일

사회의 무거운 짐을 지다

화 있을진저 또 너희 율법교사여 지기 어려운 짐을 사람에게 지우고 너희는 한 손가락도 이 짐에 대지 않는도다

누가복음 11:46

기독교의 어떤 세계대회에 출석한 사람이 감상(感想)을 이렇게 말했다.

"공산권에서 온 크리스천도, 자유제국에서 온 크리스천도, 우상숭배가 만연되어 있는 동양에서 온 크리스천도 다같이 입을 모아 말하기를 그리스도야말로 〈세계의 희망〉이라고 말했습니다. 그러나 그 희망을 세계에 증언하는 일에는 우리들은 실패했습니다. 이를테면, 사회의 죄악을 비난하지만, 그것을 자기 책임으로 지고 가지는 않습니다. 외부에서 비판할 뿐입니다. 우리들이 사회의 무거운 짐을 짊어지는 것으로써 비로소 사회에 대하여 그리스도야말로 참 희망이라고 힘차게 증언할 수 있는 것입니다."

재림을 기다리는 자세

우리는 그의 약속대로 의가 있는 곳인 새 하늘과 새 땅을 바라보도다 그러므로 사랑하는 자들아 너희가 이것을 바라보나니 주 앞에서 점도 없고 흠도 없이 평강 가운데서 나타나기를 힘쓰라

베드로후서 3:13~14

중국 오지선교협회(奧地宣敎協會)의 창립자인 영국인 선교사 허드 슨 테일러는 재림을 믿음으로 받아들일 수 있을 때, 자신에게 나 타난 변화를 다음과 같이 말했다.

"주 예수님은 다시 오십니다. 그리고 언제 다시 오실지 모른다 는 크나큰 진리에 대해서 하나님께서 나의 마음을 열어 주셨을 때를 나는 확실히 기억하고 있습니다. 나는 그렇게 많은 책을 가 지고 있지는 않았지만 이 진리를 지시받았을 때에 책장 속을 조 사했습니다. 또한 양복장도 조사했습니다. 주님께서 다시 오셨 을 때에 내가 충분히 변명할 수 있을 것인가를 확인하기 위함입 니다. 그 결과, 얼마 후에 몇 권의 책이 없어지고 몇 벌인가 의복도 사라졌습니다."

친절한 말

무릇 더러운 말은 너희 입 밖에도 내지 말고 오직 덕을 세우는 데 소용되는 대로
선한 말을 하여 듣는 자들에게 은혜를 끼치게 하라

에베소서 4:29

이전에 북해도(北海道)의 형무소에 무기징역에 처해진 젊은 살인범
이 수용되어 있었다. 그는 앞으로의 긴 인생을 최북단의 추운 형
무소에서 쓸쓸한 생애를 보내야 한다고 생각하니, 누가 무슨 말
을 해도 귀를 기울이지 않고 광폭(狂暴)한 행동을 함으로써 자신
의 마음을 위장하고 있었다. 따라서 누구 하나 그에게 말을 걸어
오는 사람이 없었다.

그러던 어느 날, 그가 따뜻한 볕을 쪼이고 있으니 기독교의 교
회사(教誨師)가 지나가면서 "아저씨! 따뜻하겠네요." 하고 친절히
말을 걸어왔다. 그가 이런 말을 들은 것은 생전 처음 있는 일이었
다. 거칠어질 대로 거칠어진 그의 마음에 이 사랑의 말은 햇볕보
다 더 따뜻한 무엇인가를 주었다. 얼음처럼 차디찬 그의 마음도
차츰 녹기 시작했다.

이런 일이 있은 후부터 종신형인 그에게는 교회사와 대화를 하
는 일이 유일한 즐거움이 되었다. 얼마 후에 그는 성경을 통하여
하나님의 진실하신 말씀을 접하고 구원받게 되었다.

외모에 신경 쓰는 사람

마음으로 하지 않고 외모로 자랑하는 자들에게 대답하게 하려 하는 것이라

고린도후서 5:12

급한 용무로 대통령을 방문한 비서관이 백악관의 넓은 방 안으로 들어가려고 와서 보니, 복도의 한쪽 구석에서 열심히 구두를 닦고 있는 사람을 보았다. 무심코 지나가려 하다가 깜짝 놀랐다. 대통령 링컨이었기 때문이다. 비서관은 잠시 머뭇거리다가 용기를 내어 말했다.

"각하, 대통령께서 그런 일을 하시는 것을 사람들이 보면 좋지 않을 것 같습니다."

비서관은 평소에 대통령이 시골뜨기 같은 조야(粗野)한 태도를 보인다는 세상 사람들의 풍문을 듣고 좋지 않게 생각하던 차에 그날 아침에 솔직하게 말했던 것이다. 그러자 링컨은

"그래, 구두 닦는 일은 부끄러운 일인가? 자네, 그것은 잘못된 말이 아닐까. 대통령도 구두닦기도 다 같이 세상을 위해 일하는 공복이 아닌가? 이 세상에서 직업의 귀천이란 없는 것일세. 다만 마음이 천박한 사람은 있지만."

비서관은 대답할 말이 없었다.

사랑은 행복을 낳는다

무엇보다도 뜨겁게 서로 사랑할지니 사랑은 허다한 죄를 덮느니라

베드로전서 4:8

옛날에 영국의 디이 강가에 제분업을 하는 사나이가 있었다. 아침부터 밤까지 즐거운 듯이, 마치 들판의 종달새처럼 〈디이 강가에 사는 나는 세계에서 둘도 없는 복된 자〉라고 노래하면서 기분 좋게 일하고 있었다.

〈행복한 제분업〉이라는 소문은 마침내 국왕의 귀에 들어가, 왕이 몸소 그에게로 왔다.

"어찌하여 그렇게 행복한가?"

"저는 아내를 사랑합니다. 아이들을 사랑합니다. 친구를 사랑합니다. 그리고 아내도 저를 사랑합니다. 아이들도 저를 사랑합니다. 친구들도 저를 사랑합니다. 다만 그것뿐입니다."

감동받은 왕은 "자네의 먼지투성이 모자가 짐의 황금관(黃金冠)보다 귀하다. 참 부러운 일이다."라고 말했다.

내가 진실로 진실로 너희에게 이르노니 한 알의 밀이 땅에 떨어져 죽지 아니하면 한 알 그대로 있고 죽으면 많은 열매를 맺느니라

요한복음 12:24

10월

이달의 기도 제목

_____

_____

_____

_____

_____

_____

하나님은 아신다

주께서 자기 백성을 아신다

디모데후서 2:19

중국 오지선교협회의 창립자인 영국인 선교사 허드슨 테일러는 보오참과 함께 한중(漢中)으로 향하여 여행길을 서두르고 있었다. 어떤 때에는 음식물을 구할 수 없는 곳을 공복인 채 걸어갔다. 그러나 테일러는 "우리들의 식사를 위해 하나님께 감사드린다." 라고 찬송하고 있었다. 그것을 듣고 보오참은 그에게 물어봤다.

"그 먹을 것은 어디에 있습니까?" 테일러는 웃으면서 대답했다.

"이제는 멀지 않았어요, 우리들이 공복을 느끼고 있다는 것을 하나님께서 아시니까. 머지않아 조식을 우리들에게 보내 주실 것입니다. 조식이 도착하면 당장 먹지 말고 먼저 감사드려야 합니다. 나는 곧 감사를 드릴 수 있게 준비했습니다."

얼마 후에 곧 먹을 수 있게 준비되어 있는 밥장수를 만났다.

한 알의 밀알 1

─구령(救靈)의 정열

주께서 내 곁에 서서 나에게 힘을 주심은 나로 말미암아 선포된 말씀이 온전히 전파되어 모든 이방인이 듣게 하심이니 내가 사자의 입에서 건짐을 받았느니라

디모데후서 4:17

데이비드 브레이너드는 25세에 인디안 전도를 위해 헌신하고자 혼자서 말을 타고 그들의 땅으로 들어갔다. 거기서 기다리고 있었던 것은 고독(孤獨), 자연의 협위(脅威), 무관심, 반대, 기아, 질병이었다.

그의 노고의 보답이 왔다. 1745년, 인디언 중에 대각성(大覺醒)이 일어났던 것이다. 그러나 여전히 여태까지의 갖가지 괴로움이 계속되었다. 게다가, 백인에 의한 중상(中傷), 영적 고뇌, 병고(病故)로 인한 쇠약이 증가되었다. 그럼에도 불구하고 그는 금식과 기도로써 나날이 증가되는 인디언의 영적 구원을 위해 황야(荒野)로 나아갔다.

이렇게 하여 고통을 겪으며 가죽옷을 입고 피를 토하면서도 예수 그리스도의 사랑을 전파했다.

한알의 밀알 2

···후세에의 감화

내가 진실로 진실로 너희에게 이르노니 한 알의 밀이 땅에 떨어져 죽지 아니하면 한 알 그대로 있고 죽으면 많은 열매를 맺느니라

요한복음 12:24

인디언의 구령자(救靈者) 브레이너드는 1749년, 29세의 젊은 나이로 결핵 때문에 소천되었다. 그의 족적은 그의 일기(日記)로 사람들에게 알려지게 되었다. 그리고 그 일기는 새로운 그의 사역(使役)을 일으키기 시작했다. 영국의 윌리엄 캐어리이는 구두 수선공이었으나 일기를 읽고 독학으로 수개국 언어를 습득하고 인도에 건너갔다. 캐어리이의 인생훈(人生訓)은 〈큰 일을 하나님께 기대하고, 큰 일을 하나님을 위해 성취한다〉였다. 그는 동인도회사(東印度會社)의 채프레인(전속 목사)으로 인도에 들어가서 성경을 원주민의 말로 번역하는 일을 시작했다.

인도가 선교의 문을 열게 되자, 〈브레이너드의 일기〉를 읽고 일어선 헨리 마틴이 전도 활동을 시작했다. 로버트 맥센은 이스라엘로 갔다. 그리고 일기는 맥체니, 웨슬레이 등 하나님의 위대한 종이 된 사람들에게 생애를 결정하는 감동을 주었다. 그뿐만 아니라 250년이 지난 오늘날에도 영향을 계속 끼치고 있다.

한알의 밀알 3

···그리스도의 신부

*내가 하나님의 열심으로 너희를 위하여 열심을 내노니 내가 너희를 정결한 처녀로
한 남편인 그리스도께 드리려고 중매함이로다*

고린도후서 11:2

캐나다 토론토의 더 피플즈 처치(The Peoples Church)의 목사 오스
왈드 J. 스미스 박사는 목사로서, 대중 전도자로서 또한 찬송가
작사자로, 복음적인 그리스도교 서적의 저자로서 세계를 향하여
큰 활동을 하고 있다. 그도 브레이너드로부터 영향을 받은 사람
이다.

"금식과 기도를 나에게 가르쳐 준 사람은 브레이너드입니다.
나는 설교에 의해 얻어지는 것보다도 더 큰 것을 매일 하나님과
교제함으로써 얻어진다는 것을 그에게서 배웠습니다. 자기 자신
이 냉랭해졌다고 느낄 때 나는 브레이너드를 주목합니다. 그는
언제든지 나의 마음을 따뜻하게 해 줍니다. 영혼에 대해서 그이
만큼 큰 열정을 가지고 있었던 사람은 이전에도 없었다고 생각
합니다. 전적으로 하나님을 위해 생활한다는 것이 그가 가지고
있었던 유일한 큰 목적이었고, 야심이기도 했습니다."

브레이너드는 형에게 보낸 편지에 그의 생활을 이와 같이 기록
했다.

"나는 지금 바로 죽음에 임하려고 합니다. 내가 남(他)의 생활
방식을 취했다면 나의 삶을 전 세계를 위해 소비하지 않았을 것
입니다."

친절

사람은 입의 열매로 인하여 복록에 족하며 그 손이 행하는 대로 자기가 받느니라
잠언 12:14

갑작스러운 소낙비를 맞고 할머니는 피츠버그 백화점에 비를 피해 들어갔다. 이쪽저쪽 매점을 들여다보면서 걸어갔지만 점원들은 젖은 머리털과 의복을 보고 손님으로 온 사람이 아니라고 판단해, 아무런 관심을 보이지 않았다.

그런데 가구매장에 오니까 젊은 점원이었지만 할머니에게 소리쳐서 "비가 그칠 때까지 여기서 쉬세요."라고 매물인 안락의자를 내어 주었다. 좀 지나서 비가 그치니까 그는 할머니를 가까운 버스정류소로 안내해 주고 귀가할 노선을 틀리지 않게 가르쳐 주었다.

수일이 지나서, 가구 매장에 편지가 도착했다. 편지를 보낸 사람은 철강왕으로 알려진 카아네기였다.

〈어머니를 친절하게 보살펴 주셔서 감사하다. 그 일의 보답으로 무엇인가 사례를 하도록 부탁을 받았기에, 이번에 새로 별장을 건축하고 있는데, 그 집에 필요한 가구를 구입하고 싶다. 그리고 앞으로는 회사의 가구류 구입처로 지정하겠다〉는 내용이었다.

자비의 정

너희 아버지의 자비로우심 같이 너희도 자비로운 자가 되라

누가복음 6:36

극작가인 무라야마 카즈요시(村山和義) 씨는 어머니의 추억을 다음과 같이 말했다.

"우리들이 살던 곳은 도쿄(東京) 메지로(目白)의 조오시가야(雜司谷)의 키시보신(鬼子母神)의 뒤쪽에 있는 작은 집이었다. 그 이웃에도 같은 집이 있었는데, 교회당이 없는 독립 전도의 목사 부부와 세 아이가 살고 있었다. 이 가정은 하나님께서 은혜로 주시는 것으로 먹는다는 생각을 가지고 있는 참으로 적빈(赤貧)의 생활을 하고 있었다. 아이들의 장난으로 창문은 구멍투성이고 다다미(돗자리)는 아이들의 소변으로 더러웠다. 먹을 것이 없어서 아이들이 울고 있을 때, 우치무라(內村鑑三) 선생의 제자였던 어머니는 이웃집의 창문에 먹을 것을 남 몰래 갖다 주었다. 그것이 점점 쌓이고 쌓여서 어머니의 헌옷까지 다 주었다. 나는 화를 내었고 어머니는 울면서 사과를 했지만, 마침내 어머니도 큰 결심을 해서, 살던 집을 팔고 숙부님으로부터 돈을 빌려서 오치아이(落合)라는 곳에 새집을 짓고 이사했습니다."

303

주님의 몸의 일부분

몸은 음란을 위하여 있지 않고 오직 주를 위하여 있으며 주는 몸을 위하여 계시느
니라 너희 몸이 그리스도의 지체인 줄을 알지 못하느냐

고린도전서 6:13,15

전화(戰火)에 불탄 마을에서 교회의 건축이 시작되었다. 와력(瓦礫)
으로 변한 회당을 무너뜨리고 쓰레기를 치우고 있는데 양손을
잃은 예수님의 상이 나왔다. 얼마 있다가 교회당이 완성되었다.
새로운 예수님상을 세우자는 의견이 나왔을 때, 양손을 잃은 예
수상을 보존하고 있다는 것이 생각나서 꺼내어 가지고 왔다. 사
람들은 이 비참한 예수상을 보고 있었으나, 결국 그것을 그대로
쓰자는 의견을 채택했다. 그리고 대좌(臺座)에 이렇게 새겼다.

〈예수는 손이 없으시다. 그러나 예수는 우리들의 손을 쓰신다〉

전도는 간증이다

내가 받은 것을 먼저 너희에게 전하였노니 이는 성경대로 그리스도께서 우리 죄를 위하여 죽으시고 장사 지낸 바 되셨다가 성경대로 사흘 만에 다시 살아나사
고린도전서 15:3~4

1910년대 무렵, 어떤 크리스천이 말했다.

"나는 고베(神戶)에서 조선소(造船所)에 근무하고 있으면서 매일 같이 일하는 사람들에게 간증합니다. 점심시간에 트럭트(인쇄된 전도지)를 배부합니다만, 그들은 야소(耶蘇)라 하면서 조롱합니다. 그러나 나는 결단코 논의는 하지 않습니다. 다만 내가 받은 구원만을 간증합니다. 한 청년이 〈성경은 하나님의 가르침인가?〉라고 질문을 했기에 나는 〈그렇다. 그리고 성경은 우리에게 생명의 길을 가르쳐 준다〉고 대답했습니다. 그는 〈그것이야말로 미신이다〉라고 하면서 사라졌습니다. 그런데 놀란 것은 수주일 후에 그 청년은 열심 있는 구도자가 되었습니다. 신앙이란 의론이 아니라 실제적 경험(經驗)을 말하는 것입니다."

크리스천의 죽음

그 때에 의인들은 자기 아버지 나라에서 해와 같이 빛나리라 귀 있는 자는 들으라
마태복음 13:43

보라 하나님의 장막이 사람들과 함께 있으매 하나님이 그들과 함께 계시리니 그
들은 하나님의 백성이 되고 하나님은 친히 그들과 함께 계셔서 모든 눈물을 그 눈에
서 닦아 주시니 다시는 사망이 없고 애통하는 것이나 곡하는 것이나 아픈 것이 다시
있지 아니하리니 처음 것들이 다 지나갔음이러라
요한계시록 21:3~4

스위스인 선교사 디크 목사는 테루코(照子) 씨와 결혼하여 고베
(神戸)의 오오이케(大池) 교회에서 전도 목회를 하다가 그가 사랑했
던 일본 땅에서 소천되었다.

유언장을 보니 〈파파의 고별식에는 검은 옷을 입지 말고 기쁨
을 나타내는 밝은 색의 드레스를 입어라〉라고 씌어 있었다. 11세
의 요안나와 그 동생 루시와 함께 테루코 부인은 천국(天國) 개선
에 적합한 밝은 색의 드레스를 입었다. 그리고 관에는 천국의 하
늘을 생각하여 코발트색의 천을 덮었다.

치유

믿는 자들에게는 이런 표적이 따르리니 곧 ⋯ 병든 사람에게 손을 얹은 즉 나으리라 하시더라

마가복음 16:17~18

A. B. 심프슨은 치유에 대해 이같이 증언했다.

"나는 에이산 알렌에 의해 이루어진 놀라운 간증을 기억합니다. 이 신앙의 왕자(王者)는 고령으로 세상을 떠났습니다. 그는 무서운 암(癌)이 급속히 얼굴에 번져 갔을 때에, 친구의 경고를 무시하고 조용히 기도하며 주께 맡기고 있었다고 간증했고, 또한 계속적으로 하나님으로부터 생명을 받아야 했다고도 말하고 있었습니다. 그는 하루에 몇 번씩이나 환부(患部)에 손을 얹고 기도했습니다. 그 결과, 하나님의 생명이 병든 조직에 주입되어 안면에 퍼졌던 악성적인 암이 신기하게도 사라져 버렸던 것입니다. 그는 기도할 때에 하늘로부터 실제로 쏟아져 내려온 생명의 흐름을 의식했습니다. 그가 주의 치유를 믿고 기도한 지 2, 3주일 후에 암이 완전히 사라졌고 다만 상처의 흔적만 남아 있었습니다."

예수의 소인(燒印)을 몸에 지니고

우리가 항상 예수의 죽음을 몸에 짊어짐은 예수의 생명이 또한 우리 몸에 나타나
게 하려 함이라

고린도후서 4:10

<일본어 성경: 우리는 항상 예수의 죽음을 이 몸에 지니고 있는데 그것은 예수의
생명이 우리들의 몸에 있어서 분명하게 나타나게 되기 위함이라>

이집트의 코프트 교회의 크리스천들은 신앙의 강함을 나타내
는 것으로서 자기의 왼 손목의 안쪽에 십자가의 문신(文身)을 하고
있다. 이집트에 선교사로 갔던 무라야마 모리타다(村山盛忠) 목사
는 이렇게 말하고 있다.

"처음에는 문신에 대한 선입감이 있어서인지 그다지 친숙해지지
않았으나 익숙해짐에 따라서 기독교인으로서의 자각의 표시인
것을 알았습니다."

코프트 교회의 어떤 목사는 예루살렘에 갔을 때에, 기념과 함께
헌신을 새롭게 결의하여 성지에서 문신을 하고 왔다.

"문신할 때의 고통이 예수님의 십자가 고통을 맛보는 데에 없
어서는 안 될 것이 되었다."고 말하는 부인도 있었다.

기도를 들으시는 하나님

여호와여 나의 말에 귀를 기울이사 나의 심정을 헤아려 주소서 나의 왕, 나의 하나
님이여 나의 부르짖는 소리를 들으소서 내가 주께 기도하나이다

시편 5:1~2

터키의 대상(隊商)이 야영지에 도착했다. 뒤따라온 도적들이 밤의
어두움을 타서 습격해 왔으나 높은 담이 둘려 있어서 들어갈 수
가 없었다. 이튿날에도 역시 튼튼한 담이 둘려 있어서 침입을 못
했다. 사흘째 밤에 역시 전과 같이 높은 담이 둘러 있었으나 자세
히 보니 한 곳만 허물어진 구멍이 있었다. 도적들은 거기를 통해
서 침입하고 상인(商人)들을 깨워서 수령(首領)이 물어봤다.

"너희들의 물건을 빼앗지 않겠으니 대답해 달라. 왜 매일 밤에
높은 담을 쳐서 지키고 있었는가?"

이 말을 듣고 놀란 것은 대장이었다.

"우리들은 담장 같은 것은 치지 않았다. 그러나 우리들은 크
리스천이니까 매일 밤 잠자기 전에 하나님께 지켜 주시도록 기도
하고 동료들의 안전을 하나님께 맡기고 잠들었는데, 어젯밤에는
그만 낮에 너무나 피로해서 입만 가지고 기도한 후 잠들어 버렸
다. 너희들이 들어온 그 구멍은 그래서 생긴 것이었을 것이다."

하나님의 인도하심

정직한 자에게는 흑암 중에 빛이 일어나나니 그는 자비롭고 긍휼이 많으며 의로운
이로다

시편 112:4

이것은 37세 때에 간장병(肝臟病)으로 인하여 모든 수고에서 해방
받고 상파울루에서 소천 당한 브라질 개척 선교자, 모모노베 타
케오(物部赳夫) 목사의 생전의 한 장면이다. 그는 개척자로서 오지에
들어간 일본인을 찾아서, 매일매일 산을 넘고 밀림을 빠져나와
성경을 들고 걸어가고 있었다. 어느 날 밤의 일이다. 산중에서 길
을 잃고 이리저리 헤매다가 겨우 먼 곳에서 빛을 발견했다. 그러
나 그것은 목적하는 집이 아니라 흑인의 집이었다. 일본인 개척자
를 만나려면 더 깊이 들어가야 한다고 말했다.

그는 다시 캄캄한 흑암 속으로 나아갔다. 그는 가르쳐 준 방
향을 잃지 않으려고 바로 정면을 향하면서 흑암 속에 기도하는
목소리를 크게 부르짖었다. 그러자 어디서인지 손전등을 흔들면
서 가까이 다가오는 빛을 보았다. 높이 오르기도 하고 멀리 떨
어지기도 하기 때문에 이상하게 여겨 쳐다보고 있으니까 그의 발
밑을 비치는 것이었다. 그것은 놀랍게도 반딧불이었다. 브라질의
반딧불은 아주 커서, 그것이 대여섯 마리가 그가 진행하는 길을
팔랑팔랑 날면서 선도해 주니 그는 길을 잃지 않고 이윽고 일본
인 개척자의 집에 무사히 도착할 수 있었다.

나에게 일어난 기적

한 가지 아는 것은 내가 맹인으로 있다가 지금 보는 그것이니이다

요한복음 9:25

술에 흠뻑 빠져 버린 교사가 있었다. 그런데 예수 그리스도에게 사로잡혀서 크리스천이 되어 버렸다. 그의 술친구들이 이것을 알고 그 신앙을 흔들어 버리려고 했다.

"자네와 같은 양식 있는 인간이 성경에 씌어 있는 기적을 믿을 수 있을 턱이 없지 않는가? 이를테면 예수가 물을 포도주로 변화시켰다는 건 어떻게 믿을 수가 있겠어?"

그러자 그는 확신에 넘쳐서 말했다.

"예수 그리스도가 물을 포도주로 변화시켰는지, 그런 것엔 신경 쓰지 않아도 된다. 다만 확실한 것은 우리 집에서 예수 그리스도가 술을 가구로 변화시켜 주시고, 혼란을 평화로 바꾸어 주신다는 것일세."

의로운 자의 고난

무릇 징계가 당시에는 즐거워 보이지 않고 슬퍼 보이나 후에 그로 말미암아 연단 받은 자들은 의와 평강의 열매를 맺느니라

히브리서 12:11

하나님을 사랑하는 자 곧 그의 뜻대로 부르심을 입은 자들에게는 모든 것이 합력 하여 선을 이루느니라

로마서 8:28

기독교의 기초를 확립한 교부(教父) 아우구스티누스는 의로운 자의 고난에 대해 〈질서(秩序)〉라는 소논문(小論文) 속에서 다음과 같이 말했다.

"그것은 한 장의 자수(刺繡)한 천과 같은 것인데, 세상의 모순에 만 눈을 두게 되면, 자수의 뒷면을 보는 것과 같다. 거기에는 여러 가지 실이 난잡하게 얽혀 있을 뿐이며 그것이 무엇을 표현하고 있는지를 전혀 알 수가 없다. 그러나 그 표면을 볼 때, 거기에는 비로소 아름다운 경치라든지, 아름다운 꽃이라든지 기품 있는 초상화(肖像畵)가 그려져 있다는 것을 알 수 있는 것이다."

독 안의 가루는 바닥나지 않았다 1

사람이 시험을 받는 것은 자기 욕심에 끌려 미혹됨이니 욕심이 잉태한즉 죄를 낳고 죄가 장성한즉 사망을 낳느니라

야고보서 1:14~15

유(劉)씨는 알코올 중독으로 극빈 생활을 보내고 있었다. 여덟 명의 아이를 두고 있어 그야말로 거지와 같은 생활이었다. 그의 아내도 10년이나 위장병으로 고생하고 있었다. 그런 그들을 알고 천막교회의 최자실 전도사와 조용기 목사가 복음을 전하고 치유를 위해 기도하기 시작했다.

7개월 후에 유씨 일가(一家)는 모든 질병에서 해방받았다. 유씨가 술을 끊었다는 소식을 듣고 친구들이 어느 날 찾아와서 "참 잘 했다. 너무나 고마워서 쌀 한 가마니를 보내겠다."고 말하고 쌀 한 가마니를 보냈다. 지금까지 밀가루만 먹다가 쌀밥은 10년 만이다.

그들은 십일조를 드리기로 했다. 그러자 갑자기 아까운 생각이 들어서 만약 그것을 드리지 않는다면 3일분 양식이 되겠다고 생각했다. 그러나 이것은 사탄의 유혹이란 것을 알았기 때문에 기도하면서 사탄과 싸우며 가까스로 교회로 십일조의 쌀을 운반했다. 그리고 최자실 전도사에게 건네주니까 최 전도사는 그 쌀 부대에 얼굴을 묻고 울기 시작했다. 유씨가 무사히 하나님께 바치게 된 것을 감사했던 것이다.

독 안의 가루는 바닥나지 않았다 2

이스라엘의 하나님 여호와의 말씀이 나 여호와가 비를 지면에 내리는 날까지 그 통의 가루가 떨어지지 아니하고 그 병의 기름이 없어지지 아니하리라 하셨느니라 그 가 가서 엘리야의 말대로 하였더니 그와 엘리야와 그의 식구가 여러 날 먹었으나

열왕기상 17:14~15

유씨가 사탄과 싸우면서 십일조를 교회에 가지고 왔다는 말을 듣고 최자실 전도사는 "이 쌀은 이미 하나님께서 받으셨으니 이 것을 도로 가져가서 아이들에게 먹이세요."라고 말하려고 했다. 그러나 이런 생각은 인간적인 것이라는 것을 깨달은 최 전도사는 말없이 받아들였다. 그 후 한 달쯤 지나서 가진 기도회에서 유씨의 부인이 간증을 했다.

"하나님은 정말로 살아 계십니다. 매일 살아 계십니다. 지난달에 친구로부터 쌀 한 가마니를 보내왔기에 하나님께 십일조를 바쳤습니다. 쌀 한 가마나 해도 우리들 10인의 대가족에게는 20일분의 양식밖에 안 됩니다. 그런데 30일이 지나도 내일의 쌀이 남아 있습니다. 십일조를 드리고 난 나머지로 30일 이상 먹을 수 있었습니다. 너무나 신기해서 간증합니다."

유씨의 기쁨에 넘치는 간증을 들은 사람들은 "나도, 나도." 하면서 십일조 바치기를 신청했다.

죽음에 이르기까지 헌신

선을 행하고 선한 사업을 많이 하고 나누어 주기를 좋아하며 너그러운 자가 되게
하라

디모데전서 6:18

대만(臺灣)의 북문(北門)에는 오족병원이라는 오족증(烏足症) 환자
전문의 병원이 있다. 오족(烏足)이란 물에 포함되어 있는 비소(砒素)
가 원인으로 특히 이 지방에 다발(多發)하는 기병(奇病)이다. 그것은
격렬한 통증을 수반하며, 발가락 끝에서부터 까마귀 발처럼 검게
썩어 들어가서 말라 버리는 질병이다. 치료법은 없고 현재로는 발
을 절단하는 수밖에 없는 비참한 병이다. 특히 가난한 사람들에
게 많이 나타나는 것이다.

이런 질병을 안 의학박사이기도 한 사(謝) 목사는 북문에 병원
을 만들어 10년 동안 매주 2회 대중(臺中)으로부터 와서 무료진료
를 계속하고 있었다. 1971년 어느 날, 그는 대수술을 무사히 마
치고 대중으로 귀가하는 길이었다. 예정 시간이 되어도 귀가하지
않는 사 목사의 심변을 걱정하던 가족에게 도착된 것은 슬픈 소
식이었다. 그는 자동차를 운전하면서 귀가하던 중, 극도의 피로
로 인해 가로수를 들이받아 사망한 것이었다.

이 슬픈 소식은 신문으로 대만 전역에 알려졌다. 사람들은 〈타이
완의 슈바이처〉라고 말하며 그의 죽음을 충심(衷心)으로 애도했다.

315

박해의 각오

그러므로 너희가 견디고 있는 모든 박해와 환난 중에서 너희 인내와 믿음으로 말미암아 하나님의 여러 교회에서 우리가 친히 자랑하노라

데살로니가후서 1:4

중국어 성경을 보내기 위해서 중국으로 건너간 어떤 여성이 정부 비공인의 〈가정교회〉의 크리스천들을 무사히 만날 수 있었다. 그녀가 방문한 사람들 중에는 자택에서 기독교 문서를 비밀리에 인쇄하고 있었던 그룹이 있었다. 그들은 그것뿐만 아니라 중국 오지의 형제자매들을 위해 성경연구의 카세트 테이프도 만들고 발송하고 있었다.

공산 정권 하에 〈가정교회〉의 박해가 극심한 중에서 이러한 복음 전달을 위한 위험한 활동을 하고 있다는 것을 알고 놀란 일본인 자매들은 "당신들은 참으로 용기 있는 사람입니다." 라고 말하고 자기들의 성경 전달 사업은 거기에 비하면 아주 보잘것없는 일이라고 감탄했다. 그러자 그들은 이미 기독교인으로서 10년 이상이나 투옥된 경험자라고 웃으며 말했다. 그리고 진지한 얼굴로 이렇게 덧붙였다.

"우리들은 언제든지 다시 한 번 감옥에 갈 각오가 되어 있습니다. 예수님은 우리를 위해 죽으셨으니 우리들이 예수님을 위해 지불해야 할 이보다 더 큰 희생은 아무것도 없습니다."

해야 할 일을 지금 한다

세월을 아끼라 때가 악하니라

에베소서 5:16

<일본어 성경: 지금 이 때를 살려서 사용하라>

감리교회의 창립자 존 웨슬리가 어떤 사람으로부터 질문을 받았다.

"당신이 만약 내일 밤 12시에 죽는다고 결정되었다면, 어떤 준비를 하겠습니까?"

"역시 예정대로 지낼 뿐입니다. 오늘 아침과 내일 저녁에는 그라우세스터에 가서 강론(講論)을 하고, 그 후에 말을 타고 축스버그에 가서 오후에 강론하고, 밤에는 신자들과 만나고, 마르틴 군의 집에 가서 숙박하고 그 가족들과 대화한 후에 기도하고, 10시에 침상에 들어가고 다음 날 아침에는 영광의 나라에서 잠을 깨는 것 뿐입니다." 라고 대답했다.

자유

모든 것이 가하나 모든 것이 유익한 것은 아니요 모든 것이 가하나 모든 것이 덕
을 세우는 것은 아니니

고린도전서 10:23

"기독교인은 어디든지 자유롭게 갈 수 있다고 나는 생각합니다."라고 어떤 젊은 여성이 꺼림칙한 환락의 장소에 출입하고 있음을 변명하여 이렇게 말했다. 그녀의 친구는 걱정하면서 말했다.

"확실히 〈할 수 있을 것이다〉 그러나 나는 작년 여름에 친구들과 그룹으로 탄광을 견학할 적에 경험한 일이 생각난다. 어떤 사람이 깨끗한 흰 옷을 입고 있었다. 내가 그것을 주의시키니까 그녀는 안내하는 광부에게 〈흰 옷을 입고 탄광 안에 들어가서는 안 됩니까?〉라고 물었다. 광부는 대답했다. 〈괜찮아요. 당신이 흰 옷을 입고 탄광 안에 들어가는 것을 방해하는 것은 아무것도 없어요. 다만, 당신이 흰 옷을 입고 나오는 것을 방해하는 것이 수없이 많아요〉"

시련은 반성의 때

우리가 판단을 받는 것은 주께 징계를 받는 것이니 이는 우리로 세상과 함께 정죄함을 받지 않게 하려 하심이라

고린도전서 11:32

1645년에 일어난 크롬웰 지도에 의한 청교도혁명은 영국 국왕 찰스 1세를 반역죄로 처형했는데, 소년 시절 찰스 왕자는 크롬웰과 놀이 친구였다. 소년 올리버 크롬웰은 찰스 왕자의 놀이 친구로 뽑혔는데, 왕자가 때리면 그는 지지 않고 때려 주어 코피까지 흘리게 한 적이 있었다. 사람들이 크롬웰을 꾸짖었는데 제임스 왕은 "아니 아니, 찰스는 영국 국민을 압제(壓制)하려고 할 때에 코피를 흘린 일을 상기하게 되는 것이 좋을 것이다." 하며 크롬웰을 편들어 주었다. 그 후, 성인이 되어서 왕위를 계승한 찰스는 그 괴로운 경험을 잊어버린 결과, 같은 크롬웰에 의해서 코피가 아닌 목을 잘려 버렸던 것이다.

하나님 안에 있는 비상식

이 일이 그 날에 남은 백성의 눈에는 기이하려니와 내 눈에야 어찌 기이하겠느냐 만
군의 여호와의 말이니라

스가랴 8:6

　에노모토 목사가 쓴 『치이로바』라는 책 중에서 〈두꺼운 봉투〉
를 읽었던 건축회사 사장은 놀란 표정으로 이렇게 말했다.

　"목사님들 가운데는 참으로 비상식적인 사람이 많군요. 건축
의 예산도 손에 가진 자금도 없이 보오리즈 건축사무소에 상담
하러 간 에노모토 목사란 사람. 참 비상식적인 사람이군요. 그러
나 이런 비상식적인 사람이 아니고는 교회당은 세우지 못해요."

행복한 가정

··· 상대를 있는 그대로 받아들인다

그리스도께서 우리를 받아 하나님께 영광을 돌리심과 같이 너희도 서로 받으라

로마서 15:7

서로 원망하지 말라 그리하여야 심판을 면하리라

야고보서 5:9

지금은 영화화되어 알려진 사실이지만, 요네코(米子) 부인의 구원 받은 간증을 통해, 전도하던 타하라(田原) 아키토시(明利) 목사와 결혼한 후에, 일어난 사건의 간증이다.

"아내는 나를 사랑하며 존경해 줍니다만, 어쩐지 내가 원하는 바를 말해 주지 않습니다. 이런 일을 해서는 안 된다고 생각하고 있는데, 좀처럼 그만두지 않습니다. 그래서 나는 아내에게 여러 가지를 요구하기 시작했습니다. 그러자 우리들 사이에 어쩐지 장벽(障壁)을 느끼게 되었습니다. 나는 아내에게 여러 가지 조건을 내걸고 〈이렇게 해 주면 나는 당신을 더 사랑하겠다〉고 했었던 것입니다. 주님은 이것을 깨닫게 해 주셨습니다. 〈주님, 나는 당신이 만나게 해 주신 아내를 있는 그대로 받아들이겠습니다. 설령 그녀가 장래에도 변화하지 않는다고 해도 사랑하겠습니다〉 그 순간, 마음은 가벼워지고 처음 느꼈던 기쁨이 되돌아왔습니다. 그리고 그때부터 아내는 꽃처럼 자연스럽게 개화(開花)하기 시작했습니다. 주님은 놀랍습니다."

반대에 대처하는 방법

그러므로 생명을 사랑하고 좋은 날 보기를 원하는 자는 혀를 금하여 악한 말을
그치며 그 입술로 거짓을 말하지 말고 악에서 떠나 선을 행하고 화평을 구하며 그것
을 따르라 주의 눈은 의인을 향하시고 그의 귀는 의인의 간구에 기울이시되 주의 얼
굴은 악행하는 자들을 대하시느니라 하였느니라

베드로전서 3:10~12

미국 신앙 부흥의 대지도자로 찰스 G 휘니가 있다. 그는 1821
년에 회심(回心)하자, 변호사에서 전도자가 되어 많은 회심자를 불
러일으켰다. 그리고 얼마 후에 오페린대학에서 신학과 교수가 되
었다. 이와 같이 하나님께서 쓰시는 그릇에게도 많은 비난과 반
대가 붙어 다녔다. 다만 열심히 기도했습니다.

"하나님 앞에서 겸손해지면 이번에는 크게 높임을 받았습니다.
그때에 하나님께서는 저를 지지해 주신다는 것을 보증해 주셨습
니다. 그리고 어떠한 반대에도 지지 않았습니다. 반대자에 대해서
내가 할 일은 아무것도 없습니다. 다만 기도하면서 하나님의 도
우심을 기다리는 것뿐입니다."

자기 연민

긍휼히 여길 자를 바라나 찾지 못하였나이다

시편 69:20

〈일본어 성경: 나는 동정해 줄 자를 기다렸으나 한 사람도 없다〉

복식(服飾) 디자이너인 타나카 치요(田中千代)는 〈일도(一途)에 살다〉란 제목으로 한 강연에서 이렇게 말했다.

"『부인지우(婦人之友)』라는 잡지사의 하니모토코(羽仁元子) 선생으로부터 원고를 의뢰받았을 때의 일인데, 이것은 나에게는 처음인 큰 원고였습니다… 그때 마침 해외에서 귀국한 지 얼마 안 되어서, 이사를 하고, 아이들의 입학, 남편의 취직 등, 혼란한 시기였습니다. 아직 집이 완성되지 않아 다다미(돗자리)도 깔지 못해 판자를 깔아 놓은 채 그 위에서 원고를 썼습니다.

그래서 나는 〈정말 유감입니다. 이것은 그런 환경에서 쓴 원고입니다〉라고 말하면서 갖다 주었더니, 〈인간이란 다 그런 것이에요. 나 역시 임월(臨月)의 몸으로 오늘 밤에 아이가 출생할지? 혹은 『부인지우』의 창간호가 내일 아침에 전부 발송될 것인가? 어느 쪽이 빠를까? 그런 가운데에서 밤을 샜던 것이에요〉라고 말했습니다. 거기에 비하면 나의 경우는 대단한 것이 아니라고 생각했습니다."

10월 27일

사치

혹은 한 가지만이라도 족하느니라

누가복음 10:42

〈일본어 성경: 꼭 필요한 것은 아주 적다〉

검소한 생활을 달게 받는 사람은 지구상에서 가장 행복한 사람이다.(토마스 하디, 영국 소설가)

물을 마시고 즐기는 사람도 있다. 비단옷을 입고도 염려하는 사람도 있다.(中根東里)

만족은 궁전보다도 차라리 오막살이집에 살고 있다.(영국 속담)

자네가 갖고 싶은 것을 사지 말라. 필요한 것만을 사라.

(카토오, 로마의 정치가, 문인)

간소하고 교만하지 않은 생활은 누구에게나 최상의 것이다. 육체를 위해서도, 정신을 위해서도 최상의 것이다.

(아인슈타인, 미국의 물리학자)

죄의 보응

스스로 속이지 말라 하나님은 업신여김을 받지 아니하시나니 사람이 무엇으로 심든지 그대로 거두리라

갈라디아서 6:7

1619년, 흑인을 가득 실은 범선이 미국에 도착했다. 이것이 240년 후에 4년간에 걸쳐 미국을 두 쪽으로 갈라서 전쟁을 일으켰던 노예제도의 시작이었다. 1865년 3월 4일, 남북전쟁이 한창일 때에 링컨 대통령은 유명한 연설을 했다.

"4년에 걸친 무서운 내란은 우리 합중국이 노예제도를 공인했기 때문에 당연히 받아야 할 보응으로서 하나님께서 내리신 벌입니다. 이에 대하여 남부뿐만 아니라 북부도 또한 이 비도(非道)를 묵인한 공범자로서 책임을 면할 수는 없습니다. 국민은 이 무서운 전쟁의 참화가 속히 지나가기를 열심히 기도하고 있겠지만 만약, 하나님의 뜻이 250년간, 노예의 노동력을 착취하고 그 기름과 피를 짜서 쌓은 우리의 부(富)가 전부 소비되고 또한 하나님의 뜻이 노예를 매질하고 흘린 피의 한 방울까지 칼에 의해서 흘리는 피로 보상이 될 때까지 이 전쟁을 계속하게 하신다고 해도, 우리들은 정의로운 하나님의 심판에 복종하지 않으면 안 됩니다…."

악마가 두려워하는 것

하나님의 아들이 나타나신 것은 마귀의 일을 멸하려 하심이라

요한1서 3:8

브라질의 〈CLC〉에서 발행되고 로오처가 쓴 전도지인데, 〈심령술(心靈術)〉의 위험성을 지적하고 유일한 구주 예수님을 소개한 전도지(傳道紙)가 발매되었던 때의 이야기이다.

〈CLC살바돌〉점에 한 사나이로부터 전화가 걸려왔는데 무서운 목소리로 "점포 밖에 폭발물을 장치해 놓았다."고 협박했다. 짧은 말 가운데에서 협박자는 심령술사이거나 또는 그것에 집착하는 자 같았다. 그는 전도지에 의해 자기가 신봉하는 것의 사악한 정체가 포로되었다고 전도지의 발매를 당장 중단하도록 방해하려 나왔다는 것이다. 이런 사정을 간파한 여자 직원은 믿음에 굳게 서서 겁내지 않고 이렇게 큰 소리로 반박했다.

"그런 협박은 통하지 않아요. 우리들은 예수님의 피로써 보호받고 있기 때문에…!"

상대방 사나이는 돌연히 전화를 끊어 버렸다. 그리고 다시는 전화를 걸어오지 않았다. 폭발도 없었고 아무일도 일어나지 않았다.

상부상조

이제 너희의 넉넉한 것으로 그들의 부족한 것을 보충함은 후에 그들의 넉넉한 것
으로 너희의 부족한 것을 보충하여 균등하게 하려 함이라

고린도후서 8:14

기독교에 적의를 가지고 있었던 그리스의 수사학자(修辭學者) 루
키아노스는 크리스천들의 생활을 보고 놀라면서 이렇게 말했다.

"저 종교를 믿는 사람들이 서로 도와주는 열심의 도수(度數)는
믿을 수 없을 정도이다. 그들은 무엇 하나 아깝게 생각하지 않는
다. 그들의 율법자(律法者)는 그들의 머리에 그들이 모두 형제라는
것을 새겨 넣었다."

아들의 비행의 원인은 무엇인가?

사람이 자기를 살피고 그 후에야

고린도전서 11:28

유순한 대답은 분노를 쉬게 하여도 과격한 말은 노를 격동하느니라

잠언 15:1

고교 1학년 학생이 길에서 쓰러져 있었다. 경찰이 조사해 보니 그는 신너 놀이를 하던 중 의식을 잃었다는 것을 알았다. 부모는 경찰에 불려와 "또다시 보도(補導)를 받게 된다면 학교에 알린다. 그렇게 되면 퇴학당할 것이다."라고 큰소리로 꾸중을 들었다.

그런 일이 있었던 후에도 도무지 부모의 충고를 듣지 않는 아들 때문에 모친은 울면서 〈사립 아동상담소〉의 지누시 아이코(地主愛子) 씨를 찾아왔다.

"어머니, 〈신너 놀이를 그만두게 할 방법은 없는가? 도와주세요〉가 아니라 왜 이 아이가 신너 놀이를 하는가를 생각해 보세요. 그 원인은 가정에 있다고 생각해요."

모친은 가르쳐 준 대로, 그 후에는 일체 공부에 대해서는 말하지 않았고, 신너 놀이의 사연을 담임에게 말했더니 격려하기로 약속해 주었다. 그러자 얼마 후에 아들이 "이제는 열심히 하겠다."고 말하고 생활의 장을 2층에서 1층으로 옮겨 부모의 옆방으로 옮겨 왔다.

11월

이달의 기도 제목

11월 1일

불신자의 가족으로부터의 박해

우리가 선을 행하되 낙심하지 말지니 포기하지 아니하면 때가 이르매 거두리라 그러므로 우리는 기회 있는 대로 모든 이에게 착한 일을 하되 더욱 믿음의 가정들에게 할지니라

갈라디아서 6:9~10

극작가 무라야마 토모요시(村山知義)의 모친 겐은 젊은 나이로 미망인이 되었다. 남겨진 가족으로는 9세의 토모요시와 5세가 되는 동생, 게다가 조부(祖父)가 버린 조모(祖母)가 있었다. 조모는 심술궂은 사람으로 겐을 학대했다. 그래서 소년 토모요시는 조모를 칼로 찔러 버리려고까지 했다. 그러나 겐은 한결같은 마음으로 조모를 섬겼다.

열심 있는 크리스천이었던 그녀의 유일한 즐거움은 우치무라 칸조(內村鑑三)의 성경 강의를 들으러 가는 일이었다. 조모는 그것을 어떻게 해서든지 방해하려고 했다. 전날부터 다음 날 일까지 다 처리해 놓고, "어머니, 다녀오겠습니다." 조심조심 양해를 구하면, 조모는 얼굴을 찌푸리면서 쳐다보지도 않았다. 그리고 나가 버리면, 자기 옷을 꺼내 가지고 세탁을 시작하면서 〈내가 이 나이에 이런 일을 해야 하나요?〉 울면서 이웃 사람들에게 말하는 것이 보통이었다. 10년쯤 지나서 조부가 조모를 데리고 갔는데 얼마 후에 폐질환으로 죽으면서 "겐에게 나쁜 일을 많이도 했다."고 말했다고 한다.

330

유화

너희가 부르심을 받은 일에 합당하게 행하여 모든 겸손과 온유로 하고 오래 참음으로 사랑 가운데서 서로 용납하고

에베소서 4:1~2

일본의 메이지(明治: 1868~)에서 다이쇼(大正: 1912~1926) 시대에 걸쳐서 일본에서 큰 전도 활동을 한 사람으로 백스톤이라는 〈영국 성공회〉의 선교사가 있었다. 그의 부친도 전도자로서 영국에서 일하고 있었다. 평소에 그의 설교를 싫어하는 여자가 있었다.

어느 날, 그녀는 백스톤이 집 앞을 걸어가는 것을 보고 뒤따라와서 그의 뒤에서 프라이팬에 담은 기름을 뿌렸다. 그러나 노(老) 전도자는 "아주머니, 그래서 마음이 시원해진다면 앞에서도 하세요!"라고 조용히 말했다. 여자는 자기 행위를 부끄럽게 생각하고 그냥 도망칠 수밖에 없었다.

인내란?

선을 행함으로 고난을 받고 참으면 이는 하나님 앞에 아름다우니라 이를 위하여
너희가 부르심을 받았으니 그리스도도 너희를 위하여 고난을 받으사 너희에게 본을
끼쳐 그 자취를 따라오게 하려 하셨느니라

베드로전서 2:20~21

스위스의 개혁파 목사이며 실천신학자(實踐神學者)인 투울나이젠
은 성경의 용어법에 있어서의 〈인내〉란 "용기를 가지고 견디어 내
는 것, 지금은 아직도 짊어져야 할 것을 계속해서 짊어지는 것"이
라고 말했다.

분노

각각 자기 일을 돌볼뿐더러 또한 각각 다른 사람들의 일을 돌보아 나의 기쁨을
충만하게 하라

빌립보서 2:4

사람마다 듣기는 속히 하고 말하기는 더디 하며 성내기도 더디하라

야고보서 1:19

일소(日蘇) 국교 회복, 일본의 유엔 가입 등의 업적을 남긴 크리스천 재상 하토야마 이치로오(鳩山一郎)가 젊었을 때에는 하루에 한 번 목욕을 꼭 해야 하는 습관이 있었다.

어느 날, 가정부가 빈 솥에 불을 때서 목욕 솥이 못 쓰게 망가졌다. 나쁜 일은 겹치는 것, 수리공은 오지 않았고, 그날은 매우 더운 날이었다. 저녁 때에 법률사무소에서 자전거로 퇴근한 이치로오는 "곧 목욕할 거야."라고 말했다. "저어, 오늘은 목욕을 못합니다만…" 하며 아내가 말을 하자 갑자기 손을 들어 때렸다.

그러나 반성한 이치로오는 그 후 50년간 아내와는 입씨름 한 번 안 하고 화목하게 지냈다.

시련 1

—모든 일에 감사하라

범사에 감사하라 이것이 그리스도 예수 안에서 너희를 향하신 하나님의 뜻이니라
데살로니가전서 5:18

신앙생활을 막 시작한 젊은 여성에게 연달아 곤란이 덮쳐 왔다. 두 번이나 당하는 교통사고, 종양의 수술, 독극물을 먹고 중병에 걸렸고, 강도, 도둑 등이었다.

고용주는 이것을 알고 그녀 자체에 문제가 있는 것은 아닐까 해서 일을 그만두게 하였다. 교회 신도들도 같은 시각으로 그녀에게 냉담해졌다. 그 때문에 실의의 밑바닥을 헤매고 있던 그 무렵에, 마침 그 당시에 미국에서 베스트셀러가 되었던 마린 캐로저스 목사의 『옥중에서의 찬미』를 손에 넣었다. 거기에 쓰여진 사실들은 그녀에게 있어서 참으로 놀라운 것이었다.

"지금까지 일어났던 모든 문제들은 하나님의 허락 없이는 일어날 수 없는 것이다. 그렇기 때문에 하나님께서 어떤 의도를 가지고 계신다."는 것이 이 책의 주장이다.

그녀는 이것을 알게 되자 자기에게 일어난 갖가지 불행한 일들에 대해서 〈범사에 감사하라〉는 말씀에 따라 하나님 앞에 감사하기를 시작했다. 그러자 어찌된 일일까요. 그녀를 사로잡아 놓았던 공포가 없어지고 그만큼 기쁨이 마음을 채워 주기 시작했다.

시련 2

— 나에게는 하나님이 전부

내가 그리스도를 위하여 약한 것들과 능욕과 궁핍과 박해와 곤고를 기뻐하노니
이는 내가 약한 그 때에 강함이라

고린도후서 12:10

하나님의 성령으로 봉사하며 그리스도 예수로 자랑하고 육체를 신뢰하지 아니하
는 우리가 곧 할례파라

빌립보서 3:3

이전(以前)에 그녀는 불행한 일이 겹치면서 주정꾼이 되어 있었다.
예수 그리스도로 말미암아 구원받고 술에서 해방되기는 했지만,
전보다도 더한 시련을 계속 겪고 있었다. 그러나 〈범사에 감사〉
함으로써 신앙의 승리자가 된 것이다. 그리고 그녀와 비슷한 불
행을 짊어지고 있는 사람들의 좋은 상담 상대역으로 없어서는
안 될 존재가 되어 있던 것이다. 그녀는 간증하여 이렇게 말했다.

"다른 사람들에게는 평온한 생활이 있겠지만 나에게는 곤란이
일상으로 되어 있습니다. 이것은 하나님만이 나의 전부라는 것을
알게 해 주었습니다. 내게 있는 것은 하나님뿐입니다. 그리고 하
나님이 허락하신 이 수많은 곤란은 나에게 유익한 것이 될 것이
틀림 없습니다."

335

불평불만

이 사람들은 원망하는 자며 불만을 토하는 자며 그 정욕대로 행하는 자라

유다서 1:16

여호와께서는 그 모든 행위에 의로우시며 그 모든 일에 은혜로우시도다

시편 145:17

정년퇴직을 앞에 둔 초로의 사나이가 밤낚시를 하러 나갔다. 달이 없는 심야라 캄캄했다. 해안에 도착하자 낚싯대를 꺼내어 가만히 주위를 살피면서 기다리고 있었다. 그러나 도무지 낚싯대에는 반응이 없었다. 그는 돌자갈밭에 앉아서 손을 짚어 보니 손 밑에서 작은 주머니가 만져졌다. 캄캄한 밤이라 손으로 만져 보니 작은 돌 같은 것이 있음을 알았으나, 〈아이들이 모아 둔 것이겠지〉 하고 아무런 흥미를 보이지 않았다.

그는 혼잣말로 불평불만을 토로하기 시작했다. 중얼거리면서 그 돌주머니에서 작은 돌을 한 알 두 알 꺼내어 바다를 향해 던지기 시작했다. 불평불만은 이윽고 직장의 불만, 가정에 대한 불만 등, 갖가지 불만으로 옮겨가서 그때마다 작은 돌은 차츰 주머니에서 자꾸자꾸 멀리 던져졌다. 불평은 자기의 성장 과정까지에 이르면서 한정없이 계속되었다.

날이 새려고 하여 주위가 밝아올 때에 마지막으로 남은 돌을 보고 깜짝 놀라, 울어 버렸다. 그가 버린 돌이 모두 다이아몬드였기 때문이다.

성령 충만의 필요성

오직 성령이 너희에게 임하시면 너희가 권능을 받고 예루살렘과 온 유대와 사마리아와 땅 끝까지 이르러 내 증인이 되리라

사도행전 1:8

19세기의 위대한 대중 전도자 D. L. 무디는 크리스천에게 성령 충만의 필요성을 강론하여 이렇게 말했다.

"우리들은 〈구멍이 난 그릇〉이란 것입니다. 그런 까닭에 계속적으로 그리스도로 충만해져 있기 위해서는 샘 아래에 머물고 있어야 합니다. 그렇게 한다면 새로운 성령의 충만을 얻을 수 있습니다. 우리들은 하나님께서 10년 전에 주신 은혜를 가지고 하나님의 사역을 하려고 하고 있습니다. 우리들은 〈필요하다면(10년 전에 받은 것과…) 같은 은혜로 해 나가겠습니다〉라고 말합니다. 이것은 많은 사람들이 범하고 있는 잘못입니다. 우리들에게 오늘날, 필요한 것은 〈새로운 성령의 충만〉입니다. 새로운 기름 부으심과 새로운 능력입니다. 우리들이 이런 것을 진심으로 구할 때, 그것을 얻을 수 있습니다."

성령 충만

아버지께서 구하는 자에게 성령을 주시지 않겠느냐 하시니라

누가복음 11:13

미국 성공회의 데니스 베네트 사제(司祭)는 성령의 바프티스마
(baptisma, 세례)를 받았다고 하는 존(Johne) 부부의 간증을 들었다. 베
네트는 그때부터 3개월에 걸쳐서 성경, 기도서, 신학서와 교회사
를 조사했다. "이 경험은 어느 책에든지 나와 있는 것입니다. 나
도 얻고 싶지만, 어떻게 하면 내 것으로 만들 수 있습니까? 그러
나 방언(方言)에는 흥미가 없습니다."

"방언은 바프티스마에 따라왔다고밖에 말할 수 없습니다."라
고 말하니까 존은 베네트의 머리에 손을 얹고 솔직히 "데니스 베
네트가 성령에 의해 바프티스마 되기를 원합니다."라고 소원했
다. 베네트도 같은 기도를 들였다. 아무런 흥분도 일어나지 않았
다. 그러나 수일 후에 그는 존에게 말했다.

"아주 오랜 옛날에 나는 하나님의 임재야말로 삶의 참다운 이
유라는 것을 명확하게 알았습니다만, 그러던 것이 기아(飢餓)의 긴
세월이 지난 후에 갑자기 나를 다시 둘러싸 버렸습니다. 지금처럼
하나님의 임재를 이처럼 현실적으로 경험한 일은 지금까지 없었
습니다."

베네트는 이 체험 때문에 교회를 쫓겨났지만, 폐쇄하기로 예정
되어 있었던 교회로 옮겨가서 지금은 2천 명 이상의 사람들의 영
적 지도자가 되어 있다.

성령 충만을 구하는 기도

그들이 내려가서 그들을 위하여 성령 받기를 기도하니 … 이에 두 사도가 저희에게
안수하매 성령을 받는지라

사도행전 8:15, 17

미국의 카리스마 쇄신운동 지도자의 한 사람으로 성공회의 데
니스 베네트 사제는 〈성령을 받는 기도〉를 다음과 같이 하나의
예로서 가르친다.

"하늘의 아버지여, 저를 모든 죄에서 정결케 해 주소서. 예수님
의 귀한 피로써 지켜 주심을 감사합니다. 사랑하는 주 예수님, 성
령으로 저에게 바프티스마를 내려주시고 저의 지성의 한계를 초
월한 새로운 말로 하나님을 찬양하게 하시옵소서."

가수나 배우 이상으로 신도 전도자로서 활동하는 팻 분은 이
렇게 기도했다.┤

"아버지 하나님, 저는 당신에게 모든 것을 드립니다. 저의 생명
을 당신에게 맡깁니다. 주여, 저의 인생을 당신의 뜻대로 하시옵
소서. 저의 인생은 당신의 것입니다. 죄뿐인 저를 용서해 주소서.
예수님, 살아 계시는 하나님의 성령으로 저에게 이 장소에서 지금
바프티스마를 베풀어 주소서."

전도 1

—성과 없음

그러므로 우리가 이 직분을 받아 긍휼하심을 입은 대로 낙심하지 아니하고 … 하나님의 말씀을 혼잡하게 하지 아니하고 오직 진리를 나타냄으로 하나님 앞에서 각 사람의 양심에 대하여 스스로 추천하노라

고린도후서 4:1~2

미쓰마루 시게루(滿丸 茂) 목사가 아직 12세일 때에 가고시마시(鹿兒島市)에서 쌀가게를 하고 있었던 부친은 고객의 보증을 선 일로 인해, 빚을 못 갚게 된 그 사람 대신 재산의 모든 것을 남의 손에 건네주고 빈털털이가 되었다. 집까지 잃은 일가족은 타네가시마(種子島)의 원시림에 들어가 살았고, 개척 촌민 상대로 장사를 시작했다. 그 무렵, 오오에 쿠니지(大江國二) 목사가 타네가시마에 들어가서 개척 전도를 시작했다.

5, 6년 동안 전도를 했으나 아무런 성과가 없어, 그는 낙담하고 타네가시마를 떠났다. 그때, 오오에 목사에게 하나의 말씀이 주어졌다. 〈이스라엘아, 너를 지으신 이가 말씀하시느니라 너는 두려워하지 말라 내가 너를 구속하였고 내가 너를 지명하여 불렀나니 너는 내 것이라 이사야 43:1〉

오오에 목사는 이 성구(聖句)로 위로받고 분발했다.

"그렇다 나는 주님의 것이다. 주께서 나의 전도에 힘을 빌려주신다. 낙담해서는 안 된다."

그 후에 그는 타지(他地)에서 전도하고 있을 때에도 타네가시마의 구원을 위해 계속 기도했다.

전도 2
···하나님의 기적

내가 하는 것을 내가 지금은 알지 못하나 이후에는 알리라

요한복음 13:7

오오에(大江) 목사가 타네가시마로부터 철수한 후 10여 년이 지난 1930년, 마에바시(前橋)에서 열린 성회에 강사로 나간 오오에 목사가 〈타네가시마 전도의 실패〉를 이야기했다. 이 성회에는 미쓰마루 시게루의 형, 이때에 이미 목사가 되어 있었던 시게키치(茂吉)가 참석했었는데, 이 말을 듣고 놀랐다.

"오오에 목사님, 실패라고 하시지만 그것은 틀렸습니다. 목사님의 기도는 멋지게 응답받았습니다. 그 무렵에 타네가시마에 있었던 미쓰마루 일가는 멋지게 구원받았습니다."

오오에 목사도 놀랐다. 그리고 하나님께 영광을 돌렸다. 타네가시마에 살고 있을 때에는 구원받지 못했으나 미쓰마루 일가를 다른 곳으로 인도하여 거기서 구원받도록 해 주셨다.

미쓰마루 시게루는 1923년(大正 4), 도쿄(東京)에서 일하고 있었다. 가고시마에서의 소년 시절, 근처의 크리스천 가정에서 열렸던 〈금요학교(金曜學校)〉에 간 일은 있었지만, 첫 예배로는 레이난사카(靈南坂) 교회에 참석했다. 차형(次兄)이 믿는 불교의 진종(眞宗)에서도, 그때 상경해서 하숙하고 있었던 장형(長兄)의 천리교(天理敎)의 교리에서도 그가 구하고 있었던 진리와 구원을 발견하지 못했다. 시게루는 기독교에서 구원을 찾아내었던 것이다.

전도 3
─ 가족의 구원

그가 너와 네 온 집이 구원 받을 말씀을 네게 이르리라 함을 보았다 하거늘

사도행전 11:14

미쓰마루 시게루가 구도하기 시작한 지 수일이 지나서 카가와 토요히코(賀川豊彦)의 전도 집회가 시작되었다. 그는 첫째 날 밤에 그리스도를 구주로 믿고 구원받았다. 그리하여 오오에 목사의 기도는 미쓰마루 가문의 한 사람을 첫 열매로 만들었던 것이다. 죄 용서를 받고 영혼이 해방된 시게루는 천리교(天理教)를 믿는 형에게 "나는 기독교를 믿습니다."라고 알렸다. 격분한 형은 "여기는 천리교회이니까 나가라! 기독교를 믿는다면 신 벌을 받아 반년 이내에 죽을 것이야!" 하며 떠들면서 협박했다.

1925년에 시게루를 의지하여 형, 모친, 여동생들이 상경하여 함께 니혼바시(日本橋)에 살게 되었다. 구원의 첫 열매가 된 시게루는 여동생 셋을 교회로 데리고 갔다. 그리고 조금 지나서 형, 최후에 불교에 열심인 모친까지도 구원받았다.

이와 같이 하나님께서는 미쓰마루 가문을 하나님의 가족으로 삼으셨다. 하나님의 가족은 점점 퍼져서 1985년 현재, 목사 가족만 헤아려도 18가족 92명의 크리스천으로 불어났다.

하나님께 대한 불만

이 사람아 네가 누구이기에 감히 하나님께 반문하느냐 지음을 받은 물건이 지은
자에게 어찌 나를 이같이 만들었느냐 말하겠느뇨

로마서 9:20

주는 가장 자비하시고 긍휼히 여기시는 이시니라

야고보서 5:11

　연로한 모친은 불교신자였다. 크리스천인 딸은 결혼한 후에도 모친과 동거하면서 모친의 구원을 위해 오랫동안 기도하고 있었다. 그러나 기도하면서 예수 그리스도를 이야기하면 할수록 모친의 마음은 굳어져 갔다. 그래서 마침내 절망해서 부인 선교사를 찾아갔다. 선교사는 그녀의 얼굴에서 마음에 하나님께 대한 완고함과 불만을 발견했다. 선교사의 부드럽고 친절한 물음에 그녀의 눈에서는 눈물이 넘쳐 나왔다.

　"하나님은 불공평합니다. 다른 사람들의 아이는 모두 건강한데 내 아이만 차례차례 다섯이나 죽었습니다. 하나님은 불공평합니다…"

　선교사는 그녀의 어깨를 안아 주면서 함께 울었다. 그리고 두 사람은 하나님의 사랑에 대해 대화를 나누었다. 사랑이신 하나님이 다섯 아이를 하나님 곁에 불러 주신 것도 사랑이라는 것을 알게 되었다. 그날 이후, 빛나는 딸의 얼굴을 보게 된 모친는 마음을 열어 마침내 예수님을 받아들였다.

병들었을 때

주께서 나를 괴롭게 하심은 성실하심 때문이니이다

시편 119:75

고난 당한 것이 내게 유익이라 이로 말미암아 내가 주의 율례들을 배우게 되었나이다

시편 119:71

병들지 않으면 바치지 못하는 기도가 있다
병들지 않으면 믿을 수 없는 기적이 있다
병들지 않으면 듣지 못하는 말씀이 있다
병들지 않으면 가까이할 수 없는 성경이 있다
병들지 않으면 우러러볼 수 없는 성안(聖顔)이 있다
오오, 병들지 않으면 나는 인간일 수도 없다.
─고노 수수무(河野 進)

헛된 원인

너희가 아들이므로 하나님이 그 아들의 영을 우리 마음 가운데 보내사 아빠 아버지라 부르게 하셨느니라 그러므로 네가 이 후로는 종이 아니요 아들이니 아들이면 하나님으로 말미암아 유업을 받을 자니라

갈라디아서 4:6~7

시험에 들지 않게 깨어 있어 기도하라 마음에는 원이로되 육신이 약하도다 하시고

마태복음 26:41

반 다이크의 소설 『잊혀진 말씀』의 주인공 헤르메스는 자신의 신앙이 부족하다는 것을 느끼고 있었다. 그러던 어느 날, 사탄이 유혹해 왔다. "자네는 지금, 명성과 돈과 연인이 필요하겠지? 만약, 자네가 하나의 말씀과 교환한다면 그 모든 것을 자네에게 주겠다." 기뻐한 헤르메스는, 그 말이 무슨 말인지 물어보지도 않고 당장 승낙해 버렸다.

그는 얼마 후에 부자가 되었고 아름다운 여성을 아내로 삼았고, 시장(市長)의 자리를 차지하기도 했다. 그러나 그런 것을 얻었지만 언제나 충족되지 못한 무엇이 있어서 마음이 괴로웠다. 그래서 그를 인도한 요한에게 말하는 중에, 그가 사탄에게 주어 버린 말이 〈아버지여!〉라는 기도의 말이라는 것을 알고 율연(慄然, 겁을 먹고 몸이 심히 떨리는 것)해졌다.

345

권력자에 의한 박해 1

···불신자와 멍에를 같이하지 말라

너희는 믿지 않는 자와 멍에를 함께 메지 말라 의와 불법이 어찌 함께하며 빛과 어
둠이 어찌 사귀며 그리스도와 벨리알이 어찌 조화되며 믿는 자와 믿지 않는 자가 어
찌 상관하며

고린도후서 6:14~15

중국의 〈삼자애국운동(三自愛國運動)〉은 교회에도 파급되어 1950
년, 베이징(北京)의 교회 66을 조직하는 것으로 시작되어 전국에 파
급되었다. 1954년에는 전국적으로의 〈중국기독교삼자애국운동
위원회〉가 발족하게 되어서, 완전히 중국 공산당 정부의 지배하
에 들어가 버렸다. 이러한 시세(時勢)에 정면으로 저항을 부르짖었
던 사람으로서 왕민타오 목사가 있었다.

베이징 동부에 있는 큰 교회 〈타바나클 교회〉의 주임 목사였던
그는, 정부와 타협하여 지배하에 들어간 교회에 대해 "세상과 타
협해서는 안 된다."고 부르짖었다. "교회가 무신론적 정부의 종
이 된다면 교회는 이미 예수 그리스도의 몸으로서의 생명을 잃었
다."고 경고했다.

공산주의 정부는 교회와 성경을 〈제국주의의 독소〉라고 비난
하고, 정부의 지배하에 들지 않는 목사를 엄중하게 박해해 왔던
것이다.

권력자에 의한 박해 2

─불신자와 멍에를 같이하지 말라

한 사람이 두 주인을 섬기지 못할 것이니

마태복음 6:24

중국 공산당 정권의 탄압하에서, 많은 교직자들은 침묵했으며 정부에 따랐으나, 왕민타오 목사는 1954년 발행 『영의 양식』지에서 〈불굴의 신앙이 필요하다〉는 것을 더욱더 설파해 나갔다.

"끝으로 성도들에게 말씀드린다. 성경 안에는 하나님의 순수한 진리 외에는 아무것도 섞여 있지 않으며 〈제국주의의 독소〉 따위는 전혀 존재하지 않는다. 우리들은 성경의 진리를 계속 믿어야 하며 또한 가르쳐야 한다. 아무도 그것을 막을 수 없는 것이다. 우리들은 하나님의 말씀을 지키기 위해서는 어떠한 희생이라도 지불할 용의(用意)가 있으며, 또한 하나님의 말씀을 전파하는 데에 있어서도 똑같이 희생을 각오하고 있다. 사랑하는 형제자매들이여, 주님의 권능의 힘으로 강해져야 한다. 우리들의 신앙을 담대히 고백하고, 열심히 복음을 전하자!"

1955년 9월 7일, "때가 왔다. 인자(人子)는 죄인들의 손에 건네진다."는 설교를 마치고 나자, 그 말씀을 예언의 말씀으로 삼아 왕 목사 부부는 체포되었다.

권력자에 의한 박해 3
—다시 옥중으로

인자를 파는 그 사람에게는 화가 있으리로다 그 사람은 차라리 태어나지 아니하였더라면 제게 좋을 뻔하였느니라

마태복음 26:24

왕 목사에게는 학대를 목적으로 한 밤낮으로 심문이 1년간에 걸쳐서 계속되었다. 마침내 인간이 견뎌 낼 수 있는 한계를 넘는 박해에 정신착란을 일으킨 왕 목사는, 상대방의 의도 대로 〈자기 심문〉을 만들어 〈자기는 반혁명적 행위의 죄를 범했다〉고 발표했다. 이 자기비판은 즉시 공산당에 의해 전국의 신문에 톱 기사로 게재되고 기독교의 마지막 보루까지 공산당 앞에서 자기의 잘못을 인정하고 항복했다고 전했다.

수일 후 왕 목사는 석방되었다. 자책의 생각에 사로잡힌 그는 베이징의 거리를 헤매면서 "나는 유다야! 베드로다. 주님을 배반했다!"라고 외쳤다. 그러나 하나님께서는 그에게 다시 일어설 수 있는 힘을 주셨다. "나는 주님을 배반할 수 없다." 하면서 전에 발표한 자기비판은 자기의 뜻이 아니라는 것을 표명했다. 그리고 다시 부인과 함께 옥중의 사람이 되었다.

모택동도 죽고 중국의 자유화의 조짐이 일어나는 가운데, 1979년 생존(生存)이 절망시되었던 왕 목사는 석방되어 사람들 앞에 나타났다. 25년간에 걸친 긴 터널을 지나서….

인자한 말

선한 말은 꿀송이 같아서 마음에 달고 뼈에 양약이 되느니라

잠언 16:24

　미국의 대설교가 헨리 워드 비이처가 야간집회를 마치고 밖으로 나오니까, 살을 에는 듯한 찬바람이 불어왔다. 코너에서는 아직도 두 소년이 석간신문을 팔고 있었는데, 비이처가 오니까 반가운 듯이 인사를 했다. 석간신문을 사면서 비이처는 그들의 머리에 손을 얹으며 "춥지 않느냐?" 하고 인자하게 물어보았다. 소년들은 깜짝 놀란 듯한 표정을 하면서 얼굴이 붉어졌다.

　"선생님이 말을 걸어 주실 때까지는 추워 죽을 것 같았어요."

　그렇게 말하고는 기쁜 듯이 웃었다. 비이처의 따뜻한 마음씨가 소년들의 마음과 몸도 따뜻하게 했던 것이다.

하나님의 이끄심을 구하며

사랑을 추구하며

고린도전서 14:1

"하나님의 이끄심을 구하여도 좀처럼 확신을 얻지 못할 때에는
어떻게 해야 합니까?"라는 질문에 모오드 로이덴은 이렇게 대답
했다.

"하나님의 이끄심이 확실하지 않을 때에는 가장 사랑해야 할
것을 하라."

이 사랑의 행동을 할 때야말로 아일린 갠더가 다음과 같이 말
하듯이 당신은 있어야 할 바른 위치에 있는 것이다.

"진실로 사랑은 인생의 마법의 열쇠이다. 자기가 원하는 것을
얻기 위한 열쇠가 아니라 자기가 되어야 할 것이 되기 위한 열쇠이
다."

하나님의 양육

내가 까마귀들에게 명령하여 거기서 너를 먹이게 하리라 … 까마귀들이 아침에도
떡과 고기를, 저녁에도 떡과 고기를 가져왔고 그가 시냇물을 마셨으나

열왕기상 17:4, 6

중국에서 촌장(村長)으로 임명받은 그에 주어진 집은 마을에서
가장 큰 저택이었다. 크리스천인 그는 그 집을 예배장소로 만들
어 공산당 정부로부터 비합법(非合法)이라고 한 〈가정교회〉 사람들
에게 제공했다. 먹을 식료품도 제대로 공급되지 않는 이 지방에서
촌장은 자기에게 배급되는 월 4kg의 쌀로 죽을 끓여 예배에 모이
는 사람들에게 주었다. 자기는 1주일에 1개 주는 호박을 7등분
하여 하루 한 토막씩 먹으며 지내왔다.

촌장집에서 〈가정교회〉 예배를 갖는다는 소문이 당국에 알려지
자 그는 모든 지위를 빼앗기고 집에서도 쫓겨났다. 그것은 각오
한 일이었으나 해방 전에도 사는 집이 없었고 걸식을 하던 사람
이어서 자기 집이 없었다. 어떤 크리스천이 창고를 제공했으나 먹
을 것이 없었다. 그런데 노인은 항상 건강했다. 노인이 사는 오
두막집 벽에 난 구멍에는 매일 고구마랑 땅콩 등이 들여져 있었
기 때문이다. 사람이 가져다 준 것이 아니다. 쥐가 부지런히 운반
해 온 것이었다.

남을 위해 힘쓰다

그리스도께서 자기를 기쁘게 하지 아니하셨나니

로마서 15:3

1859년, 아직 키리시탄(기독교) 금제(禁制) 중의 일본에 미국에서 의사인 헤본 박사가 들어왔다. 그는 프로테스탄트의 선교사로서 처음으로 일본 땅을 밟은 사람이다.

헤본 박사는 그 이전에는 뉴욕에서 개업의를 하고 있었다. 지금도 흑인 멸시가 있는 미국이니까 당시에는 아주 지독한 차별이 있었다. 백인 의사는 흑인을 진찰하기를 꺼렸다. 그래서 죽지 않아도 될 병이나 부상이라도 손을 쓰지 못해서 죽은 흑인이 수없이 많았다. 그런 때에 헤본 박사는 흑인 환자를 기분 좋게 진찰하고, 또한 올 수 없는 환자를 위해서는 왕진까지 해서 치료를 해 주었다. 그래서 뉴욕의 흑인 환자의 치료를 담당하게 되어 쉴 새 없이 매일을 지내고 있었다.

어느 날, 헤본 박사의 사랑하는 어린아이가 병에 걸렸다. 그러나 불쌍한 흑인들의 치료에 시간을 뺏기고 있었던 박사는 자기 아이를 충분히 치료하고 간병할 수가 없었다. 그래서 그 아이는 마침내 하늘나라의 하나님 곁으로 갔다.

바라면서 기도하다

아브라함이 바랄 수 없는 중에 바라고 믿었으니

로마서 4:18

　부모가 직장 일 때문에 조부모에게 맡겨 양육 받아 온 외아들이 청년기에 들어섰을 때에는 제멋대로 살아서 무법천지인 주정뱅이가 되어 있었다. 술 취해서 집에 돌아와서는 기물을 부수고, 그것을 나무라는 가족에게는 난폭한 행동을 하더니, 마침내 모친의 발에 3개월의 중상을 입혔다. 그녀는 크리스천이었기에 아들을 술주정뱅이며 어쩔 수 없는 방탕한 아들이라고 하나님께 고백하고, 필사적으로 기도했다. 그러던 중에 아들이 자기에게 중상을 입혔으니, 아주 절망해 버렸다. 그런 시기에 목사님의 설교 말씀에서 "현재의 사탄의 업(業)을 생각하지 말고 장차 하나님께서 하실 업을 당신의 기도의 과제로 삼으세요."라고 가르침을 받았다.

　그 이후, 그녀는 술주정하는 아들이 아니라 믿음이 충만한 아들, 선량한 아들을 눈앞에 그리면서, 그렇게 해 주실 하나님께 감사하면서 기도를 계속했다. 이렇게 놀라운 아들로 하나님께서 바꾸어 주실 것을 믿으니 그녀의 기도는 이마의 주름살이 찌푸려지는 비창(悲愴)한 것에서부터 기대에 가득찬 기쁨의 기도로 변화되었다. 이 단순한 기도의 변화는 아들에게 기적을 이루어 냈다. 그는 이윽고 그리스도에게 사로잡혀서 주정에서 해방되었을 뿐만 아니라, 자기와 같은 자를 구원해 주신 예수님을 전하기 위해 헌신하게 되었다.

시련은 하나님을 간증할 때 1

— 권력과의 싸움

너희가 나로 말미암아 총독들과 임금들 앞에 끌려 가리니 이는 그들과 이방인들
에게 증거가 되게 하려 하심이라

마태복음 10:18

1975년^(昭和 50) 12월 20일, 고베^(神戶) 간이재판소에서 기독교 목사
의 목회와 경찰권^(警察權, 법률)과의 싸움에 결판이 나고, 피고인 타
네다니^(種谷俊一, 일본 기독교 아마가사키 교회) 목사는 무죄가 되었다.

이 재판은 학원 분규가 전국적으로 확대되어 있었던 무렵, 학교
봉쇄 미수사건에 관계된 두 고교 학생을 타네야 목사가 신앙적
결단으로 숨겨 주었던 것이 범인 은익의 죄가 된 것이다.

처음에는 약식재판으로 벌금 1만 원을 부과한 것을 다시 정식
재판을 요구했던 것이다. 이 사건의 담당 재판관인 세키야이 치
노리^(關谷一範) 재판관은 무종교인이었다. 그 자신의 술회에 따르면
"그는 이 재판에 손을 대게 되면서 비로소 신앙이라든지 종교라
든지 하는 것에 관심을 갖게 되었다."고 말했다. 그리고 재판이
경과됨에 따라 〈신앙이란 것이 인간에게 있어서 얼마나 중요한 것
인가〉를 차츰 인식하게 되었다. 증인대에 차례차례로 서게 된 전
문가들의 종교를 둘러싼 여러 가지 의견은 그에게 여태까지 모르
던 새로운 세계를 보는 것이며, 인간성의 깊이에 대한 개안이었다
고 말했다.

시련은 하나님을 간증할 때 2

—크리스천의 승리

항상 우리를 그리스도 안에서 이기게 하시고 우리로 말미암아 각처에서 그리스도를 아는 냄새를 나타내시는 하나님께 감사하노라

고린도후서 2:14

타네다니의 재판에서 무죄 판결을 내린 세키야 재판관은, 판결 후, 아사히(朝日)신문에 그 프로필이 소개되었다. "나에게 있어서 이 재판은 많은 새로운 사실에 접할 수 있었으므로 매우 즐거운 것이었습니다. 그리고 종교의 중요성을 알았습니다."라고 솔직하게 말했다.

그가 쓴 판결문의 마지막 부분에는 그의 이러한 감동을 잘 나타내고 있다.

〈본건의 경우, 국가는 신교(信敎)의 자유를 보증한 헌법의 취지에 비추어, 우(右), 목회 활동의 앞에 한 발자국 멈추어 섰어야 했다. 이것을 요컨대, 피고인의 본건, 교회 활동은 수단과 방법에 있어서도 상당한 것이었고, 차라리 두 소년에 대한 종교가로서의 헌신은 칭찬받아야 할 바가 있다〉

타네야 목사는 처음부터 이 재판을 복음선교의 장으로 할 것을 결의하고, 기독자의 삶과 진실을 간증함으로써 재판관에게 전달하고, 이해해 주도록 할 것을 제일의 목표로 삼았다. 그러므로 항상 성경을 손에서 놓지 않았다. 그리고 재판관에게 성경을 숙독(熟讀)할 기회를 주었던 것이다.

치유

너희 중에 병든 자가 있느냐 그는 교회의 장로들을 청할 것이요 그들은 주의 이름으로 기름을 바르며 그를 위하여 기도할지니라 믿음의 기도는 병든 자를 구원하리니 주께서 그를 일으키시리라 혹시 죄를 범하였을지라도 사하심을 받으리라

야고보서 5:14~15

어떤 젊은 부부가 있었다. 남편은 얼마 있다가 전쟁터로 징집되어 떠나 버렸고, 혼자 집을 지키고 있는 동안에 병에 걸렸다. 목에 달걀만한 종양과 화농이 생긴 것이다.

그녀는 내과의사에게 보였으나 원인을 알 수 없었고 치료도 잘되지 않았다. 그래서 정신과로 가 봤으나 거기서도 효과가 없었다. 그런 고통 속에서 교회로 왔다. 대화를 하는 가운데, 남편이 없는 틈을 타서 간음을 행한 것을 고백했다. 그녀는 그 죄를 하나님 앞에 고백하고 마음의 평안을 얻었다.

그 후, 한 달이 지나서 남편이 집으로 돌아왔다. 남편은 그녀를 용서해 주었다. 그러자 사흘 후에 목의 종양도 화농도 아주 사라져 버렸다.

이웃 사랑

너희를 시험하는 것이 내 육체에 있으되 이것을 너희가 업신여기지도 아니하며 버리
지도 아니하고 오직 나를 하나님의 천사와 같이 또는 그리스도 예수와 같이 영접하
였도다

갈라디아서 4:14

　허드슨 테일러는 멀리 영국에서 중국으로 온 선사들의 한 무리를 데리고 사천(泗川), 귀주(貴州), 서북부(西北部)로 전도여행을 떠났다. 이 전도대 중에는 허드슨 테일러에 의해 예수 그리스도를 믿고 구원받은 나병환자인 청년이 참가하고 있었다. 지금이야 나병은 불치병이 아니지만, 당시에는 그들을 치료하는 방법도, 요양소도 없고 방치되어 있었다. 따라서 이 병에 걸리면 부모형제, 고향을 떠나서 걸식하며 유리(遊離)하다가 노상에서 폐사하는 것이 보통이었다.

　인생에 아무런 희망이 없었던 이 불행한 청년이 〈예수님을 믿고 얻은 은혜를 다른 불행한 사람들에게도 전하고 싶다. 선교단의 일원으로 참가시켜 달라〉고 간청하여 밝은 얼굴로 따라온 것이다. 그러나 나병이 완치된 것이 아니어서 그의 침상은 매우 불결한 냄새가 났다. 함께 있었던 선교사의 한 사람이 견딜 수 없어, 테일러에게 불평을 말했더니 그는 청년을 다른 방으로 옮기고 자기도 침구를 가지고 나병 청년의 방으로 옮겨갔다.

하나님을 잊지 않는다

우리가 주를 잊지 아니하며

시편 44:17

하나님의 임재를 항상 의식하기 위해 프랑크 로오바흐 박사는 여러 가지 궁리를 하고 있다. 이를테면, 언제나 보도의 안쪽을 걸어가는 것이다. 이것은 바깥쪽에는 언제나 하나님께서 걸어가신다는 것을 의식하기 때문이다. 또한, 식탁의 의자를 하나만 비워 두고 거기에 하나님의 보이지 않는 임재를 느끼는 것이다.

사나 죽으나 주를 위하여

우리가 살아도 주를 위하여 살고 죽어도 주를 위하여 죽나니 그러므로 사나 죽
으나 우리가 주의 것이로라 이를 위하여 그리스도께서 죽었다가 다시 살아나셨으니
곧 죽은 자와 산 자의 주가 되려 하심이라

로마서 14:8~9

허드슨 테일러는 중국에서 보낸 편지에 이렇게 썼다.

"목요일, 금요일, 토요일, 그리고 어제도. 나는 말라리아에 걸리
고 간장(肝臟)을 상하게 한 것 같다. 그런고로 몸의 컨디션이 매우
악화되었으나 하나님의 뜻은 성취될 것이다. 어제는 말라리아의
발작이 일어났다. 오한(惡寒)이 엄습하면 침대가 흔들릴 만큼 나는
덜덜 떨렸다. 주께서 내 몸이 떨기를 바라시면 나는 주를 위해 떨
수가 있다. 열로 인해 몸이 불탄다면 주를 위해 나는 그것을 환
영하겠다."

감사함으로 그의 문에 들어가며 찬송함으로 그의 궁정에 들어가서 그에게 감사하며 그의 이름을 송축할지어다 여호와는 선하시니 그 인자하심이 영원하고 그 성실하심이 대대에 이르리로다

시편 100:4~5

12월

이달의 기도 제목

성령의 역사

그들의 눈이 밝아져 그인 줄 알아 보더니 예수는 그들에게 보이지 아니하시는지라 그들이 서로 말하되 길에서 우리에게 말씀하시고 우리에게 성경을 풀어 주실 때에 우리 속에서 마음이 뜨겁지 아니하더냐 하고

누가복음 24:31~32

감리교회의 창립자 존 웨슬리는 1738년 5월 24일의 일기에 회심의 상황을 다음과 같이 기록했었다.

"저녁때가 되니 나는 전혀 마음이 내키지 않았으나 알다스게이트가의 모라비아형제단의 집회에 참석했다. 거기에서는 어떤 사람이 루터의 〈로마인에게 보내는 편지〉의 서문을 읽고 있었다. 9시 5분경, 그는 그리스도를 믿는 신앙에 의하여 하나님이 그 사람의 마음에 역사하셔서 가져다 주시는 변화에 대해 말하였는데, 그때에 나는 이상하게도 마음이 따뜻해지는 것을 느꼈다. 나는 그리스도가… 그리스도만이 나를 구원해 주신다는 것을 믿고 주님께 나를 위탁했다는 것을 느꼈다. 그리고 〈그가 나 같은 자의 죄조차도 제거해 주셨다〉고 하는 확신을 갖게 되었다."

12월 2일

우상의 궁

우주와 그 가운데 있는 만물을 지으신 하나님께서는 천지의 주재시니 손으로 지
은 전에 계시지 아니하시고

사도행전 17:24

1975년^(昭和 50) 5월 11일, 일본을 방문한 영국의 엘리자베스 여왕 부부는 다양한 스케줄 중에서도 숙소인 교토^(京都) 고쇼^(御所)화실^(和室) 〈상단^(上段)의 간^(間)〉에 촉대^(燭臺)와 십자가를 장식하고 고베^(神戶)로부터 초청한 구드 주교^(主教)에 의해 주일을 지켰다.

오후에 이세신궁^(伊勢神宮)으로 안내를 받아 토쿠가와 궁사^(宮司)가 일부러 엄숙한 듯한 말투로 "이 내궁^(內宮)에는 황족^(皇族) 이외에는 총리대신이라도 들여보내지 않습니다."라고 하면서 최고의 신역^(神域)이라는 것을 강조했다.

그러나 에딘버러 공^(公)은 감탄하기는커녕 비꼬듯이 "이것을 건축한 목수는 들어갔겠지요?"라고 말하면서 신전에 경배하지도 않았다.

이 말을 들은 어떤 크리스천은 〈신앙을 국제적 의례보다 위에 두는 신앙자의 훌륭한 태도〉라고 감탄했다.

삶의 목적을 향하여

이는 내게 사는 것이 그리스도니 죽는 것도 유익함이니라

빌립보서 1:21

전 세계에 복지사업과 기독교회를 건설한 구세군의 창립자 부스 대장은 80여 세 때 일본에 와서 강연을 했을 때, 이렇게 말했다.

"나는 청년 시절에 몸이 병약해서 의사가 포기했는데, 나도 그 의사를 포기하고 적게 먹으며, 신앙에 의해서 크게 활동했습니다. 그렇게 했더니, 놀랍게도 건강해지고, 이렇게 세계를 순회하면서 많은 사람들에게 계속적으로 강연할 수 있게 되었습니다."

주여 쓰시옵소서

내가 증언하노니 그들이 힘대로 할 뿐 아니라 힘에 지나도록 자원하여 이 은혜와
성도 섬기는 일에 참여함에 대하여 우리에게 간절히 구하니 우리가 바라던 것뿐 아니
라 그들이 먼저 자신을 주께 드리고 또 하나님의 뜻을 따라 우리에게 주었도다

고린도후서 8:3~5

＜일본어 성경: 그들은 자진해서 자기 능력대로, 아니 자기 능력 이상으로 바쳤으
며, 성도들을 섬기는 친교의 은혜를 받고자 열심히 우리에게 간청했다. 그래서 우리
들의 기대 이상으로 하나님의 뜻에 따라 먼저 자기 자신을 하나님께 바치고 또한
우리에게도 위탁해 주었다＞

1866년 5월 2일, 허드슨 테일러는 영국에서 중국 전도를 위해
어필(appeal, 사람들에게 호소함)을 했다. 그때에 사회자인 퍼제트 대령의
헌금 장려를 막으면서 그는 말했다.

"내가 진심으로 바라는 것은 청중 여러분이 주님의 사업에 대
해 책임을 지고 돌아가시는 것입니다. 금전이 필요한 것은 아닙니
다. 원조해 주시겠다는 친절한 마음씨는 잘 알겠으며… 감사하
고 있습니다. 나로서는 차라리 여러분이 집에 돌아가셔서 하나님
께서 여러분에게 무엇을 하게 하시려는지를 확실히 하나님께 여
쭈어 보시기 바랍니다."

마음에 여유가 없는 사람

내가 여호와를 항상 내 앞에 모심이여 그가 나의 오른쪽에 계시므로 내가 흔들리지 아니하리로다 이러므로 나의 마음이 기쁘고 나의 영도 즐거워하며 내 육체도 안전히 살리니

시편 16:8~9

덩캔(Duncan) 목사는 벌써 10년쯤, 수백 명의 회중의 목자(牧者)로서 일해 왔는데, 이 무렵에 자기가 사람들에게 대해서 동정심이 없다는 것을 느꼈다. 그러나 그 원인이 무엇인지 아무리 생각해 봐도 알 수가 없었다. 그래서 그는 임상목회교육(臨床牧會教育)의 장으로 갔다. 그는 자기 자신에 대해 관용하지 않는다는 것을 깨달았다. 그래서 그는, 하나님이 현재의 나를 받아들이셨으니 자기에 대해서 좀 더 관용하도록 했다. 있는 그대로의 자기 자신을 진정으로 인정했다. 그러자 자기의 실패와 부족함을 웃을 수 있게 되었다.

그 이후부터는 가족은 그의 앞에서 마음 편하게 지낼 수 있게 되었고, 교회의 집사(執事)도 "여태까지의 설교는 어딘지 모르게 분노가 섞여 있어서 안정감이 없었는데 최근의 메시지는 평안함을 느낄 수 있다."고 말하면서 그 변화를 기뻐했다. 덩캔 목사는 "강력한 자기를 원했기 때문에 자기 자신에게 의무를 부여하고 자기를 컨트롤하려고 해 왔습니다. 그뿐만 아니라 타인에게도 그것을 요구했던 것 같습니다."라고 반성했다.

실망 가운데서

내 영혼아 네가 어찌하여 낙심하며 어찌하여 내 속에서 불안해 하는가 너는 하나님
께 소망을 두라 그가 나타나 도우심으로 말미암아 내가 여전히 찬송하리로다
시편 42:5

1748년부터 바흐는, 두 눈이 보이지 않게 되었다. 그 무렵, 라이
프치히에 와 있었던 영국의 명의의 치료를 받아 두 번이나 수술
을 했지만 결국 효과가 없어 아주 실명하고 말았다.

그 이후로 바흐의 생활은 낮이나 밤이나 암흑의 세상이 되어 버
렸으나, 여전히 작곡활동은 계속되었다. 그리하여 마침내 칸타타
〈하나님의 시간이 최상의 시간이다〉를 만들어 냈다.

자기중심

돈을 사랑함이 일만 악의 뿌리가 되나니

디모데전서 6:10

　어느 날, 매우 인색한 부자가 목사를 찾아왔다. 목사는 부자의 손은 잡고 가까운 창가에 데리고 가서, 〈무엇이 보이느냐〉고 물어보았다.

　"나에게는 많은 남녀 아동(兒童)들이 보입니다만…."

　그리고는 거울 앞에 부자를 서게 했다.

　"이번에는 무엇이 보입니까?"

　"내가 보입니다만."

　그러자 목사는 부자에게 말했다.

　"잘 보십시오. 창문이나 거울에는 다 같이 유리가 쓰입니다. 그러나 거울에는 약간의 수은(水銀)이 뒤쪽에 발라졌습니다. 수은이 조금 칠해지자 즉시 당신은 밖을 볼 수 없게 됩니다. 그래서 보이는 것은 당신 혼자가 되는 것입니다."

열등감을 버려라!

너희는 ⋯ 하나님의 권속이라

에베소서 2:19

하나님이 능히 모든 은혜를 너희에게 넘치게 하시나니 이는 너희로 모든 일에 항상 모든 것이 넉넉하여 모든 착한 일을 넘치게 하게 하려 하심이라

고린도후서 9:8

누구든지 장점과 단점이 있다. 그런데도 열등의식을 가지고 있는 사람이 있다는 것은 어찌된 일일까? 그 사람은 자기 주위에 있는 사람들이 자기에게 내린 저평가를 그대로 받아들였기 때문이다. 이 평가는 반드시 올바르다고 말할 수 없는 것이 대부분이다. 열등의식을 가지고 있으면, 사물이나 사람에 대해 이상한 비판자가 된다. 그것은 타인을 낮추어 봄으로써 자기가 우수한 자라는 느낌을 가지려고 하기 때문이다. 또한, 열등의식을 갖는다는 것은 타인의 낮은 평가를 자기에게 적용해 버리는 것이므로 있는 그대로의 자기를 받아들이지 않으므로, 당신을 만드신 하나님의 역사 비하(卑下)하고 불만을 품게 되어서, 하나님께 큰 죄를 범하고 있는 것이 된다.

어떤 사람은 흑인이라는 것으로 조롱당했다. 그러자 그는 "나는 하나님의 자녀다. 하나님께 충실하기 위해서는 열등을 인정할 수 없다."고 외쳤다.

먼저 나를 사랑하라

그러나 너희는 택하신 족속이요 왕 같은 제사장들이요 거룩한 나라요 그의 소유
가 된 백성이니 … 너희가 전에는 백성이 아니더니 이제는 하나님의 백성이요 전에는
긍휼을 얻지 못하였더니 이제는 긍휼을 얻은 자니라

베드로전서 2:9~10

원수를 갚지 말며 동포를 원망하지 말며 네 이웃 사랑하기를 네 자신과 같이 사
랑하라 나는 여호와이니라

레위기 19:18

요도가와(淀川)기독교병원 정신과(精神科) 의장(醫長) 쿠도오 노부오
(工藤信夫) 의사에게 보내온 편지이다.

"선생님은 이미 알고 계셨겠지만 저는 자기 자신이 싫었습니다.
그러나 오늘 일을 하면서 문득 깨달았습니다. 병들었거나 아무
것도 못하는 것 같이 보이는 자기였더라도 스스로 혐오하거나
증오한다는 것이 얼마나 어리석은 일이었던가? 자기는 자기가
사랑해야 하는 것인데, 자기에게 가장 가까운 자기 자신을 소중
히 여기지 못하는 인간에게 타인을 진심으로 사랑할 수가 있을
턱이 없습니다…"

하나님의 역사하심을 받는다

나는 여호와요 모든 육체의 하나님이라 내게 할 수 없는 일이 있겠느냐 그러므로 여호와께서 이와 같이 말씀하시느라 보라 내가 이 성을 갈대아인의 손과 바벨론 왕 느부갓네살의 손에 붙일 것인즉 그가 취할 것이라

예레미야 32:27~28

어떤 지도적(指導的) 크리스천이 말했다.

"자기가 일하는 것은 좋은 것이지만, 더 좋은 것은 하나님께서 역사하시도록 하는 것이다."

신앙의 목표

모든 무거운 것과 얽매이기 쉬운 죄를 벗어 버리고 인내로써 우리 앞에 당한 경주를 하며 믿음의 주요 또 온전하게 하시는 이인 예수를 바라보자

히브리서 12:1~2

<일본어 성경: 모든 무거운 짐과 억매이는 죄를 버리고 우리 앞에 놓여 있는 경주를 인내를 가지고 계속 달려가자 신앙의 창시자이며 완성자이신 예수에게서 눈을 떼지 말아라>

국회도서관에 근무하고 있는 후지오 마사토(藤尾正人) 씨는 10년째 황거(皇居·宮城)의 주위를 달리고 있다. 이것을 하면서 배운 것은 "목표가 확실할 때에 노력할 힘이 솟아난다는 것입니다."라고 말했다.

"머릿속에 지도가 있어서 지금 어디를 달리고 있는지를 알고 있기 때문에 얼마쯤 남았는가를 계산할 수가 있습니다. 만약 이것이 어디까지 계속되는 길인지 모를 때에는 먼저 마음이 좌절되고 다음에 다리가 무거워집니다. 신앙도 이런 것이 아닐까요. 목표가 되는 예수 그리스도와 그 재림을 확실히 믿을 때에 그 신앙도 강해집니다."

구원의 확신

누구든지 예수를 하나님의 아들이라 시인하면 하나님이 그의 안에 거하시고 그도
하나님 안에 거하느니라

요한1서 4:15

미국의 대중 전도자 무디가 어떤 집회에서 설교한 후, 청중의
한 사람에게 물어보았다.

"당신은 크리스천입니까?"

"아니요. 그러나 크리스천이 되면 좋겠다고 지금은 생각하고
있습니다."

그래서 무디는 곧 그에게 성경을 보여 주고 하나님의 말씀을
가지고 예수 그리스도를 구주로 믿도록 권했다.

"무디 선생님, 죄송합니다만 저는 구원받았다는 느낌이 없습니
다." 하고 슬픈 듯이 말했다.

그러자 무디는 그의 신앙의 방해물이 무엇인가를 알았다.

"노아를 구원한 것은 노아의 느낌이었습니까? 방주였습니까?"

잠시 동안 생각하던 그의 얼굴이 밝아졌다.

"무디 선생님, 알겠습니다. 감사합니다. 예수님을 구주로 영접
하겠습니다."

칭찬

그를 담대하게 하며 그를 강하게 하라

신명기 3:28

〈일본어 성경: 그를 격려하고〉

선한 말은 그것을 즐겁게 하느니라

잠언 12:25

어떤 초등학교 여교사는 어린이의 지도 때문에 여러 가지로 고심한 결과 이렇게 말했다.

"나는 나의 교사 생활에서 어린이와 마음이 통하는 지도를 하기 위해 여러 가지로 시도해 왔습니다. 꾸짖거나 협박하거나 벌을 주거나 마음에 내키는 대로 실천해 봤습니다. 그러나 한 가지만은 전혀 힘을 쓰지 않아도 모든 어린이의 마음에 호소할 수 있는 것이라는 것을 알았습니다. 그것은 〈칭찬〉하는 것입니다. 정직하게 말해서 확실히 칭찬할 것이 하나도 없다고 생각될 때도 있습니다. 그러나 노력하면 무엇인가를 발견할 수 있습니다. 매일 아침, 내 책상 위에 하급 어린이 전부의 이름을 쓴 명부를 놓고 수업을 시작합니다. 그리고 그날 하루 칭찬해 준 어린이의 이름에 표시를 합니다. 칭찬한 일은 운동장이나 교실이나 복도에서 일어난 작은 일일지도 모릅니다. 그러나 나는 한 사람의 어린이라도 칭찬 한번 받지 않고 귀가하지 않도록 노력합니다. 지금에 와서는 몇 시간이나 같이 있으면서 그 사람을 개인적으로 평가해 주지 않는다는 것은 죄악이라는 생각마저 듭니다."

어린이의 구원

이와 같이 이 작은 자 중의 하나라도 잃는 것은 하늘에 계신 너희 아버지의 뜻이
아니니라

마태복음 18:14

호리코시 초오지(堀越暢治) 목사가 카루이자와(輕井澤)에서 열린 어
떤 수양회(修養會)에 초청받아서 설교를 했을 때의 일이다. 그는 설
교를 마치고 "그리스도의 구원을 믿는 사람은 손을 들어 주십시
오."라고 말했다. 그러자 맨 앞에 앉았던 몇 명의 어린이 중 두 사
람이 먼저 손을 들었다. 그때의 일을 그는 반성을 담아서 다음과
같이 말했다.

"나는 놀랐습니다. 나중에 결신자(決信者)와 대화를 했을 때, 그
중의 한 어린이가 〈나는 기뻐서 어쩔 수 없어요〉라고 말하는 것
을 듣고 또다시 놀랐습니다. 초등학교 4학년인가 5학년이었으니
까…."

불행에 대한 대처

분을 그치고 노를 버리며 불평하지 말라 오히려 악을 만들 뿐이라

시편 37:8

어떤 부부가 자동차 사고의 피해를 입었는데, 운전하고 있었던 남편은 무사했으나 아내는 척추를 다쳤다. 그래서 하반신의 기능을 잃고 평생토록 휠체어 생활을 하게 되었다. 그녀는 입원 중에 이 무섭고도 슬픈 사실을 의사에게서 듣고 절망에 빠져 버렸다. 그런데 조금 있다가 그녀는 지극히 선하신 하나님을 믿었다. 그 결과, 그녀는 자신의 불행한 신상(身上)을 수용한 후 재출발을 결심할 수 있었다. 그뿐만 아니라 그녀는 상대방의 운전자도 용서할 수가 있었다. 그런 일이 있은 후부터는 휠체어로 돌아다니는 그녀의 주위에는 언제나 함께하는 사람들이 있게 되었다.

한편, 남편은 부상을 입지 않았으나 점점 마음의 상처가 커져 갔다. 그는 날이 경과되어 냉정하게 이 불행한 사건을 보게 되면 될수록, 상대 운전자의 과실에 대한 분노가 더욱더 치밀어 올랐다. 남편의 마음에는 상대방에 대한 증오와 원한, 분노로 가득찼다. 그 영향은 사업에도 영향을 주게 되어 마침내 사업을 폐쇄하게 될 것 같았다.

남편의 심중을 알게 된 아내의 기도와 주선(周旋)으로 이윽고 남편도 분노를 버리게 되었을 때, 모든 일이 다시 회복되었다.

어린이가 하나님의 의지를
발견하기 위해서는?

너희가 먹든지 마시든지 무엇을 하든지 다 하나님의 영광을 위하여 하라

고린도전서 10:31

메리 부머는 아이들이 성장함에 따라 무슨 일에든지 죄악된 성질이 노출되는 것을 깨닫고 마음이 아팠다. 어느 날, 문제를 일으킨 아이에게 화를 내는 대신에 넌지시 "예수님은 너희가 무엇을 하기를 원하시고 계실까…?"라고 물어보았다. 그러자 놀랍게도 〈평소처럼 꾸중을 들을 것이다〉라고 생각하고 긴장하고 있던 아이의 태도가 급변하면서 "미안합니다."라고 솔직하게 사과를 하는 것이었다. 이때에 얻은 교훈으로써 그녀는 특히 바른 판단을 필요로 할 때 사전에 이 질문을 하도록 힘썼다.

"이와 같은 일을 시작하고부터는 어린아이라도 자신의 인생에 대한 하나님의 의지를 발견하기 시작하게 되었습니다. 〈만약 너희가 그런 일을 한다면 예수님은 어떻게 생각하실까?〉라고 말해서는 안 됩니다. 이런 말투는 비판적이기 때문입니다. 〈하나님은 너희에게 무엇을 바라고 계실까?〉라고 물어볼 때, 행동하는 힘을 발견하는 것입니다. 이 방법은 어른인 당신 자신에게도 쓸 수 있는 최선의 것입니다."

순종

사람의 행위가 여호와를 기쁘시게 하면 그 사람의 원수라도 그와 더불어 화목하

슈릴 프레위트 씨는 11세 때에 교통사고를 만나 왼쪽 다리의
뼈가 부서졌다. 8개월 후에 걸을 수 있게 되었으나 오른다리보다
5cm 짧아졌다. 감정이 예민한 사춘기 때였기에 그녀는 그것을
숨기기 위해 6년간 고심하면서 여러 가지로 궁리를 해 왔다. 그러
한 오랜 세월 동안의 괴로움을 겪은 후, 그녀는 하나님은 치유의
주님이란 신앙에 눈을 떴다. 〈주님이 이 다리를 치유하실 때, 하
나님께 영광을 돌리기 위해〉라고, 학교 친구들이 자기의 왼다리가
짧다는 것을 볼 수 있게 하려고 그녀는 고교(高校)의 홀(hall)에 하
루 종일 서 있었다.

이 모험을 해 버리니까 그녀에게는 이제는 다리가 치유되는 일
같은 것은 사소한 문제가 되어 버렸다. 다리를 길게 하는 일은
주께서 언제든지 하실 수 있다는 믿음이 있었기 때문이다. 그래서
그날 밤에 그녀는 이렇게 기도했다.

"아버지여, 그것이 무엇이든지 얼마나 많은 것이든지 주님께서
나에게 주시려고 하는 것을 나는 모두 받겠습니다."

그녀는 하나님의 사랑으로 충만했다. 그 순간 왼다리가 늘어
났다. 1980년, 그녀는 미스 아메리카에 뽑혔고 세계적 간증인으
로 주님은 그녀를 사용하였다.

인간관계

이에 예수께서 이르시되 아버지 저들을 사하여 주옵소서 자기들이 하는 것을 알지 못함이나이다 하시더라

누가복음 23:34

너희 안에 이 마음을 품으라 곧 그리스도 예수의 마음이니

빌립보서 2:5

크리스천 시인 야기 쥬기치(八木重吉) 씨는 이렇게 시를 썼다.

나는 〈토코노 마(床の間)〉*에 〈그리스도의 십자가〉 그림을 걸어 두었다

그 앞에서는 도저히 사람을 미워할 수가 없다

사람과 사람의 사이를 아름답게 보자

나와 사람과의 사이를 아름답게 보자

피곤해서는 안 된다

이 쓸쓸함을 누구에게 고백해야 할까

하나님께 고백해야지.

---

* 〈토코노 마〉란 일본식 가옥에서 큰 방 한구석에 한 단(段) 높은 공간을 만들고 거기에 그림이나 글씨의 족자를 걸고 도자기 등을 장식해 놓은 곳.

12월 19일

희망을 버리지 않고

소망이 우리를 부끄럽게 하지 아니함은 우리에게 주신 성령으로 말미암아 하나님의 사랑이 우리 마음에 부은 바 됨이니

로마서 5:5

<일본어 성경: 희망은 실패로 끝나는 일이 없다 왜냐하면 우리들에게 주어진 성령에 의해 하나님의 사랑이 우리의 마음에 쏟아부어져 있기 때문이다>

사탄이 인간을 유혹하거나, 협박을 하기 위한 도구를 부하인 악령들의 앞에 늘어놓고, 사용할 때의 비법과 용도에 대해 강의를 시작했다.

금과 보석, 명예와 질병 등 모두가 효과적인 것이었지만, 사탄은 그중에서 녹슬고 이가 빠진 도끼를 꺼내었다. 이미 많이 사용했던 물건이라는 것은 누구나 한눈에 알 수 있었다. 사탄은 부하인 악령들에게 지금까지 썼던 도구 중, 이 도끼가 가장 강력한 무기였다고 설명하기 시작했다.

"왜냐하면, 이 도끼를 가지고 인간의 마음에서 희망이라는 황금의 사슬을 끊어 버릴 수 있기 때문이다."

악령들은 일제히 고개를 끄덕였다.

분노의 감정을 전달하는 방법

분을 내어도 죄를 짓지 말며 해가 지도록 분을 품지 말고

에베소서 4:26

『아버지가 아들과 사귀는 법』이라는 책을 공동으로 저술한 하이데브렉트와 로오배크는 그 책 중에서 이렇게 조언하고 있다.

"타인에게 분노의 감정을 전달할 수 있습니다. 그 경우에 느낌 그대로를 전달하세요. 다만 상대방을 비난해서는 안 됩니다. 자기가 어떻게 느끼고 있는가를 이해해 주도록 하세요… 그리 간단히 분노를 진정시키지 못할 경우도 있겠지요. 그럴 경우에는 상대의 아이나 아내에게 분노를 나타내세요. 상대방을 비난하지 말고 지금 내가 어떻게 느끼고 있는가를 알려서 이해해 달라고 하세요."

만물의 창조자 하나님

우리 주 하나님이여 영광과 존귀와 능력을 받으시는 것이 합당하오니 주께서 만물을 지으신지라 만물이 주의 뜻대로 있었고 또 지으심을 받았나이다 하더라

요한계시록 4:11

미국 초대 대통령이 된 조지 워싱턴의 아버지는 매우 신앙심이 깊은 크리스천이었다. 그는 아직 소년이었던 조지에게 어떻게 해서든지 하나님이 계시다는 것을 알려 주려고 풀의 씨를 George Washington이란 글자 모양으로 뿌려 놓았다 어느 날, 조지는 뒤뜰에서 놀다가 문득 풀밭을 보고 놀랐다.

"아버지, 아버지. 뒤쪽 밭에 내 이름 그대로 풀이 났어요. 풀은 우연히 저렇게 멋지게 글자가 될 수 없으니 꼭 누군가의 장난이 겠지요? 아버지가 하신 것이 아니예요?"라고 흥분한 어조로 말했다. 이 얘기를 웃는 얼굴로 듣고 있던 아버지는 "너는 풀이 네 이름 글자로 났다 해도 이것은 우연이 아니다. 틀림없이 누군가가 이름 글자 대로 씨를 뿌렸을 것이다 라고 판단할 수 있다면, 참으로 균형이 잘 잡혀 있고 만사가 조화롭게 잘 되어 있는 천지만물은 어떻게 보아도 참 하나님이 그 완벽하신 지혜와 능력으로 만드신 것이라고 알아야 할 것이다."고 타일렀다.

주를 앙망하라

주 앞에서 낮추라 그리하면 주께서 너희를 높이시리라

야고보서 4:10

덴마크의 수도 코펜하겐에는 토르발센의 작품인 유명한 그리스도상이 있다. 그것은 양손을 벌리고 조금 고개를 숙인 자세로 서 있기 때문에, 그 앞에서 무릎을 꿇고 밑에서 위를 쳐다보면 온화한 그리스도의 얼굴을 잘 볼 수 있다.

그것은 제작자인 토르발센이 "예수님은 모든 사람이 그 앞에 꿇어 엎드려 우러러보고 존중해야 할 분이다."라는 신앙을 그 상에 표현했기 때문이다.

예수님을 사랑하는 사람

예수께서 대답하여 이르시되 사람이 나를 사랑하면 내 말을 지키리니 내 아버지께서 그를 사랑하실 것이요 우리가 그에게 가서 거처를 그와 함께하리라

요한복음 14:23

이탈리아 중부의 아시시에서 양복점을 하는 집의 아들인 프랑시스코는 기사도(騎士道)를 동경하고 있었다. 1202년, 페르지아시와의 싸움에서 그는 포로가 되었고, 그것이 계기가 되어서 회심(回心)하여 신앙의 길로 나아갔다. 4년 후, 헌신하면서 주의 말씀을 따라 사랑과 인종(忍從)의 새로운 생활을 시작했다. 친구인 베르나르도는 프랑시스코의 변화에 놀라며, 그 비밀을 알아보려고 하룻밤을 같이 지냈다.

베르나르도가 잠든 척하고 있으니까 허름한 침대에서 일어난 프랑시스코는 마룻바닥에 꿇어 앉아 "내 하나님이여, 내 하나님이여!" 하며 기도하기 시작했다. 기도하는 말은 이어지지 않았고 두 눈에서 눈물이 하염없이 흘러 나와서 무릎을 적시고 있었다. "오오, 하나님이여!" 이 말만 새벽까지 중얼거렸다. 이윽고 사람들이 일어나는 인기척이 나자 조용히 침대에 들어갔다. 밤새도록 눈을 뜨고 프랑시스코의 행동을 목격한 베르나르도는 집에 돌아가자 모든 재산을 팔아서 그 돈으로 가난한 사람에게 베풀고 나서 프랑시스코와 행동을 같이하기 시작했다.

작은 헌물

하나님은 불의하지 아니하사 너희 행위와 그의 이름을 위하여 나타낸 사랑으로
이미 성도를 섬긴 것과 이제도 섬기고 있는 것을 잊어버리지 아니하시느니라

히브리서 6:10

<일본어 성경: 하나님은 의로운 분이므로 너희들의 행위를 잊지 않으시며 너희들이
여태까지 성도들을 섬겼고 또한 지금까지도 섬겨서 하나님의 이름을 위해 나타낸 그
사랑을 잊지 않으신다>

    어떤 소년이 예수 그리스도를 만나, 얼마 후에 충심으로 구주
로 예수님을 영접했다. 그때부터 그의 가치관은 변화되어 갔다.
과자나 장난감을 사는데 소비되었던 용돈을 크리스마스를 위해
저금통에 넣기 시작했다. 100원, 200원 모아서 저금했던 저금통
을 열어서 돈을 소중하게 호주머니에 넣고 책방으로 뛰어가서 갖
고 싶었던 책을 샀다. 예수 그리스도에 대한 책이었다. 그는 이 책
을 교회에 가지고 가서 크리스마스 선물로 바쳤다. 책은 교회 도
서로서 사람들이 계속 읽게 되고, 마음에 감동을 받아 다른 친구
에게 권해서 읽게 되고 하는 동안에 마침내, 그 책이 교회를 떠나
어디론지 사라져 버렸다.

    그로부터 십수 년이 지난 때에 멀리 떨어진 인디언 사람들의 거
주지에서 리바이벌(revival)이 일어났다는 소문이 났다. 신앙의 지도
자로 파견된 전도사의 보고에 의하면, 리바이벌의 원인은 이전에
소년이 바친 한 권의 책이었다는 것이 알려졌다.

예수님은 왕의 왕

하나님은 복되시고 유일하신 주권자이시며 만왕의 왕이시며 만주의 주시요
디모데전서 6:15

영국 빅토리아 여왕의 대관식 때에 많은 축하행사가 있었지만 그 마지막에는 헨델의 오라토리오 〈메시아〉의 연주가 있었다. 관례에 따르면 〈할렐루야 합창〉이 연주될 동안에는 참석자 전원이 일어서게 되어 있었다. 그러나 왕실의 의식에서는 여왕은 일어서지 않게 되어 있어서 여왕도 그것을 알고 있었다.

이윽고, 장엄한 합창이 연주되기 시작하자, 모두 일어섰다. 웅장한 음악이 진행됨에 따라 젊은 여왕은 참석자들과 함께 주님께 충성을 고백해야 하겠다는 느낌을 가지게 되었다. 그러나 왕실의 관례라고 충고를 받고 있었기 때문에 자리에 그대로 앉아 있었다.

그런데 합창의 마지막 부분에 이르러 〈왕의 왕… 주의 주〉라고 노래될 때에 여왕은 왕실의 관례를 깨고 왕의 특권도 무시하고, 일어서서 두 손을 가슴에 얹고 머리를 숙여 주를 경배했다.

당신의 조그마한 도움이 필요하다

우리는 그가 만드신 바라 그리스도 예수 안에서 선한 일을 위하여 지으심을 받은
자니 이 일은 하나님이 전에 예비하사 우리로 그 가운데서 행하게 하려 하심이니라

에베소서 2:10

겸직을 하라. 눈을 크게 떠라. 인간이, 또한 인간에게 위탁된 업
이 어디서 근소한 시간을, 근소한 참가를, 근소한 노동을 필요로
하고 있는가를 찾아보아라… 당신이 대기(待期)하거나 혹은 몸소
일을 해야 할 경우를 두려워해서는 안 된다. 환멸(幻滅)할 경우가
있을 것을 각오하라. 그러나 인간으로서, 인간에게 헌신할 수 있
는 겸직(兼職)을 행하라. 겸직을 피하지 말라. 당신이 올바른 의지
만 갖게 된다면 당신에게 알맞은 임무가 있을 것이다.

(슈바이처: 1875~1965, 의료전도자, 음악가, 신학자)

12월 27일

희생을 각오하고 일하라

누구든지 나를 따라오려거든 자기를 부인하고 자기 십자가를 지고 나를 따를 것
이니라

마태복음 16:24

일본 사회당(社會黨) 위원장이었던 가와카미 조타로오(河上丈太郎)의
대회연설(大會演說) 중에 유명한 〈네 개의 명세〉라는 것이 있다.

제일(第一)은 의회민중주의를 확립할 것. 이것은 오늘날의 정치 가
운데에 국민이 기대하는 진정한 정치를 확립한다는 것이다.

제이(第二)는 헌법을 옹호(擁護)할 것. 제9조를 지키고, 절대(絕對)평
화주의(平和主義)를 주창(主唱)한다는 것이다.

제삼(第三)은 신교(信敎)의 자유를 지키는 것. 남의 것을 부정하는
세력은 폭력으로 대항해 오지만 이것과 싸운다는 것이다.

제사(第四)는 자기의 임무는 기독자(基督者)로서 오늘날의 정치(政治)
장소에서 희생을 각오하고 일한다는 것이다.

그는 정치의 마당에서, 이 단호한 신앙고백을 들여다 놓았기 때
문에 사람들이 십자가위원장(十字架委員長)이라고 불렀다.

사람들과의 교제

아무도 비방하지 말며 다투지 말며 관용하며 범사에 온유함을 모든 사람에게 나타낼 것을 기억하게 하라

디도서 3:2

여호와여 주의 장막에 머무를 자 … 누구오니이까 그의 혀로 남을 허물하지 아니하고 그의 이웃에게 악을 행하지 아니하며 그의 이웃을 비방하지 아니하며

시편 15:1, 3

　직장을 바꾸는 사람들의 가장 첫째 원인은 일 자체에 있는 것이 아니라 직장에서의 인간관계가 잘 되지 않는 것이라고 한다. 이것은 부부 사이나, 이웃 사이나, 사회의 모든 부분에서 말할 수 있는 것이다. 이런 곤란한 문제에서 주목해야 할 것은, 자기가 피해자인 경우에 일어나는 불리함보다도 자기가 자기도 모르는 사이에 가해자가 되어 불화가 생겨난다는 것이다. 그것은 타인의 약점을 넓은 마음으로 봐줄 수 없다는 것이다. 그러므로 그들을 바꾸려고 하기보다는 그들의 결점을 관용을 가지고 봐준다면 그 사람과의 관계는 반드시 개선될 수 있는 것이다. 그뿐만 아니라 당신의 좋은 영향력을 계속 주게 되어 당신이 하나님의 증인으로 사용되는 것이다.

성경의 영향

모든 성경은 하나님의 감동으로 된 것으로 교훈과 책망과 바르게 함과 의로 교
육하기에 유익하니 이는 하나님의 사람으로 온전하게 하며 모든 선한 일을 행할 능
력을 갖추게 하려 함이라

디모데후서 3:16~17

성경은 사람을 새롭게 하는 동시에 그 사람을 통하여 사회에
큰 영향을 준다. 마르틴 루터는 성경에 입각하여 면죄부에 대한
〈95개조의 제제를 발표하여, 극히 부패된 유럽 중세의 가톨릭 교
회에 대해, 경종을 울리고 종교개혁의 위업을 성취했다.

존 웨슬리는 4만 번 이상이나 설교를 함으로써, 사람들을 하나
님께 되돌아오게 하고, 그 결과 유럽 전역을 뒤덮고 있었던 잔학
한 유혈혁명으로부터 영국을 구할 수 있었다.

성경에 친숙하면서 성장한 링컨은 대통령이 되자마자 흑인 노
예들을 해방시켰고, 윌버포스는 영국에서의 노예해방을 성공시켰
고, 자선사업에 힘썼으며, 감옥의 개량을 실천하여 그늘진 곳의
사람들을 위해 노력했다.

스위스의 앙리 뒤낭은 군사, 정치, 종교 등에 있어서의 엄정 중
립, 공정, 무차별 등을 원칙으로 삼고, 전상자(戰傷者)의 간호, 의료,
재해구호, 일반 의료사업 등을 실천하는 적십자사(赤十字社)를 창립
했다.

불치병 속에서

감사함으로 그의 문에 들어가며 찬송함으로 그의 궁정에 들어가서 그에게 감사하며 그의 이름을 송축할지어다 여호와는 선하시니 그 인자하심이 영원하고 그 성실하심이 대대에 이르리로다

시편 100:4~5

크리스천인 여성이 소아마비에 걸려서 격렬한 다리의 아픔과 두려움이 그녀를 절망에 빠뜨렸다. 신앙의 친구들이 문병하러 와서 치유되기를 기도해 주었다. 그러나 그것도 순간적이며 하나님의 뜻을 의심하기까지에 이르렀다.

"하나님은 나를 치유하시지 않을 것이 아닐까?" 두려움이 그녀의 마음을 지배하고 또다시 절망에 빠졌다. "무엇인가 마음의 지주를 가졌으면?" 하고 강하게 요구하고 있을 무렵에 『옥중에서의 찬미』라는 책을 손에 넣었다. 그녀는 그 책에서 〈하나님의 뜻〉을 배우게 되었다.

"하나님은 나의 이 불행한 상태 중에서 그러한 것에 찬미와 감사를 하도록 원하시는 것이 아닐까?" 그리고 그녀는 자기가 어려운 병 중에 있는 것을 하나님께 감사하고 찬미하기 시작했다.

"그리하니까 내 마음에서 두려움이 사라지고 평안함이 찾아왔습니다. 나는 지금 소아마비 그대로입니다만 전의 나와는 다릅니다. 나에게는 기쁨이 있습니다. 동정해 주시는 분보다도 행복하다고까지 생각하고 있습니다."

자신의 위험을 무릅쓰고

사랑은 온유하며 ⋯ 자기의 유익을 구하지 아니하며

고린도전서 13:4~5

제3차 인도-파키스탄 전쟁이 일어났을 때에 500만의 난민이 인도 국경으로 흘러들어 갔다. 그들은 캘커타로 향해 가고 있었다. 그러한 중에, 국경 근처에 있는 난민수용소에서 콜레라가 발생했다고 수녀가 알려 주었다. 마더 테레사는 캘커타의 시장(市長)에게 의사를 파견해 달라고 요청했으나 그들이 취한 조처는 난민을 캘커타에 들여 넣지 말라는 방법이었다.

테레사는 건장한 수녀들을 30명 뽑아서 차를 바꾸어 가면서 하루 종일 걸려서 수용소로 향했다. 그곳에서 콜레라를 막으면 캘커타도 지킬 수가 있게 될 것이다. 수용소에서는 이미 20명의 환자가 발생하여 그 반수가 사망해 버렸다. 그들을 돌보고 있을 것이라고 생각했던 군대는 콜레라가 발생하자 그것이 두려워서 철수해 버렸다.

테레사와 수녀들은 방치되었던 환자들을 즉시 다른 곳으로 옮기고 간호를 시작했다. 그와 동시에 다른 사람들에게도 식료품과 약을 주는 일을 계속했다. 주야로 쉴 새 없이 활동한 2개월 후, 콜레라 환자는 줄어들기 시작하고 마침내 끝이 났다. 100명 가까이 발생한 환자는 거의 사망했으나 5천 명의 난민을 콜레라로부터 구했고, 동시에 대도시인 캘커타까지도 구해 냈다.